水下文化遗产国际案例汇编与研究（一）

国家文物局考古研究中心　编著

王晶　朱利江　主编

文物出版社

图书在版编目（CIP）数据

水下文化遗产国际案例汇编与研究. 一 / 国家文物局考古研究中心编著；王晶，朱利江主编. -- 北京：文物出版社，2024. 12. -- ISBN 978 - 7 - 5010 - 8540 - 8

Ⅰ. D993. 5

中国国家版本馆 CIP 数据核字第 2024H7U426 号

水下文化遗产国际案例汇编与研究（一）

编　　著：国家文物局考古研究中心
主　　编：王　晶　朱利江

责任编辑：高梦甜　陈　峰
封面设计：李方磊
责任印制：王　芳

出版发行：文物出版社
社　　址：北京市东城区东直门内北小街 2 号楼
邮　　编：100007
网　　址：http：//www. wenwu. com
邮　　箱：wenwu1957@126. com
经　　销：新华书店
印　　刷：宝蕾元仁浩（天津）印刷有限公司
开　　本：787mm×1092mm　1/16
印　　张：18
版　　次：2024 年 12 月第 1 版
印　　次：2024 年 12 月第 1 次印刷
书　　号：ISBN 978 - 7 - 5010 - 8540 - 8
定　　价：280.00 元

说　明

从裁判可见，船旗国与船载物历史国围绕国家沉船及船载文物的权利归属、国家沉船主权豁免，与沿海国管辖权及其属地占有的所有权之争，是水下文化遗产国际法规则的核心。通过大量案例来全面梳理规则的解释适用，对水下文化遗产这个法律灰区而言尤为重要。水下文化遗产裁判、裁决案例汇编研究系列丛书是国际上首次对水下文化遗产判例进行汇编出版。

《水下文化遗产国际案例汇编与研究（一）》侧重所有权问题、《水下文化遗产国际案例汇编与研究（二）》侧重救捞权问题，（一）、（二）基于中国权利的视角。水下文化遗产的所有权和救捞权案例无法截然分开，一是打捞者一般会同时主张两种权利、法院会在针对同一沉船的裁判中讨论发现物法或救捞法的适用问题，二是以实物形式获得打捞报酬也会在实质上占有该水下文化遗产，因此，主要从裁判结果区分。每个案例基本涉及管辖权、物权、救捞权，交织着沉没海域、裁判法院、船旗国、沉物物主的国别等重要的考古信息，以及文物认定和保护许可涉及的行政管理问题。因此，为了整体性讨论水下文化遗产相关裁判，《水下文化遗产国际案例汇编与研究（三）》为补编，基于法律问题的视角，针对新近裁决、判决案例及（一）、（二）未纳入的经典案例。

本书的定位面向文物考古从业者，在目录编排时基于沉船性质做区分，回归这些沉船的历史来看待它们被发现，尤其是被打捞后会面临的法律问题。同时，附录基于案例性质、判决时间进行排序，并列明国家主张、打捞者是否获利、"考古注意义务"及相关公共利益等信息，便于读者对应查找。在每个案例分析前面用表格列出索引、裁判要素、争议点、法律规则、判决结果和后续进展等关键信息以便于读者浏览。在案例选择时，全书集中在对我国文化遗产权利更具参考价值的裁判案例，故较少纳入私人或法院所在地国家的沉船，同时还纳入一艘二战沉船和一艘较为晚近的商船等历史不足 100 年的文化遗产，以全面呈现相关法律问题。读者从中不仅能清楚地看到同一历史时期、同一国家历史沉船的不同裁判结果，也能看到考古、历史文化价值对同一海域属性沉船的裁判结果的影响。

　　研究清楚外国沉船权利既是应对他国权利主张的基础，也有助于中国沉船权利的研究、明确主张及其进路。本书主要涉及的海事法源自千百年来海洋贸易形成的国家间规则，海上丝绸之路沿线国家深受此法律传统的影响，从这个意义上来说，本书不仅有助于解析历史沉船和船载物权益问题，也为文物考古工作的国际合作所需。水下文化遗产也已逐渐成为投资贸易裁决、人权法案件所关注的对象，可见关注各法律领域的国际案例既是中国文物法律体系建设的需要，也是了解已有惯例、提供文化遗产国际治理中国方案的基础。

　　我国已经取得漳州水下文物盗捞系列案件告破等许多司法进展。文物工作者和法学工作者面对诞生仅几十年的水下文化遗产问题还都是初学者，不同学科对同一个问题的知识背景、问题视角、范式习惯有所差异，初次尝试显得更为艰辛，成果或不完善，但它承载着新研究方法的开端。希望本书的出版使更多人看到这些不足并不吝赐教，旨在抛砖引玉，使更多法学工作者关注文物考古领域，继续推进跨学科合作。

序　言

　　水下文化遗产保护事关国家文化和海洋权益，带有天然的国际性及随之而来的法律性，是国家文物局考古研究中心的重要职能。在文化遗产法的原则主导下，水下文化遗产还与海洋法和海事法密切相关，带有通过文物保护深度参与国际海洋秩序变革的国家意义。随着 20 世纪 50 年代战后海洋探测技术发展，国际社会逐渐认识到水下文化遗产被大量发现、打捞破坏的问题，但直至 2009 年联合国教科文组织《保护水下文化遗产公约》生效，却仍然规避了所有权这个不可回避的保护问题。同时，自 20 世纪 80 年代开始，为了保护水下文化遗产和确定权利，各国纷纷制定涉及水下文化遗产的法律规章，不同国家、法人、自然人等围绕着水下文化遗产的勘探打捞活动引发了许多案件，可见这是一个国家实践远多于国际规则的领域。

　　通过对司法实践体系化的全面梳理，我们发现以往个案研究所未能呈现的问题和突破点。比如，我们最为关注的他国主张水下文化遗产所有权的案件数量并不多，但针对该权利的外国成文法很多，这是个很有意思、很有价值的发现。水下考古业界谈论较多的"梅赛德斯"号沉船案将西班牙大帆船作为军舰，进而将船载文物判归西班牙，但在 70 多个判例中这种判决结果仅见两例，对船载文物的裁判说理也并非没有事实和程序上的漏洞，从历史文献来看，许多殖民贸易沉船并不符合成为军舰或国家财产的要件。我国对管辖海域内外国沉船的权利主张也存在他国实践的支持，我们不必自我设限，而更应当关注与我国主张一致的案例及其共性。对已有司法实践的研究可以观察现有规则的适用，于细微处确定对我国的利弊参照，这关乎规则的选择；同时，这也是对未来可能面对的司法实践的前瞻，比如，载有中国文物的沉船被打捞后在外国法院提起诉讼时，如何抗辩对方的所有权或打捞权主张，这关乎规则的使用。

　　中国是文化遗产的坚定保护者，以习近平同志为核心的党中央高度重视涉外法治工作，强调加强涉外法治研究，推进国家治理体系和治理能力现代化。他国司法实践中的规则解释适用冲突是我国构建话语权的突破口，也是应对前述两个问题的关键点。通过案例汇编研究，我们深刻意识到进一步调查我国管辖海域内沉船国别、船载物，以及梳理船只沉没时的具体情形、沉没后的政府文件及主张和寻回行为等更为全面的历史资料的意义，认识到对水下文化遗产划设保护区和公布具体保护措施等立法和行政许可规定在对抗沉船打捞者主张中的作用。尤其是认识到在所有权之外，国家积极管辖共同的水下文化遗产在达成双边、多边条约和参与引导区域和国际实践方面的重要作用。

中国水下考古自开展以来便认识到跨领域工作必不可少，也体会到不同专业间合作的艰难，甚至缺少必要信息、人脉和基础性共同认知。随着世界百年未有之大变局加速演进，国际竞争越来越体现为制度、规则、法律之争，法治成为国家核心竞争力的重要内容。涉外法治新情况、新问题不断出现，需要掌握相关领域的专业实务，才能更好地发挥法律规制效能。考古学出身的王晶研究员在攻读法学博士学位过程中收集了英文文献中的水下文化遗产相关判例，朱利江教授对新领域研究充满热忱，他们对案例进行了数轮补充、沟通，力求精益求精，希望这些基础材料能够解决文物考古领域的实际问题。

习近平总书记多次对文物考古工作做出指示，考古学与其他科学和社会科学领域密切相关，文物考古工作走出去的同时也需要考虑如何维护和争取国家权益。水下文化遗产保护是构建人类命运共同体不可或缺的重要工作，作为"国之大者"，水下文化遗产国际案例的研究和出版正是对文物工作新要求的回应，是对全面推进中华民族伟大复兴、取得中国特色社会主义新胜利的答卷。

目　　录

第一章

沉船所在地政府与所有权

第一节　基于政府的土地所有权

案例 1：沉没在美国沿海的西班牙大帆船

木星公司案

案件索引	木星沉船打捞公司诉身份不明的被弃沉船案（Jupiter Wreck，Inc. v. Unidentified，Wrecked and Abandoned Sailing Vessel，691 F.Supp. 1377，1988）
案件主题	海事对物诉讼中申请初步禁令的条件、州法与联邦法在海事诉讼中的关系
案件性质	民事案件（海事对物诉讼）
案件标的物	是海事对物诉讼的被告，为 17 世纪晚期沉没在今美国佛罗里达州木星湾海岸约 100 码处的西班牙大帆船及其沉物（The Unidentified，Wrecked and Abandoned Sailing Vessel，her tackle，armament，apparel，and cargo located within 1,000 yards of a point located at coordinates 26°56.4′ North Latitude，80°04.15′ West Longitude）
当事人	木星沉船打捞公司（原告） 佛罗里达州（权利申请人） 身份不明的被弃沉船及北纬 26°56.4′ 西经 80°04.15′ 坐标点 1000 码内的索具、武器、属具和货物（被告）
审判法院	美国佛罗里达州南区联邦地区法院
判决时间	1988 年 7 月 15 日
适用规则	1. 美国联邦宪法《第十一修正案》； 2.《美国联邦宪法》第 3 条； 3.《美国法典》第 722 条、第 1301 条、第 1310 条、第 1312 条、第 1331 条、第 1333 条； 4.《佛罗里达州宪法》第 10 条、第 11 条； 5.《佛罗里达州法规》。
争议点概要	1. 原告申请的针对佛罗里达州的初步禁令是否应被批准； 2. 佛罗里达州对原告打捞沉船行为的处罚是否可以在联邦法院审理。

结论概要	1. 根据美国联邦宪法《第十一修正案》授予各州的豁免权及相关州法，美国佛罗里达州享有涉案沉船沉物的所有权，原告申请的初步禁令的适用对象不应包括佛罗里达州； 2. 佛罗里达州对原告打捞沉船行为的处罚属于州法的范畴，不应在联邦法院审理。
判决结果	1. 法院批准了原告申请的初步禁令，但禁止对象不包括佛罗里达州； 2. 该案移送州法院审理。
后续进展	木星沉船打捞公司与佛罗里达州就打捞物分配达成了协议，地区法院撤销本案，但保留了管理打捞物分配的管辖权。2017 年，双方因打捞物分配发生争议，木星沉船打捞公司再次向美国佛罗里达南区联邦地区法院提起诉讼，主张部分涉案打捞物的所有权，并以原案适用的法律发生变化为由请求召开现况会议并申请再审。地区法院支持了木星沉船打捞公司对已打捞 5 枚硬币的所有权主张，但驳回了木星沉船打捞公司的其他诉讼请求。木星沉船打捞公司上诉至美国联邦第十一巡回上诉法院，法院维持原判。

一、案情概要

原告木星沉船打捞公司是一家在佛罗里达州注册的打捞公司，于 1987 年 7 月 13 日在佛罗里达州木星湾海岸约 100 码处发现了涉案沉船，并进行了打捞作业，发现了部分金银币以及大炮和船锚等物品。后据考证，该沉船为 17 世纪晚期沉没的一艘西班牙大帆船，发现沉船的海床属于佛罗里达州所有。但是，原告的打捞作业并未向佛罗里达州相关主管部门申请许可。

二、各方主张

1987 年 7 月 27 日，原告向美国佛罗里达州南区联邦地区法院提起对物诉讼，请求法院确认其为涉案沉船的救捞者，允许其占有涉案沉船，并确认其为涉案沉船的所有权人，或授予其足额的救捞报酬、律师费及其他费用。法院于当日对涉案沉船发出了扣押令，并指定原告为保管人。

1987 年 8 月 11 日，佛罗里达州及包括佛罗里达州历史资源局在内的四部门向位于佛罗里达州棕榈滩县的州第十五巡回上诉法院提起诉讼，以原告未按佛罗里达州法令第 253 章和第 403 章的规定申请打捞许可为由，请求州法院判决原告将所有打捞物移交给佛罗里达州历史资源局，同时赔偿因此造成的损失，并按每日 1 万美元的标准判处罚款。同日，州法院批准了佛罗里达州的请求。

1987 年 8 月 21 日，原告在对物诉讼中追加了一项初步禁令，请求法院禁止佛罗里达州干预原告对涉案沉船的打捞。1987 年 8 月 24 日，原告将佛罗里达州在州法院对其提起的诉讼移送到了联邦法院，并同先前的对物诉讼合并。

1987 年 8 月 26 日，佛罗里达州在答辩中请求将本案发回州法院审理，同时请求下达一项初步禁令，禁止原告在发回州法院审理的动议得到解决或获得适当许可之前继续打捞。同时，佛罗里达州在出庭通知中声明，州出庭应诉是限制性出庭，仅为了回应原告的初步禁令动议，并未同意法院对涉案沉船的所有权问题进行审理。

三、法院意见

佛罗里达州南区联邦地区法院分别于 1987 年 9 月 14 日和 16 日举行了听证会，查明了案件的事实，原告木星沉船打捞公司及权利申请人佛罗里达州进行了充分的辩论。

（一）是否应批准原告申请禁止佛罗里达州干预其对沉船打捞的禁令问题

法院首先援引了佛罗里达州运河管理局诉卡拉威案中形成的规则[1]，认为原告如要申请初步禁令，必须同时满足以下条件：（1）原告有胜诉的实质可能性；（2）如果禁令不被批准，原告将面临无法弥补的损失；（3）此种损失对原告造成的影响超过了对被告造成的影响；（4）批准初步禁令不会损害公共利益。原告对上述条件负举证责任。法院经审理后认为，原告未能满足申请初步禁令的条件。

法院首先就第一个条件进行审理，即原告需要举证证明其有权占有和拥有涉案船只。法院首先援引了美国联邦宪法《第十一修正案》，即除非获得州的同意，禁止在联邦法院对州提起诉讼。在本案中，佛罗里达州并非被告，原告也没有直接对国家或其代理人寻求救济，佛罗里达州参与本案只是为了反对原告申请初步禁令。关于州在海事对物诉讼中的地位问题，法院进一步援引了美国联邦第一巡回上诉法院审理的海事水下调查公司诉身份不明沉船案[2]，在该案中，涉案沉船位于距马萨诸塞州海岸四分之一英里，救捞者海事水下调查公司寻求涉案沉船的所有权和救捞报酬。马萨诸塞州仅为了维护美国联邦宪法《第十一修正案》授予各州的主权豁免而参与了案件。第一巡回上诉法院认为，虽然马萨诸塞州不是名义上的被告，但是是原告的"主要对手"，当州主张遗存在其海床内文物的所有权时，美国联邦宪法《第十一修正案》禁止联邦法院在未经其同意的情况下对该州的利益作出裁决。本案中，虽然佛罗里达州并未主张

---

[1]　*Canal Authority of State of Florida v. Callaway*, 489 F.2d 567, 572 (5th Cir.1974).

[2]　*Maritime Underwater Surveys, Inc. v. Unidentified,Wrecked and Abandoned Sailing Vessel*, 717 F.2d 6, 8 (1st Cir.1983).

涉案沉船的所有权，但法院仍可对涉案沉船的所有权归属进行分析，以确定原告是否可以取得涉案沉船的占有和所有。

经过进一步审理，法院确定，涉案沉船所处的位置位于佛罗里达州的边界范围内。根据佛罗里达州宪法第 10 条和第 11 条，州边界内通航水域下土地的所有权由州所有。根据佛罗里达州法规第 403.913 条第 1 款，未经州环境管理部许可，任何人不得在土地上覆水域进行疏浚作业。此外，根据佛罗里达州法规第 267.061 条第 1 款 b 项，所有被遗弃在州拥有的土地或淹没土地上的宝藏、文物的所有权属于州，且应由州历史资源局保管。根据佛罗里达州法规第 267.12 条第 1 款，所有研究州土地上的历史遗迹者必须获得许可证。根据佛罗里达州法规第 267.12 条第 3 款，这类研究收集的标本由州所有，并由州历史资源局保管。综上，涉案沉船及物品依法由州所有。

但是，原告辩称，上述州法规违反了联邦海事法。法院经审理后认为，联邦海事法并不是要通过规定许可证要求来间接地抢占州管理其土地使用的权力。最高法院曾在阿斯丘诉美国水路运营商股份有限公司案[①]中表示，在国会已在海事领域立法的情形下，州法可与联邦法并行，只要州法与联邦法没有明显冲突。在贾斯特诉钱伯斯案[②]中，一州在行使其警察权力时，可制定适用于其州界范围内的土地和水域的规则，尽管这些规则偶然影响到海事事务，只要州的行为"不违反国会的任何法律，也不损害海事法的特征，也不干涉其在国际和州际关系中的适当和谐和统一"。进而，法院认为，授予佛罗里达州沉船所有权的法规与联邦海事法并不冲突。虽然州法的效果可能是改变了对被弃沉船所有者身份的最终确定，但它们并不改变救捞法的运作方式。救捞法的基本前提是所有权的虚构，它不受州法的干扰，州法不能与救捞法的特征（如救捞报酬的授予等）相冲突。因此，原告的主张不能成立。

综上，鉴于原告无法证明其有权占有和拥有涉案船只，因此不具有胜诉的实质可能性，其针对佛罗里达州的初步禁令动议被驳回。

（二）是否应将本案发回州法院进行审理的问题

在本案审理过程中，原告将佛罗里达州在州法院对其提起的执行之诉移送到了联邦法院，这涉及了海事诉讼中联邦法院管辖权同州法院管辖权的关系问题。美国联邦宪法第 3 条第 2 节第 1 款规定了联邦法院对海事诉讼的管辖权。根据《美国法典》第1333 条规定，联邦地区法院对海事案件具有初始管辖权。那么，与打捞作业有关的

---

① *Askew v. American Waterways Operators, Inc.*, 411 U.S. 325, 341, 93 S.Ct. 1590, 1600, 36 L.Ed.2d 280 (1973).

② *Just v. Chambers*, 312 U.S. 383, 61 S.Ct. 687, 85 L.Ed. 903 (1941).

执行州法的诉讼是否可以在联邦法院进行审理呢？美国长期的司法实践表明，州法院具有对涉及海事案由的对人诉讼（即案件结果仅对涉案当事人产生影响的诉讼）的管辖权，但前提是州法院不得判决对物救济或违反海事实体法。在州法院提起的诉讼应是对人诉讼。所以，关于执行州法的诉讼是否可以在联邦法院审理，需要明确两个问题：第一，州所寻求的救济是否为对物救济；第二，州法的执行是否违反了联邦海事法。

法院在此引用了马古拉案[①]确立的原则，即联邦海事管辖权仅专属适用于对物诉讼中，但州法院也有权裁决涉海事案由的对人诉讼，只要州法院判决的结果诉讼程序仅影响案件当事人的利益，而不影响除当事人以外人的利益，则州法院的管辖权是适当的。在本案中，佛罗里达州在州法院提起的执行之诉的目的仅是为了禁止原告对沉船继续开展打捞作业并判处罚款，并未涉及沉船所有权问题，因此州所寻求的救济并非对物救济。其次，根据上文法院在对涉案沉船所有权的分析，州法的执行也完全在联邦法的框架内，并未违反联邦海事法。最后，佛罗里达州在州法院对其提起的执行之诉的依据均为州法，并非联邦法，而联邦法院仅能依据联邦法审理案件，联邦法院对涉及州法的执行之诉不具有管辖权。

综上，原告将佛罗里达州在州法院对其提起的执行之诉移送到联邦法院的做法缺乏法律依据。

四、判决结果

佛罗里达州南区联邦地区法院于 1988 年 7 月 15 日作出判决，批准木星沉船打捞公司申请的初步禁令，禁止除佛罗里达州之外的其他人干预其打捞作业；批准佛罗里达州申请将本案移送到州法院的动议。

法院作出判决后，木星沉船打捞公司和佛罗里达州就从沉船上打捞物的分配达成了协议。应双方的要求，地区法院撤销了本案，但保留了管理打捞物分配的管辖权。自 2011 年起，原告打捞公司即意图重审案件，双方在 2017 年因打捞物分配争议，木星沉船打捞公司再次向佛罗里达州南区联邦地区法院提起诉讼，主张部分涉案打捞物的所有权，并以原案适用的法律发生变化为由请求召开现况会议并申请再审。地区法院按照协议支持了木星沉船打捞公司对打捞物分配的主张，但驳回了木星沉船打捞公司的其他诉讼请求。木星沉船打捞公司上诉至美国联邦第十一巡回上

---

① *Madruga v. Superior Court*, 346 U.S. 556, 560–61, 74 S.Ct.298, 300–01, 98 L.Ed. 290 (1954).

诉法院，法院维持原判^①。

五、分析评论

本案主要涉及海事对物诉讼中的两个法律问题：

（一）在确定沉船所有权问题上联邦法与州法的关系

佛罗里达州南区联邦地区法院在本案的审理中认为，在海事领域，如美国国会已出台了相应的法律，州法可与联邦法并行，只要州法与联邦法没有明显的冲突即可。这条规则主要体现在当沉船位于州土地上时，如果州法规定相关沉船属于州所有，而救捞者依据联邦海事法主张沉船的所有权，那么州法优先。此外，州还可依据美国联邦宪法《第十一修正案》主张主权豁免。

（二）涉及州法的诉讼可否在联邦法院审理的问题

在海事诉讼领域，联邦法院虽有初始管辖权，但是州法院也可对涉及海事案由的对人诉讼（即案件结果仅对涉案当事人产生影响的诉讼）行使管辖权，但前提是州法院不得判决对物救济或违反海事实体法。此外，联邦法院仅能审理涉联邦法的诉讼。

案例 2：沉没在美国沿海的"圣罗塞利亚"号、"皇家乔治"号、"圣洛伦佐德埃斯科拉尔"号、"圣克拉拉"号

水下勘探公司案

案件索引	水下勘探与考古有限公司和大西洋船舶历史协会有限公司诉身份不明的被弃沉船案（SUBAQUEOUS EXPLORATION & ARCHAEOLOGY, LTD., and Atlantic Ship Historical Society, Inc., Plaintiffs,v.The UNIDENTIFIED,WRECKED AND ABANDONED VESSEL, Etc., et al., Defendants. 577F.Supp. 597, 1983）
案件主题	海事对物诉讼中美国联邦宪法《第十一修正案》的适用
案件性质	民事案件（海事对物诉讼）

---

① *Jupiter Wreck, Inc. v. Unidentified Wrecked and Abandoned .SAILING VESSEL*, 762 Fed.Appx. 852（2019）.

案件标的物	18世纪中叶沉没在今美国马里兰州海洋城附近海域的三艘身份不明的沉船及其沉物
当事人	水下勘探与考古有限公司（原告） 大西洋船舶历史协会有限公司（原告） 美国马里兰州（权利申请人） 三艘身份不明的被弃沉船及沉物及坐标范围内的引擎、索具、装饰、配件和货物（被告）
审判法院	美国马里兰州联邦地区法院
判决时间	1983年12月21日
适用规则	1.美国联邦宪法《第十一修正案》； 2.美国《联邦民事诉讼规则》第9条h款； 3.美国《淹没土地法》第1301条、第1311条、第1314条； 4.《马里兰州自然资源法典》。
争议点概要	1.本案是不是针对马里兰州提出的； 2.《马里兰州自然资源法典》第2节第309条是否违宪； 3.《淹没土地法》《马里兰州自然资源法典》是否为马里兰州主张涉案船只及其货物的所有权提供强有力的依据。
结论概要	1.本案是针对马里兰州提起的诉讼； 2.《马里兰州自然资源法典》第2节第3条不存在违宪情形； 3.《淹没土地法》《马里兰州自然资源法典》为马里兰州主张涉案船只及其货物的所有权提供了强有力的依据。
判决结果	地区法院判决马里兰州胜诉，撤销了对涉案船只的扣押决定以及指定原告为涉案船只及货物保管人的决定。
后续进展	原审原告上诉至美国联邦第四巡回上诉法院，上诉法院维持了初审法院的判决。

一、案情概要

18世纪中叶，三艘据信载有黄金和其他财物的船在大西洋遭遇猛烈的飓风后沉没。200年后，原告在马里兰州海洋城附近海域发现了上述船只及其货物残骸。1981年1月13日，原告对上述"圣罗塞利亚"号（*Santa Roselea*）、"皇家乔治"号（*Royal George*）、"圣洛伦佐德埃斯科拉尔"号（*San Lorenzo de Escoral*）、"圣克拉拉"号（*Santa Clara*）沉船及其沉物向法院提起了对物诉讼，主张沉船所有权，或者获得救捞报酬。当天，法院对上述沉船发出了扣押令；1月22日，法院指令原告为涉案船只的保管人，在法警于1月31日扣押了涉案船只后生效；3月12日，法院指令法警公告扣押通知，《巴尔的摩太阳报》于3月24日刊登该公告。4月9日，马里兰州申请加入本案并提出动议，以法院缺乏管辖权为由申请驳回原告的诉讼请求，并请求撤销对船只的扣押。

二、各方主张

为支持其请求，权利申请人马里兰州根据《淹没土地法》（Submerged Lands Act）和《马里兰州自然资源法典》（Maryland National Resources Code）的规定，认为涉案船只及货物位于马里兰州海域内，因此马里兰州是涉案船只及货物的所有权人。马里兰州进一步援引了美国联邦宪法《第十一修正案》中各州主权豁免原则，认为该案是针对州的诉讼，依法应享有主权豁免，因此地区法院对本案无管辖权。

原告辩称：（1）虽然涉案船只位于马里兰州的海域内，但仍由联邦海事法管辖针对涉案船只的活动，而不是马里兰州援引的《马里兰州自然资源法典》；（2）此外，《马里兰州自然资源法典》违宪，因为这部州法较为模糊，且超出了联邦《淹没土地法》的授权范围；（3）美国联邦宪法《第十一修正案》没有禁止联邦对所有权主张与各州存在争议的对物诉讼的管辖权。

三、法院意见

地区法院认为本案的核心争议在于管辖权问题，即马里兰州是否可以援引美国联邦宪法《第十一修正案》主张主权豁免。为此，地区法院首先援引了联邦最高法院对美国联邦宪法《第十一修正案》的解释，即禁止在普通法或衡平法上直接针对州本身或其机构和部门提起诉讼，除非州已放弃其主权豁免或以其他方式同意该诉讼。具体到海事诉讼而言，地区法院援引了佛罗里达州诉宝藏打捞者公司案中确立的一系列原则[1]，即州援引美国联邦宪法《第十一修正案》主张豁免，必须首先证明相关诉讼针对州本身提起，其次州必须拥有对涉案船只及货物的所有权，最后州没有放弃主权豁免。

（一）本案是不是针对马里兰州提起的诉讼

关于这一问题，地区法院援引了福特汽车案中确立的"程序的基本性质和影响"原则[2]，即使一州不是诉讼的指定当事人，如果该州是真正的或重要的利益方，或者事

---

[1]　*Florida Department of State v. Treasure Salvors, Inc.*, 458 U.S. 670, 102 S.Ct. 3304, 73 L.Ed.2d 1057 (1982).

[2]　*Ford Motor Co. v. Department of Treasury*, 323 U.S. 459,464, 65 S.Ct. 347, 350, 89 L.Ed. 389 (1945).

实上的被告，则该诉讼仍可适当地解释为针对该州的诉讼。同样，如果诉讼主要是为了从州政府追回金钱，则州是真正的、重要的利益方，即使其个别官员是名义上的被告，也有权援引美国联邦宪法《第十一修正案》。为了确定一项诉讼是否针对该州，联邦法院应参考适用州法。马里兰州认为，根据《马里兰州自然资源法典》，本案是直接针对本州的诉讼。原告则认为，马里兰州所依据的州法并不直接涉及或管理水下打捞作业。

法院经审理后认为，原告和马里兰州均认可涉案沉船及货物沉没在马里兰州水域内，根据《淹没土地法》，涉案沉船及货物在本院的属地管辖范围内。此外，《淹没土地法》赋予各州对其边界内通航水域下覆土地的所有权，以及这些土地和水域内自然资源的所有权。《马里兰州自然资源法典》第2节第309条的"考古文物和材料的所有权和存放"规定，在州拥有或控制的考古遗址或土地上发现的具有历史或考古价值或利益的物品或材料均为州所有的财产。

此外，原告提起海事诉讼，要求确认其为涉案沉船及船货的所有者，或者支付救捞报酬。虽然本案的被告是沉船及船货，但马里兰州已对被告提出了所有权主张，如果被告确认是属于马里兰州的财产，那么本案所有程序和判决效果将直接归于马里兰州。因此，在这种情况下，根据福特汽车公司案确立的原则，本案是针对马里兰州的诉讼。

（二）马里兰州是否是涉案船只及货物的所有权人

根据佛罗里达州诉宝藏打捞者公司案中所建立的规则，在决定美国联邦宪法《第十一修正案》是否适用时，需要考虑的第二个问题是马里兰州是否拥有被告船只及其货物的所有权。佛罗里达州诉宝藏打捞者公司案中规定，当一州对海事对物诉讼中的被告有明显的所有权主张，且没有放弃其主权豁免时，美国联邦宪法《第十一修正案》禁止签发针对该财产的扣押令。该案还确定，当一州没有放弃其主权豁免时，美国联邦宪法《第十一修正案》禁止联邦法院裁决该州对此类财产的所有权。

本案中，马里兰州认为其对被告的船只及其货物拥有所有权。如前所述，该州的主张完全基于1953年《淹没土地法》，以及州法《马里兰州自然资源法典》第2节第309条。但原告指出，《马里兰州自然资源法典》第2节第309条的规定模糊，违反宪法，侵犯了联邦法对海事事务的专属管辖，因此马里兰州不能主张对被告船只及货物的所有权。马里兰州辩称，《马里兰州自然资源法典》第2节第309条规定了对沉没船只及其货物的所有权要求；该法并未违宪，也并未与海事事务和救捞作业的联邦法律相冲突。

地区法院经审理查明，1953 年《淹没土地法》和《马里兰州自然资源法典》第 2 节第 309 条为马里兰州主张被告船只及其货物的所有权提供了强有力的依据。具体来说：

1. 州法同联邦法不存在冲突，不违反联邦宪法

在海事法领域，关于联邦法和州法的关系上，地区法院援引了最高法院在阿斯丘诉美国水路运营商股份有限公司案[①]中确立的原则，即州可在其职权范围内制定适用于领海的规则，即使这些规则偶然影响到海事事务，只要州的行动"不违反国会的任何法案，不损害海事法的特征，也不妨碍其国际和州际关系的和谐和统一"。然而，这种对州海事管理的限制仍然给州留下了宽泛的范围。因此，一个州可以根据其"偶然影响海事事务"的权力，在没有不合理地干扰联邦对海事事务规定的情形下，就当地有关事项制定法律。此外，法院还查明，最高法院从未以各州没有权力就其各自海域内的事务立法为由推翻州法。

具体到本案中，法院经审理查明，一方面，联邦立法没有相关法律规范从各州所属的海域内打捞文物，因此《马里兰州自然资源法典》的相关内容与联邦法没有直接或实际的冲突。具体来说，美国联邦层面的《救助法》（Salvage Act）只规定了救捞者的一般权利和打捞操作的一般规范，法院认为这些联邦法规和在本程序中有争议的州法律之间没有直接或实际的冲突。尽管联邦有对海事事务的一般规定，但在许多情况下，一般海事法已被州法所修改或补充。鉴于这些州法的地域适用范围仅限于一州内，法院认为，州法针对具有历史和考古价值的文物的打捞行动只会对联邦海事法产生附带影响，未不合理地侵犯联邦法。

联邦层面也没有相关立法规范各州海域内沉船的保护。《古迹法》（Antiquities Act）适用于美国联邦所有或控制的土地上的历史遗迹和其他古代文物，但不适用于州所有的土地，包括海域。《被弃财产法》（Abandoned Property Act）适用于美国联邦管辖范围内的遗弃财产，但不适用于"任何类型的沉船"。《海洋保护区法》（Marine Sanctuaries Act）关于海洋保护区的划定，虽然适用于各州的海域，但法院经审理后未发现在马里兰州海域内划设有海洋保护区。

此外，法院进一步查明，原告的打捞活动并不符合联邦海事法关于救捞的一般规定。海事法中的救捞法旨在鼓励船员对在处于危险中的海上财产提供援助。事实上，有效的海上救助的三要素之一是存在海上危险。根据《救助法》第 185 条的规定，海上危险虽然并不一定是迫在眉睫和绝对的危险，但在本案中，被告船只已经在海底埋

[①] *Askew v. American Waterways Operators, Inc.*, 411 U.S. 325, 339, 93 S.Ct. 1590, 1599, 36 L.Ed.2d 280 (1973).

藏了数百年。原告虽然援引了科布案[①]中关于"对古老、遗弃沉船的打捞也可构成救助"的原则，但地区法院援引普拉托罗案[②]认为，被告船只并未处于危险之中，因为它们"不受海面上天气条件的影响"，且"沙子可以防止水下船只劣化"，因此原告的打捞活动并不构成有效救助。

2. 州法的相关规定符合联邦法律

原告认为，美国国会制定《淹没土地法》的意图是允许沿海各州在海域内管理和开发矿产资源，并不包括沉船打捞。但是，法院经审理查明，《马里兰州自然资源法典》授权马里兰州管理位于该州拥有或控制的土地上的历史或考古文物，属于《淹没土地法》授予各州的权力范围。地区法院分析了《淹没土地法》第 1301 条、第 1311 条和第 1314 条后认为[③]，《淹没土地法》赋予各州对其海域内的文物或被弃沉船的所有权和打捞的权利。尽管国会颁布《淹没土地法》的主要意图可能是允许各州管理其海域内矿石资源的勘探，但该法显然授予了沿海各州更广泛的权利。虽然该法案明确赋予了各州对被淹没土地内的自然资源的所有权，但该法案在第 1311 条和 1314 条也明确赋予了各州对被淹没土地本身的所有权，以及经营、开发和使用这些土地的权利。在法院看来，州对其淹没土地的管理权限包括监管淹没土地上发现或埋藏物的权利，包括被遗弃沉船及其货物。此外，虽然船舶及其货物是"人造的"，或不是完全通过自然力量创造的物品，这些水下文物也可以在《淹没土地法》的意义上被描述为"自然资源"：《淹没土地法》对自然资源的定义并不全面，这些被遗弃的、有 200 年历史的沉船，几百年来一直埋藏在沙子下，根据联邦法的目的，可以被合理地描述为自然资源。原告对《淹没土地法》赋予各州的权利的解释过于狭隘，地区法院未予采纳。

3.《马里兰州自然资源法典》附件 2 第 309 条的模糊不清并未违反宪法

原告主张，《马里兰州自然资源法典》第 2 节第 309 条虽然规定了州拥有或控制

---

① *Cobb Coin Co. v. The Unidentified, Wrecked and Abandoned Sailing Vessel*, 549 F.Supp. 540 (S.D.Fla.1982).
② *Platoro Limited v. Unidentified Remains of a Vessel*, 508 F.2d 1113, 1114–15 n. 1 (5th Cir.1975).
③ 《淹没土地法》第 1301 条规定，"自然资源"包括但不限于石油、天然气和其他矿物，以及鱼、虾、牡蛎、蛤蜊、螃蟹、龙虾、海绵、海带和其他海洋动植物，但不包括水力发电。第 1311 条规定，各州的权利和权力包括：（1）各州边界内的通航水域下覆土地的所有权，以及这些土地上的自然资源和水域，（2）经营、管理、租赁、开发和使用上述土地和自然资源等一切符合州法律的权利或权力，并且根据本条规定它们已被分配给各州。第 1314 条规定了联邦政府所保留的权利和权力，包括合众国出于商业、航海、国防和国际事务的宪法目的，保留其在上述土地和通航水域的所有航行服务和权利以及管制和控制的权力。所有这些权力都应至高无上，但不应被视为包括所有权，或经营、管理、租赁、使用和开发土地和自然资源的权利，这些权利按第 1311 条的规定已被分配给各州。

的考古遗址或土地上发现的具有历史或考古价值或利益的物品或材料均为州所有的财产，但未明确"历史"或"考古"的定义或确定其含义的其他方式，此种含糊不清违宪。为支持其主张，原告援引了美国诉迪亚兹案①，其中美国联邦第九巡回上诉法院认为《古迹法》第 433 条模糊不清是违宪，违反了正当程序，因为它没有定义何为"废墟""纪念物"或"古迹"。

但是，法院经审理后认为，《马里兰州自然资源法典》第 2 节第 309 条的规定并非模糊不清。法院根据兰敦大学词典给出的解释认为，"历史"是指与过去事件有关或具有相应特征的物品，"考古"是指与历史人物或他们的住所及与文物有关的物品。通过常识和实践来衡量，该条的被质疑之处显然能使普通人合理地知晓，两百年之久的遗迹、遗弃船只及其货物将受该条对历史或考古规定的约束，以及它支持马里兰州的所有权主张。

此外，地区法院经审理后拒绝遵循美国联邦第九巡回上诉法院在美国诉迪亚兹案对《古迹法》的解释。地区法院在此援引了美国诉斯迈尔案②，在该案中，尽管原告以含糊不清的理由对涉案条文的合宪性提出了类似质疑，但法院最终驳回了原告的主张。本案的事实比迪亚兹案更接近于斯迈尔案的事实。在迪亚兹案中，涉案标的是大约 5 年前的面具，而在斯迈尔案中，被告被控从一个有 700 年历史的印度墓地挖掘物品。综上，地区法院认为，《马里兰州自然资源法典》第 2 节第 309 条不存在模糊不清，也并未违宪。

（三）马里兰州是否放弃了主权豁免

地区法院认为，马里兰州在整个诉讼过程中并没有放弃其主权豁免。马里兰州在其提出的每项动议和就这些动议提出口头辩论时，都明确保留了其主权豁免。

四、判决结果

综上，地区法院支持了马里兰州的请求，判决撤销对被告船只及货物的扣押令和指定原告为被告保管人的命令。

---

① *United States v.Diaz*, 499 F.2d 113 (9th Cir.1974).
② *United States v. Smyer*, 596 F.2d 939 (10th Cir.1979).

五、分析评论

本案主要涉及海事对物诉讼中的两个法律问题：

（一）美国联邦宪法《第十一修正案》在海事对物诉讼中的适用问题

本案中，初审法院和上诉法院均确认了佛罗里达州诉宝藏打捞者公司案中确立的美国联邦宪法《第十一修正案》中各州主张主权豁免的三个条件，即诉讼是针对州本身提出的、州对涉案标的（通常为沉船及货物）具有所有权、州未放弃主权豁免，三者缺一不可。在具体的海事对物诉讼中，州要从以上三个方面加以证明才能主张主权豁免。

（二）海底文物是否可被认定为"自然资源"的问题

本案中，地区法院将海底文物纳入《淹没土地法》调整对象"自然资源"的范围，理由是沉船已沉没在海底 200 年之久。这有力地保护了涉案沉船，但在国际法层面并非如此，如《联合国海洋法公约》第十一部分"区域"将"资源"和"考古和历史文物"做了区分，《保护水下文化遗产公约》对"水下文化遗产"的定义将其同自然资源区分开来。本案体现着美国法院在《被弃沉船法》生效前，把沉船沉物判归政府时的典型论证逻辑。

案例 3：埋藏在美国国家公园内的 18 世纪英国沉船"福威"号

克莱因案

案件索引	琼·克莱因诉身份不明的被弃沉船案（Joan M. KLEIN, Plaintiff–Appellant, v. The Unidentified Wrecked and Sailing Vessel, etc., Defendant–Appellee. No. 83–5587. 758 F.2d 1511）
案件主题	国家公园内被弃沉船的所有权、打捞报酬
案件性质	民事诉讼（海事对物诉讼）
案件标的物	一艘由美国国家公园局系统管理和控制的、沉没在国家公园内的被弃沉船，被认为是 18 世纪英国船"福威"号。
当事人	杰拉尔德·约瑟夫·克莱因（Gerald Joseph Klein，原审原告，在上诉时已故） 琼·克莱因（上诉人，代替其亡夫继续参与诉讼） 身份不明的被弃沉船（被上诉人，原审被告）
审判法院	美国联邦第十一巡回上诉法院

判决时间	1985 年 4 月 29 日
适用规则	1.《美国联邦宪法》； 2. 普通法中的发现物法； 3. 美国海事法； 4.《海上救助法》； 5. 美国《古物法》； 6. 美国《被弃沉船法》； 7. 美国《国家公园管理法》； 8. 美国《考古资源保护法》； 9.《美国法典》； 10. 相关判例法（见正文）。
争议点概要	1. 身份不明的被弃沉船的所有权归属； 2. 是否应当对救捞沉船物品的行为支付报酬。
结论概要	1. 沉船所有者未确定时，应适用发现物法确定被诉沉船的所有权，而非救捞法； 2. 当双方对是否享有沉船所有权有争议时，需要首先认定被诉沉船的占有人； 3. 评估是否应当支付救捞报酬，应当判断打捞行为的价值以及对沉船和所取出物品的影响。
判决结果	上诉法院维持原判。
后续进展	无

一、案情概要

（一）基本事实

1978 年夏天，克莱因与朋友在潜水时发现了一艘身份不明的被弃沉船，并从该沉船中取出了部分文物。1979 年 10 月 4 日，克莱因将这些文物送至美国佛罗里达州南区地区法院，提请法院注意这艘沉船并保管这些文物，并主张该船的所有权以及全额且充足的救捞报酬。法院记录克莱因文物的保管清单标注的日期是 1979 年 10 月 26 日。这艘被弃沉船以及被取出的物品，都位于美国比斯坎国家公园范围内，该公园的土地属于美国领海内的淹没土地。美国联邦政府对比斯坎国家公园这片淹没土地享有所有权和管理权。

在调查被弃沉船的坐标后，美国联邦政府发现这艘被弃沉船不仅位于美国领海，还位于比斯坎国家纪念地（Biscayne National Monument）国家公园范围内，属于联邦政府所有的被淹没土地。因此，美国联邦政府作为沉船的所有权人介入该案。佛罗里达州则认为，由于它已经将沉船所在国家公园的土地转让给了联邦政府，因此它不再是这片土地的所有权人，并据此自愿退出了该诉讼。根据联邦政府申请，法院批准了一项初步禁令，禁止原告进一步打捞被弃沉船。

（二）原审裁定

法院发现，至少从 1975 年 2 月开始，美国联邦政府就已经知道比斯坎国家公园内有一艘 18 世纪的沉船，并记录了该沉船的大致位置，但直到 1980 年 7 月 4 日才找到该沉船的确切位置。这艘沉船有 200 多年的历史，是能够揭示过去人类生活和活动的历史遗迹，具有重要的考古价值。在克莱因提起诉讼前，美国并不知道他已经从沉船中取出了文物。法院指出，为了符合公共利益，如果想要将文物从沉船中移走，应当谨慎操作。原因在于，详细的文物考古出处能够为考古研究提供重要的历史信息，同时也能提高该文物的历史价值和捐赠或出售价值。详细的文物考古出处包括文物发现位置的水平和垂直坐标、埋藏范围、水深及与其他已发现文物的空间关系等。然而，克莱因从被弃沉船中挖掘或取出文物，既没有向联邦政府或佛罗里达州申请，也没有获得相关许可。在提起此诉讼前，克莱因没有通知联邦政府他已经从被弃沉船中取出了部分文物。直到开始审理，克莱因也没有将这些文物归还给联邦政府或其代理人。在原告提起诉讼之前，联邦政府从未试图打捞沉船或其中的物品。在法院任命联邦政府为沉船的保管人后，它才从该沉船中取出了文物，这些文物目前存放在佛罗里达州塔拉哈西的东南考古调查办公室中。

本案所涉及的被弃沉船深埋于美国联邦政府完全拥有、由国家公园系统管理和控制的土地。原审美国佛罗里达州南区联邦地区法院对原告的两个诉讼请求作出裁定：

1. 原告对被弃沉船的所有权主张

在确定海上被弃财产的所有权时，法院未适用传统的救捞法理论。按照该理论，海上被弃财产的所有权归财产持有者所有，且该持有者无须具有返还财产的意图。根据普通法中的发现物法规定，发现者已经占有遗失物或放弃物，并对其行使控制权后，发现者可以获得该财产的所有权。原告认为，作为被弃沉船的第一位发现者，发现即占有，因此他拥有该被弃沉船的所有权。法院认为，根据上述理论，原告有责任证明，他对船只及其所附物品具有排他性控制权，并意图行使该权利。虽然可以以证据不足为由驳回原告的排他性主张，但地区法院法官认为，实际上，由于原告发现的沉船既不是遗失物，也不是放弃物，因此没有讨论该问题的必要。

依据发现物法中的一般法律规则，在认定发现者对遗失物或放弃物所享有的权利时，不受遗失物或放弃物所在土地的所有权归属的影响。但是，有两种例外情况：当财产埋藏在土地中时、当土地所有者对财产具有推定占有所有权时，该财产不是合法的遗失物或放弃物。因此，法院认定此类被发现的被弃财产所有权时，需要考虑财产所在土地的所有权归属。基于上述任何一种例外情况，在原告发现被诉沉船时，美国联邦政府都是该船只的合法所有权人。

（1）埋藏于土地中的财产

1973 年，美国联邦政府以完全所有的方式从佛罗里达州获得了最初被称为比斯坎国家纪念地，后来被称为比斯坎国家公园的淹没土地的所有权。因此，这片土地目前归美国联邦政府所有，且受国家公园系统管理。本案所涉沉船就位于比斯坎国家公园内。

依据发现物法规定，"发现埋藏在土地中的财产，发现者不是该财产的所有权人，而是推定财产被埋藏地的土地所有权人为该财产的所有权人。"法院在听取证词并观看录像后，认定沉船基本上被掩埋并固定在土地中。因此，当美国联邦政府于 1973 年获得这片土地的所有权时，它也成为埋藏在该土地中沉船的所有权人。

（2）推定占有

依据美国诉考辛斯案（United States v. Cousins）的判例，推定占有是指，"在特定时间内，有意识地拥有权力并意图对财产行使统治权或控制权"。"有意识地行使""拥有权力"和"意图"是判断推定占有是否成立的三个要素。

首先，针对"有意识地行使"要素，地区法院认为，1975 年 2 月，也就是原告发现沉船的三年前，按照国家公园局的要求，水下考古学家乔治·费舍尔（George Fischer）对比斯坎国家公园内的历史遗迹作出了初步考古评估。该评估列出了公园内 46 个沉船地点，其中包括位于勒加雷锚地（Legare Anchorage）的沉船，即本案的被诉沉船。费舍尔初步认定，该船是 1733 年西班牙舰队的"普波罗圣母"号（*Nuestra Senora del Pupolo*），现在，考古学家重新认定其为 18 世纪的英国船"福威"号（*Fowey*）。尽管考古发现的识别结果并非永久不变，并且需要重新评估，但诉讼双方在本案中同意将被诉沉船认定为"福威"号。实际上，沉船的真实身份与法院的裁决无关。考古评估能够证明，美国联邦政府早在 1975 年就知道了本案被诉沉船的存在，并且于 1976 年将评估中列出的所有沉船都列入了美国国家史迹名录，这表明联邦政府从未忽视这些沉船，而是采取了相应措施对它们进行管理。因此，美国联邦政府是"有意识地行使"权利。

其次，针对"拥有权力"要素，地区法院分析道，依据《美国联邦宪法》第 4 条第 3 款第 2 项的财产条款，美国联邦政府有权对沉船行使控制权。在克莱佩诉新墨西哥案（Kleppe v. New Mexico）中，该财产条款被解释为赋予国会对公共财产的完全权力。对于"完全权力"的范围，该案的法院认为，"委托国会对公共土地行使的权力似乎是没有限制的"。在克莱佩案中，法院认为，该条款适用于公共土地上发现的野生动物。这可以表明，财产条款适用于在政府土地上发现的，并且未认定所有权归属的财产。

对于"意图"的认定，地区法院认为，美国制定了许多保护国家公园内发现的物品和公共土地上发现的物品的联邦法规和条例，这些规定能够证明联邦政府希望对船只行使支配和控制意图。例如，制定《国家公园管理法》的目的之一是保护历史文物以供后代享受。1906年《古物法》要求必须在获得许可证之后，才能检查或挖掘公共土地上的考古遗址，而且，从考古现场收集的文物都必须被永久保存在博物馆中。对此，原告辩称，该法不能用于支持联邦政府对沉船的所有权主张，原因在于，美国联邦第九巡回上诉法院在美国诉迪亚兹案（United States v. Diaz）中指出，《古物法》执行条款的宪法解释含糊不清。然而，地区法院认为，本案不是确认是否可以对原告执行处罚，而是关注联邦政府是否有意图对沉船行使控制权，因此《古物法》执行条款的模糊问题不影响本案的审理。另外，《考古资源保护法》规定，即使行为人的考古活动获得了授权许可，其从公共土地上挖掘或取回的文物也依然是美国联邦政府的财产。因此，从上述法规和条例可以看出，联邦政府有权并意图对沉船行使控制权，本案的法定证据也证明了此意图。

综上，尽管联邦政府并未实际占有该沉船，但依据推定占有理论分析，可推定它占有该沉船，因此，当该沉船不是法律上的遗失物或放弃物时，发现者不享有所有权。据此，法院不支持原告对该沉船提出的所有权主张。

2. 原告对救捞报酬的主张

地区法院指出，一项有效的救捞报酬请求必须具备以下要素：（1）如果没有救捞者的帮助，船舶或其他财产在遭受海上危险时无法获救；（2）救捞者自愿实施救助行为，即救捞者没有必须提供救捞的官方或法律义务；（3）救捞者成功救助，或至少成功帮助救助一部分处于危险中的财产。

地区法院已经认定，在原告发现沉船时，可以推定联邦政府占有该沉船。《救助法》规定，"只要船东或其代理人仍在占有中，他就有权拒绝不受欢迎的救捞行为"。水下考古学家费舍尔做出的初步考古评估和美国国家史迹名录都认为，应当在自然环境中实地检查和观察沉船遗址，并严格按照考古批准的程序取回地表文物。地区法院指出，原告不是训练有素、具有考古资格的考古学家，他在打捞时没有采用任何保护程序和措施保护或保存他从现场取出的文物。因此，地区法院认为，本案所涉沉船是公园内最古老的沉船之一，原告未经授权打捞和非科学取出这些文物的行为不属于考古活动。相比于防止危险，这更像是造成了海上危险。原告仅满足了请求救捞报酬必备要素中的"行为自愿"，故而法院驳回其对救捞报酬的主张。

美国佛罗里达州南区联邦地区法院驳回原告杰拉尔德·约瑟夫·克莱因的全部诉讼请求。

二、上诉主张

上诉人称，依据美国海事法的规定，发现并占有被弃沉船的人获得该船的所有权，因此上诉人对被诉沉船享有所有权；对于地区法院"本案应当适用发现物法，而不是救捞法"的观点，上诉人认为，即使可以适用发现物法，地区法院在裁决中对该法的适用也是错误的。

另外，上诉人认为，即使其对被诉沉船没有所有权，针对已做出的打捞行为，上诉人也应当获得相应的救捞报酬。

三、法院意见

针对上诉人提出的上诉理由，上诉法院对地区法院裁判中的两个问题作出审查：美国是被诉沉船的所有权人；对于上诉人从被诉沉船中移走物品的行为，上诉人无权获得救捞报酬。

（一）所有权

上诉法院指出，美国联邦第五巡回上诉法院在宝藏打捞者公司诉身份不明的被弃沉船案中遇到过类似的所有权确权问题。在确定美国领海外大陆架上一艘沉船的所有权时，第五巡回上诉法院适用了发现物法，而不是《海上救助法》。法院认为，《海上救助法》的适用条件是沉船的所有权人仍然存在。因此，上诉法院认为，对于一艘数百年间无法确定位置的沉船，适用该法不合理。发现物法是审查和认定沉船所有权的适当法律。依据发现物法，占有被弃财产的人享有该财产的所有权。这一结论在威金斯诉约1100吨意大利大理石案中得到确认。

上诉法院认可原审地区法院找到的发现物法中的例外规则，并补充道，在毕肖普诉埃尔斯沃斯案（Bishop v.Ellsworth）、奥尔雷德诉比格尔案（Allred v. Biegel）、弗拉克斯诉蒙蒂塞洛房地产公司案（Flax v.Monticello Realty Co），以及施莱诉库奇案（Schley v. Couch）中，法院都基于例外规则认定美国联邦政府享有所有权。

在本案中，被诉沉船被埋在属于美国所有的国家公园。在发现该地区的许多沉船遗址具有历史价值后，美国希望在该地区建立一个国家公园。基于此目的，佛罗里达州于 1973 年将该土地转让给联邦政府。因此，依据上述法律规定，美国联邦政府在 1973 年获得这片土地的所有权时，也获得了埋藏于这片土地的被诉沉船的所有权。此外，联邦政府有权力和意图对被诉沉船行使控制权。据此，上诉法院推定占有该沉船的是联邦政府，而不是上诉人，因此上诉人不是该沉船的所有权人。上诉法院认为原审地区法院驳回上诉人第一个诉讼请求的裁决没有问题。

（二）救捞报酬

对于上诉人关于救捞报酬的主张，上诉法院认可原审法院提出的关于救捞报酬的判定标准。基于此标准，上诉法院分析道，原告的救捞工作针对的是一艘未遗失或没有遭受任何海上危险的沉船。在这种情况下，财产的所有者甚至可能不希望财产被"救捞"。当联邦政府认为打捞沉船符合比斯坎国家公园管理部门的最佳利益时，它完全能够在没有原告协助的情况下"救捞"该沉船及其所附物品。而且，原告的打捞工作并不成功。由于原告没有对取走的文物作标记或识别，这些物品的考古来源未能被保留。正如地区法院指出的那样，"本案所涉沉船是公园内最古老的沉船之一，原告未经授权打捞和非科学取出这些文物的行为并非考古活动。相比于防止危险，这更像是造成了海上危险"。上诉法院认为，原审法院驳回了原审原告要求获得救捞报酬的请求是正确的。

（三）反对意见

上诉法院的克拉维奇（Kravitch）法官提出了一些反对意见。她认同上诉法院的结论，但对论证过程提出了不同看法。克拉维奇法官认为，认定美国是否为被诉沉船的合法所有权人，应当依据 1906 年《古物法》，而不是发现物法中的例外规定，因为对于沉船而言，这些例外是否与本案具有相关性并不清楚。《古物法》规定，未经对文物所在土地具有管辖权的政府秘书的许可，任何人不得在联邦政府拥有或控制的土地上占有、挖掘、损害或毁坏任何史前遗迹、纪念地或古代物品。违反上述规定，一经定罪，法院可酌情决定对其处以不超过 500 美元的罚款或不超过 90 天的监禁，或同时处以罚款和监禁。在本案中，被诉沉船无疑是艘"古代"沉船。依据《古物法》上述规定，原告的打捞行为是非法的"移动"和"挖掘"行为，故而可据此驳回原告对沉船所有权的主张。

同时，克拉维奇法官对救捞报酬的分析也有不同看法。联邦政府认为不存在海上危险，上诉法院的大部分法官认同了联邦政府这一观点，但是克拉维奇法官认为，海上危险不仅仅包括风暴、火灾或海盗对航行中的船只的威胁。在普拉托罗有限公司诉身份不明的被弃沉船案中，法院表示，即使沉船"不受海面以上天气条件的影响""沙子可以防止水下变质"，"海上危险"也可能存在。在科布案中，巡回上诉法院指出，为了满足有效救捞行动的要求，对于古老的被弃沉船来说，也可能存在海上危险。联邦政府在1975年调查被诉沉船时，只记录了沉船的"大致"位置，直到1980年7月4日才找到精准定位。也就是说，在原告发现该船位置九个月后，联邦政府才重新关注该沉船的状态。因此，从实际情况看，即使在发现沉船的位置之后，仍可能因一些因素而遗失，即失去该船的准确定位。

克拉维奇法官表示，她不认同多数法官的结论，即由于原告的打捞行为不成功就无权获得救捞报酬。克拉维奇认为，原告成功定位了沉船，就是向联邦政府提供了非常有价值的服务，他可以据此获得相应的报酬。的确，原告未能采用适当的考古技术取出沉船文物，但该事实可能减少救捞报酬的金额，而不是完全剥夺原告获得此类报酬的权利。因此，克拉维奇法官将本案发回地区法院进行重审，以便根据原告在定位船只方面的服务价值和对移走文物造成的损害，计算他应当获得的报酬金额。

四、判决结果

上诉法院得出结论：（1）在本案中，应适用发现物法确定被诉沉船的所有权，而非救捞法；（2）由于被诉沉船位于美国的土地上，且美国对该沉船推定占有，因此美国具有该沉船的所有权；（3）作为沉船的所有权人，美国可能不希望该船被"救捞"，而且从沉船地点运送文物至法院时，原告未对这些文物的考古出处进行标记或识别，可能影响了文物的历史价值，因此法院驳回上诉人主张救捞报酬的诉讼请求。

比斯坎国家公园的建立目的是保护这些历史遗迹和文物，如果法院支持上诉人的主张，则可能鼓励人们进入比斯坎国家公园，在未经授权的情况下随意从各沉船中取走文物，这将不利于对文物的保护。由于上诉法院的多数法官认为原审裁决没有任何错误，因此确认了原审裁判。

五、分析评论

在本案中，围绕一艘身份不明的被弃沉船（当事人双方认可该船是英国"福威"号），法院对两个问题做出分析和论证。一个问题是身份不明的被弃沉船的所有权归属，另一个是个人打捞沉船上物品是否应该获得报酬。

针对第一个问题，法院认为，由于在上诉审判时，沉船的具体位置已经确定，判断被诉沉船所有权归属时，推定谁占有该船是认定所有权的前提。在推定谁占有被诉沉船时，法院适用的法律是普通法中的发现物法。理由是发现物法适用于所有权人不确定时的情形，而上诉人提及的海事法则适用于明显具有所有权人的情形。法院在确定适用的法律后，提出了判断所有权的标准，即谁占有谁所有。按照这一标准，法院对沉船的占有人做出分析认定。一般对于无主物、遗失物或被弃物来说，发现该物品的人被认为占有了该物品。但是当埋藏在土地中的物品不会被认定为是无主物、遗弃物或被弃物时，即使这些物品被他人发现，他也不会成为这些物品的所有权人。埋藏这些物品的土地的所有权人才享有这些物品的所有权。具体而言，深埋于土地的物品不属于无主物，而是属于土地所有权人；能被土地所有者推定占有的物品不是遗失物或放弃物，其所有权也归属于土地所有权人。通过分析案件事实，上诉法院多数法官最终得出结论，被诉沉船深埋于国家公园的土地中，该土地属于联邦政府，因此联邦政府对被诉沉船享有所有权。克拉维奇法官认为应该适用《古物法》，直接否定原审原告发现者的身份，而将其打捞行为认定为非法"移动"和"挖掘"，以此驳回上诉人对被诉沉船所有权的主张。与其他政府主张历史沉船所有权的海事判决一样，本案也详细判断了美国政府的国家公园系统对涉案沉船的占有和控制，在沉船所有者并不明确的案件中，政府保护沉船沉物的行为和主观态度是法院将沉船沉物判归政府的重要因素。

从上诉法院对第一个问题的论证分析来看，多数法官完全支持原审法院的观点。克拉维奇法官提出了不同观点。相比两种看法，原审地区法院和上诉法院多数法官的论证更为充分。原审原告的行为是否能被认定为是非法移动和挖掘没有经过详细的分析，而且即使其行为非法，也不一定能否定他发现者的身份，因此仅依据其行为非法性驳回对所有权的主张没有说服力。而且，克拉维奇法官认为应该适用《古物法》，但是没有说明不适用发现物法的原因，因此该适用是否合适也有待论证。

针对第二个问题，地区法院和上诉法院多数法官的观点一致，他们都认为，由于原审原告的打捞行为在一定程度上破坏了文物的价值，相比于成功的打捞行为，更像是一种具有风险的破坏行为，因此不应当被支付报酬。相比于多数法官的看法，克拉维奇法官的观点更加平衡。原审原告的不当打捞行为，可能在一定程度上降低了文物的考古价值，但是其发现沉船、打捞物品的行为不是完全没有价值的。联邦政府知道存在沉船的时间至少比原审原告发现沉船早三年，但是，直到原告提起诉讼，联邦政府才确定了沉船的准确位置，可以推定，原告发现沉船的事实对于联邦政府确认沉船的具体位置有帮助。而且，原告把文物交给法院保管，这说明他并不是完全未考虑对文物的保护，因此全然否定其发现并打捞文物的行为有些过于绝对。法院应当详细评估其打捞行为的价值，允许其获得适当报酬。上诉法院认为，给予原告报酬可能会鼓励人们随意打捞发现的文物，可能会对更多未挖掘的文物造成破坏，但是，适当的报酬也可能会鼓励人们在发现文物时及时上报，有利于政府和专业机构对文物采取保护措施。这个争议点也是文物行政管理部门与私权利方的常见问题，其正反方意见对于我国的涉水下文物行政诉讼有所启发。

案例 4：沉没在美国内水的英国皇家海军捕获的荷兰单桅快艇"德布拉克"号

潜艇打捞公司案

案件索引	潜艇打捞公司诉"德布拉克"号及其属具、家具、货物和装饰案（SUB-SAL, INC., Plaintiff, v. The DEBRAAK, her appurtances, furniture, cargo and apparel, Defendant, Civ. A. No. 84-296-CMW.）
案件主题	打捞物与遗失物的区分
案件性质	民事案件（海事对物诉讼）
案件标的物	1797 年被英国皇家海军捕获的该荷兰单桅快艇"德布拉克"号满载黄金、珠宝和香料，于 1798 年在美国德拉瓦河河口沉没。同年，英国海军打捞未获成功，随后终止。
当事人	潜艇打捞公司（原告） "德布拉克"号沉船及属具、家具、货物、装饰（被告） 环境和自然资源部部长艾德文 H. 克拉克（Edwin H. CLARK），McK 公司，6 名退役海员：特伦斯 C. 埃奇库姆（Terrance C. Edgecomb）、巴里·诺顿（Barry Norton）、詹姆斯·鲍尔斯（James Powers）、詹姆斯·卡明斯（James Cummings）、约翰·莱希（John Leahy）、汤普森·皮特森（Thomas Peterson）（其他诉讼参加人）
审判法院	美国特拉华州联邦地区法院
判决时间	1992 年 2 月 4 日
适用规则	普通法中的发现物法
争议点概要	1. 如何认定沉船是否属于遗失物； 2. 对于沉船的权属，法院应当适用救捞法还是发现物法； 3. 如何认定遗失物的所有权归属。
结论概要	1. "德布拉克"号沉船经过数个世纪才被人发现，属于遗失物，本案应适用发现物法； 2. 根据发现物法，土地的领主对土地上的附着物拥有所有权，即便是部分附着； 3. 根据《淹没土地法》，特拉华州政府拥有德拉瓦河水域及底土的所有权，"德布拉克"号部分陷于德拉瓦河底土内，因而特拉华州政府拥有"德布拉克"号及船上物品的所有权。
判决结果	法院作出简易判决，授予特拉华州拥有"德布拉克"号沉船和船上物品的所有权。

一、案情概要

这艘 84 英尺长的荷兰造单桅快艇在 1797 年的英荷海战中被英国皇家海军捕获后作为战船服役。1798 年 5 月，"德布拉克"号（H.M.S *DeBraak*）在美国德拉瓦河河口沉没。同年 9 月，英国海军对"德布拉克"号进行打捞但未获成功，随后英国海军终止了打捞行动。人们普遍认为，"德布拉克"号上装满了价值可观的黄金、珠宝和香料。

为确定"德布拉克"号的准确位置，潜艇打捞公司于 1984 年 4 月获得了环境和自然资源部的调查许可，使用侧扫声呐寻找"德布拉克"号沉船。而在此之前，至少有六家公司也曾尝试寻找"德布拉克"号。1984 年 4 月，潜艇打捞公司找到了"德布拉克"号沉船的位置，该船位于水下约 80 英尺处，部分已陷入河床中。1984 年 7 月 25 日，时任美国特拉华州州长杜邦及环境和自然资源部部长向潜艇打捞公司颁发了为期一年的许可，允许潜艇打捞公司打捞"德布拉克"号，有效期自 1984 年 8 月 1 日起算。

二、各方主张

（一）原告诉请

1984 年 5 月 30 日，潜艇打捞公司向法院提起物权诉讼，请求法院支持该公司的救捞报酬。

（二）其他方诉请

特拉华州政府要求法院作出简易判决，支持特拉华州政府对"德布拉克"号沉船的所有权。

三、法院意见

（一）特拉华州政府拥有本州河流水域及河流底土的所有权

1988 年美国《淹没土地法》规定，各州疆界内可航行水域下的底土及水域和底土中自然资源的所有权属于该州政府。此处的"疆界"包括各州的海洋边界，即距离该州海岸线三海里的水域受《淹没土地法》规制，故各州对距离海岸线 3 海里内水域底土的所有权得到了美国国会的认可。

"德布拉克"号沉没于特拉华州的土地内。依据《淹没土地法》，特拉华州政府拥有埋藏"德布拉克"号沉船的水下底土的所有权。然而，《淹没土地法》并没有明确规定特拉华州政府拥有"德布拉克"号及船上物品的所有权。因此，为了证实特拉华州政府对"德布拉克"号的所有权，法院必须寻求发现物法的普通法依据。

（二）"德布拉克"号属于遗失物

由于本案涉及一艘历史时期沉船，因而法院必须确定究竟是适用发现物法还是救捞法。由于适用救捞法需要具备一个前提，即遭遗弃舰船的所有权人并未放弃该船的所有权，因而法庭拒绝适用救捞法。法院认为，对于一艘沉没了数个世纪且无人知晓其确切位置的沉船来说，如果仍然认为它最初的所有权并未消灭，那就只能假定它最初的所有权人拥有极为夸张的寿命。

在普通法中，发现物法建立在"找回意向"理念之上，即原所有权人没有找回物品的意图。基于这一理念，法院认为发现物法是审理本案的法律依据。近年来，不少法院在审理古代沉船案件时也适用了发现物法。"德布拉克"号在 1798 年即被弃置，其精确位置直到 1984 年才为人知晓，因而法院认为，本案应适用发现物法。

（三）附着于土地上的遗失物归土地领主所有

根据发现物法，"一般情况下，不必考虑遗失物于何处发现，但是存在一项例外，即遭遗弃的遗失物陷入土地之中时，遗失物便属于土地的领主"。在适用这一例外时，遗失物不必完全陷入土地之中。当一件遗失物的一部分附着于领主的土地，而另一部分只是刚好位于松软的表层土壤上时，领土同样拥有整件遗失物的所有权。总之，土地上的附着物属于土地的领主。在本案中，"德布拉克"号的船体部分陷入特拉华州的河流底土之中，发现物法的例外情形刚好能够适用，因而特拉华州拥有"德布拉克"号及船上物品的所有权。

根据美国《联邦民事诉讼规则》第 56 条 c 款之规定，在案件审理过程中，如果各方不存在实质性的实体法律分歧，请求方有权要求法院依据法律作出判决，法院亦有权针对诉请作出简易判决。本案中，特拉华州主张"德布拉克"号沉船和船上物品的所有权，并没有哪项重要事实能够否定这项诉请。由特拉华州政府提供的威廉·F. 莫耶（William F. Moyer）出庭陈述的宣誓书表明，根据《淹没土地法》，特拉华州拥有水下底土的所有权，而"德布拉克"号的部分船体刚好陷入特拉华州的水下底土之中。若非诉请方想要否认诉请方的诉求，必须提交明确而具体的证据，证明确实存在能够影响案件审理的重大法律争点。如果非诉请方不能提供这样的证据，法庭便可以断定不存在"能够影响案件审理的重大法律争点"。在本案中，其他各方并没有提交这样的证据。

四、判决结果

法院作出简易判决，授予特拉华州拥有"德布拉克"号沉船和船上物品的所有权。

五、分析评论

本案最初的诉讼主张是救捞报酬，但在案件的审理过程中，由于特拉华州政府主张"德布拉克"号的所有权，因而本案真正的法律争点在于"德布拉克"号是否属于遗失物。本案中，基于"德布拉克"号已沉没了数个世纪，且具体位置一直无人知晓，法院最终判定"德布拉克"号属于遗失物，并结合《淹没土地法》、发现物法及美国《联邦民事诉讼规则》的相关规定，适用简易程序，作出了判决。

法院针对历史时期的沉船，首先确定适用发现物法或救捞法，认为适用救捞法的前提是船主未放弃船舶，论述到沉没百年的船只的所有权已灭失。此外，法院未适用《被弃沉船法》，可见，法院存有对该类沉船沉物适用发现物法的倾向。

案例 5：私人购买的南方军舰"纳什维尔"号

钱斯案/"纳什维尔"号案

案件索引	弗兰克·钱斯、保罗·钱斯、大卫·托佩尔诉"纳什维尔"号即"响尾蛇"号案（Frank CHANCE, Paul Chance and David Topper, Plaintiffs, v. CERTAIN ARTIFACTS FOUND THE NASHVILLE a/k/a the Rattlesnake, Her Engines, Boilers, Tackle, etc., in rem., Defendant, 606 F. Supp. 801, 1983）
案件主题	沉船及相关物品所有权的确认
案件性质	民事案件（海事对物诉讼）
案件标的物	1853 年建造后被南方邦联捕获的"纳什维尔"号被私人购买并命名为"响尾蛇"号，于 1863 年在佐治亚州奥吉奇河搁浅后被北方联邦军舰击沉。

当事人	弗兰克·钱斯、保罗·钱斯、大卫·托佩尔（原告） 佐治亚州政府（权利申请人）"纳什维尔"号沉船及其引擎、锅炉、索具等（被告）
审判法院	美国佐治亚州南区联邦地区法院
判决时间	1984 年 8 月 16 日
适用规则	1.《美国法典》； 2.《海上救助法》； 3. 发现物法； 4. 美国联邦宪法《第十一修正案》； 5. 相关判例法（见正文）。
争议点概要	1. "纳什维尔"号是否"嵌入"奥吉奇河河底； 2. 原告是否有权因其打捞而获得报酬。
结论概要	1. 财产无需完全被埋没即可以满足发现物法的"嵌入"例外，"纳什维尔"号已"嵌入"奥吉奇河河底； 2. 原告未能证明有效救助所需的全部要素，驳回原告救捞报酬的请求。
判决结果	1. "纳什维尔"号已嵌入奥吉奇河河底，故该沉船的所有权属于州政府； 2. 原告未能证明有效救助获得报酬所需的全部要素，驳回原告的救捞报酬主张。
后续进展	无

一、案情概要

1853 年建造的"纳什维尔"号（*Nashiville*）是一艘侧轮式蒸汽船，南方政府在内战期间捕获了"纳什维尔"号后，私人投资者购买并将其重新命名为"响尾蛇"号（*Rattlesnake*），用于劫掠北方联邦商船获利。1863 年 2 月 28 日，"响尾蛇"号在麦卡利斯特堡上方的奥吉奇河七英里湾处搁浅，北方联邦军舰"蒙托克"号（USS *Montauk*）驶入奥吉奇河并向"响尾蛇"号开火，该船爆炸后沉没。一个世纪以来，该船一直停留在当年搁浅的位置。1974 年，比尔·金赛（Bill Kinsey）曾试图挖掘"纳什维尔"号。庭审中提交的证据显示，"纳什维尔"号已牢牢地固定在河底。双方当事人对船舶是州政府财产的事实没有异议。

原告向州政府申请挖掘"纳什维尔"号的许可被拒绝。1979 年原告开始潜水，并从沉船中找到了多种文物。1983 年 8 月佐治亚州自然资源部得知原告的潜水活动后，立即命令原告停止潜水活动并交出所有打捞物。1983 年 9 月原告提起诉讼，请求确认其对这些文物的所有权，或者给予救捞报酬。州政府已同意法院对这些文物的所有权进行裁决。

二、各方主张

原告请求法院确认他们对从位于奥吉奇河河底的沉船上打捞出的文物享有所有权，或给予救捞报酬。理由如下：

1. 原告以船尾下方有一条很深的裂缝这一事实来支持其结论，即沉船并未"嵌入"奥吉奇河河底。

2. 原告认为救捞报酬不构成对州政府的金钱判决，因此，美国联邦宪法《第十一修正案》并未作禁止。

州政府针对原告的救捞报酬要求援引了美国联邦宪法《第十一修正案》的豁免权来抗辩。

三、法院意见

地区法院的伊登菲尔德（Edenfield）法官认为：

（1）鉴于州政府的同意，法院有权裁定州政府对该船及其文物的权益；

（2）适用发现物法而非《海上救助法》；

（3）财产无需被完全掩埋就满足发现物法的"嵌入"例外规定；

（4）该船已"嵌入"州政府的土地；

（5）原告的良好意图不足以将其行为纳入法律范围；

（6）驳回原告的救捞报酬请求。

（一）管辖权

根据《美国法典》第 1333 条，法院具有管辖权。美国最高法院曾裁定，一旦州政府对财产提出了合理的法律主张，联邦法院就无权在未经该州同意的情况下裁决该州对该财产的权益[①]。然而，因为佐治亚州已经同意，故这一原则并不妨碍当前的诉讼程序。因此，地区法院有权裁定佐治亚州对 1863 年沉没在奥吉奇河的侧轮式蒸汽船的权

---

① *Florida Dept. of State v. Treasure Salvon, Inc.*, 458 U.S. 670, 682, 102 S.Ct. 3304, 3313, 73 L.Ed.2d 1057 (1982).

益，该州也同意法院裁定从沉船中取出的文物的所有权。

（二）适用发现物法而非《海上救助法》

法院首先要解决的问题是适用发现物法还是《海上救助法》。海事法院并不总对发现物法和《海上救助法》进行区分。但是，在本案中这种区分十分必要。

1.《海上救助法》

《海上救助法》规定即使船舶在没有寻回或返回希望的情况下被放弃，船舶的所有权仍归其所有者，财产救捞者有权获得报酬或对财产的留置权①。该财产由法院出售，出售的收益用于支付救捞者的报酬。出售也是清除财产所有权的一种手段，或者是让所有者有机会重新获得财产的一种手段②。搁浅、沉没或陷于其他危险的船舶都是获取救捞报酬的适当对象③。

2.发现物法

根据发现物法，放弃的推论可能来源于时间的流逝和对财产未曾使用④。与因其努力获得金钱报酬的救捞者不同，发现者获得打捞财产的所有权。由于"纳什维尔"号自1863年以来一直留在奥吉奇河河底而无人认领，因此，法院的结论是适用发现物法。

（三）嵌入性

佐治亚州政府认为，根据发现物法的"嵌入"例外规定（即：因为"纳什维尔"号已嵌入州政府的土地中），该船的所有权属于州政府。克莱因诉身份不明的被弃沉船案与本案类似⑤，该法院适用发现物法判定该船的所有权属于美国，并考虑了原告是否有权因其打捞而获得报酬。由于原告未能满足获得救捞报酬的全部要求，法院驳回了原告的主张。因此，佐治亚州政府必须证明船舶"嵌入或附着在"河底，才能提出有效的所有权主张⑥。

在庭审中，双方当事人对"纳什维尔"号是否真的"嵌入"河底存在争议。在很大程度上，原告依据船尾下方有一条很深的裂缝这一事实来支持他们的结论，即沉船没有嵌入河底。原告似乎认为船舶必须完全被埋没才能被视为"嵌入"。诚然，许多采

---

① 3A Benedict at 10—1 (1983).
② *Wiggins v. 11m Tons More or Less, of Italian Marble*, 186 F.Supp. 452, 457 (E.D.Va.1960).
③ 3A Benedict at 3—16 (1983).
④ *Wiggins*, 186 F.Supp. at 456; *Erickson v. Sinykin*, 223 Minn. 232, 26 N.W.2d 172 (1947), 170 A.L.R. 697.
⑤ *Klien v. Unident., Wrecked & Aban. Sailing vessel*, 568 F.Supp. 1562, 1565 (S.D.Fla.1983).
⑥ *Klien*, 568 F.Supp. at 1566; 36A C.J.S. Finding Lost Goods S 5 (1961).

用"嵌入"例外规定的案例都涉及埋没于土地中的动产[①]。然而，原告既未引用，法院也未发现任何要求财产完全被埋没以满足"嵌入性"要求的案例。

曾在"纳什维尔"号潜水的原告证人霍华德·托尔（Howard Tower）在庭审中无法回忆起船体的哪些部分被埋没，但他在为 1979 年 8 月《宝藏》（Treasure Magazine）杂志撰写的文章中写道"通过这次探索潜水，我了解到'响尾蛇'号船体的三分之二被埋在沙中"。在询问中，弗兰克·钱斯证实船体的很大一部分完好无损。法院根据奥尔雷德诉比格尔案（Allred v. Biegel）得出结论，"纳什维尔"号船尾的一部分没有接触到河底的事实，不足以排除法院对该船嵌入州政府土地的认定。奥尔雷德诉比格尔案（Allred v. Biegel）、弗格森诉雷案（Ferguson v. Ray）和毕肖普诉埃尔斯沃斯案（Bishop v. Ellsworth）都表明，不需要完全掩埋财产就能满足嵌入性要求，附着在土地上的物品属于该土地所有者。特别是弗格森诉雷案表明，如果遗失物的一部分被牢牢地固定在土地上，那么即使它的其他部分位于松散的表层土壤中，整个遗失物的所有权仍属于土地所有者。

在本案中，虽然关于沙子覆盖量的证词很重要，但"纳什维尔"号在目前的位置上已经停留了 120 多年，这一事实也许最能说明它的嵌入程度。在过去的一个世纪里，横扫河流的猛烈风暴未能将这艘船从沙子中拉出来；20 世纪 60 年代州政府的爆破作业都没有把沉船移开。这些证据足以表明该船牢牢地附着在河底。

嵌入性要求背后的政策考虑也支持法院的结论。首先，法院认为侵入者不应从其不法行为中受益[②]。其次，法院保护所有者的财产权益免遭掠夺和浪费[③]。在本案中，原告的潜水活动涉及持续的侵入行为，他们对气升式工具的使用导致了埃尔韦斯诉布里格斯天然气公司案裁决中所认为的浪费。根据发现物法，法院认为原告的良好意图并不足以将其行为纳入法律的范围。在费沃里特诉米勒案中[④]，该法院指出，即使假设他的动机仅仅是历史研究，这一事实也不能成为他未经许可而侵占他人财产的理由。毋庸置疑，现在即使是考古学家也必须获得财产所有者和相关国家政府的许可才能进行探索。

[①] *Klien*, 568 F.Supp. 1562, 1565 (S.D.Fla. 1983); *Favorite v. Miller*, 176 Conn. 310, 407 A.2d 974 (1978); *Schley v. Couch*, 155 Tex. 195, 284 S.W.2d 333 (1955); *Burdick v. Chesebrough*, 88 N.Y.S. 13, 94 App. Div. 532 (1904); *Goodard v. Winchell*, 86 Iowa 71, 52 N.W. 1124 (1892), 170 A.L.R. 708.

[②] *Favorite v. Miller*, 176 Conn. 310; 407 A.2d 974 (1978).

[③] *Elwes v. Briggs Gas Co.*, 33 Chancery Division English Law Reports, 562.

[④] *Favorite v. Miller*, 176 Conn. 310; 407 A.2d 974 (1978).

在本案中，原告曾向州政府申请挖掘"纳什维尔"号的许可，表明原告知道这片土地属于州政府，至于他们是否真的知道船舶的所有权属于该州与本案的处理无关。庭审中提供的证据显示，这艘沉船是嵌入或附着在奥吉奇河河底的，因此，该船的所有权完全属于州政府。

（四）救捞报酬的形式和条件

在本案中，法院驳回原告的救捞报酬请求有两方面原因。首先，州政府对这一请求提出了美国联邦宪法《第十一修正案》豁免权来抗辩。原告认为，美国联邦宪法《第十一修正案》并未禁止他们的救捞报酬，因为这并不会构成对州政府的金钱判决：原告称如果救捞者发现超出其货币价值和内在价值的独特物品，那么以实物报酬予以奖励更为合适。

美国联邦第五巡回上诉法院曾在普拉托罗有限公司诉身份不明的被弃沉船案中驳回了这种实物报酬的请求[1]。法院同样得出结论，只有根据发现物法才能授予对财物的所有权。法院未发现任何根据《海上救助法》而授予财物所有权作为报酬的案例。事实上，这样做将违反《海上救助法》假定动产所有权仍归其所有者的基本原则。因此，法院拒绝在救捞诉讼中把实物作为报酬。

此外，即使有理由考虑《海上救助法》中的救捞报酬，原告也没有满足有效救捞的所有要素。若主张此类报酬，原告必须证明：（1）他们的服务是自愿的；（2）他们成功地打捞了这些物品；（3）物品处于海上危险中[2]。庭审中的证词显示，打捞物面临的危险比之前在河底时更大。尽管专家们在庭审中无法就"纳什维尔"号是否处于平衡状态达成一致，但法院认为事实上存在平衡状态，原告的打捞活动在很大程度上破坏了这种长期平衡或近似平衡的状态。而且，原告没有采取足够的措施来确保打捞的文物得到保护。庭审中的证词显示，许多文物尚被堆放在原告的后院，会被随机暴露在各种元素中。与留在河底的文物相比，打捞使这些文物受到的损坏要更大。鉴于这些事实，法院应驳回原告的救捞报酬请求。

四、判决结果

"纳什维尔"号已嵌入奥吉奇河河底，该船的所有权属于州政府。根据美国联邦

---

[1] *Platoro Ltd. Inc. v. Unidentified Remains, Etc.*, 695 F.2d 893, 904 (5th Cir. 1983).

[2] *Klien*, 568 F.Supp. 1568（1983）.

宪法《第十一修正案》及原告未能证明有效救捞而获得报酬所需的全部要素，驳回原告的救捞报酬主张。

五、分析评论

对《海上救助法》与发现物法进行了明显的区分。法院明确救捞者只能依据发现物法取得沉载物的所有权，而救捞报酬的主张也必须符合《海上救助法》的有关规定；同时法院拒绝将船载物所有权作为救捞报酬，因为这不仅违背了依据《海上救助法》作出裁决的以往判例，也违反了该法的基本原则。

关于"纳什维尔"号沉船是否"嵌入"奥吉奇河河底，虽然双方存在较大争议，但法院在参考大量判例的基础上认定部分船体嵌入河底在法律上符合发现物法中的"嵌入"例外规定。这不仅使法院认定"纳什维尔"号沉船的所有权属于佐治亚州，还判定船载物的所有权也归于佐治亚州。

尽管如此，为此付出巨大努力的原告仍想获得救捞报酬以弥补自己所丧失的船载物所有权。法院通过庭审证词发现原告的救捞报酬不符合有效救助的条件，他们的行为严重破坏了奥吉奇河河底沉船的平衡状态，打捞文物也未得到妥善保管，这些事实都是促使法院驳回原告救捞报酬主张的因素。

地区法院的裁决援引了大量嵌入或附着于土地的动产所有权归属于土地所有者的判例，这与美国的土地所有权制度存在紧密关系。当前，美国土地所有者主要有四种类型：公民和法人、联邦政府、州和地方政府、美洲原住民部落和个人。土地所有权制度的核心是土地私有制，私有权即排除他人的一切权利。与之相对应的是美国公共土地所有权制度，即由纳税人支持，由联邦、州或地方政府管理。由于奥吉奇河河底归佐治亚州政府管理，因此，附着或嵌入佐治亚州政府土地范围内的一切财产，无论是不动产还是动产，在未经州政府的同意下，其所有权不发生转移。这是防止公共土地所有权遭到私人权利侵犯的有效措施。法院裁决援引了许多土地私有权的判例，这在很大程度上表明美国法律不仅保护土地私有制下的财产所有权，也同等保护公共土地所有权下的财产所有权。

第二节　基于国家立法

案例 6：沉没在美国领海的推测为与哥伦布航行有关的船

沉没宝藏公司案

案件索引	沉没宝藏公司诉身份不明的被弃沉船案（Sunken Treasure, Inc. v. Unidentified, Wrecked and Abandoned Vessel, 857 F. Supp. 1129）
案件主题	《被弃沉船法》（Abandoned Shipwreck Act）在联邦司法管辖权问题上的合宪性
案件性质	民事案件（海事对物诉讼）
案件标的物	可能与哥伦布航行有关的沉船沉物
当事人	沉没宝藏公司（原告） 维京群岛政府自然资源规划局（原告—交叉权利申请人） 北纬 17°47′50″、西经 64°45′30″ 坐标点 2500 码范围内身份不明的被弃沉船及其索具、武器、属具和货物（被告） 美国联邦政府（被告）
审判法院	美属维京群岛联邦地区法院圣克罗伊岛分庭
判决时间	1994 年 7 月 14 日
适用规则	1. 美国《被弃沉船法》； 2.《美国法典》第 1333 条； 3. 美国联邦宪法《第五修正案》； 4. 美国联邦宪法《第十一修正案》； 5. 相关判例法（见正文）。
争议点概要	1. 国会通过《被弃沉船法》是否改变了联邦法院海事管辖权范围； 2.《被弃沉船法》是否违反海事法必须统一的原则； 3.《被弃沉船法》是否违反美国联邦宪法《第五修正案》的正当程序条款。
结论概要	1. 被弃沉船不适用发现物法，而且埋藏在州淹没土地的被弃沉船属于州财产，没有实质改变联邦管辖权； 2.《被弃沉船法》未实质触及海事司法管辖权，不违反统一性原则； 3. 不违反正当程序条款。
判决结果	法院驳回了原告的所有主张
后续进展	无

一、案情概要

沉没宝藏公司是一家佛罗里达州的公司，从事打捞沉船沉物和海底捞宝业务。

1991 年，该公司确认埃特盐河地区存在哥伦布时代的沉船。沉船位于美属维京群岛水域内，其搁浅的淹没土地推定属于维京群岛政府，并位于美国国会认定的国家历史公园和生态保护区内。船只部分被埋，打捞作业涉及挖泥或改变通航水域，需要得到当地和联邦许可，但该公司没有获得任何相关许可。该公司遵守联邦规划和自然资源部（Department of Planning and Natural Resources，DPNR）不得从盐湖上移动物的指示，未开始打捞作业。

1991 年 9 月 18 日，该公司对有关沉船提起对物诉讼，要求将该船只及其财产置于其专有财产和所有权下，或作为救捞报酬。该公司还提出了临时限制及初步和永久性禁令请求，以避免其他个人和政府机构干预公司的预期打捞活动。

随后，美国政府和维京群岛政府分别作为被告和原告介入，两者均根据《被弃沉船法》①试图宣布自己为沉船的所有权人，并寻求限制沉没宝藏公司在盐河市进行打捞作业的命令。地区法院拒绝了沉没宝藏公司最初提出的临时限制要求，也没有就美国和维京群岛政府寻求的禁令救济作出决定，而是指示所有当事方就与各自主张依据有关的事实和法律结论提出意见。

二、各方主张

（一）原告主张

根据《美国法典》第 28 章《司法和司法程序》第 1333 条的规定②，沉没宝藏公司依据发现物法请求对沉船及其附属物的所有权，以及根据救捞法请求享有沉船作为救捞报酬的权益。沉没宝藏公司认为《被弃沉船法》有关法规违宪，主张地区法院保留管辖权，并以案件实质优先裁判争议。沉没宝藏公司认为《被弃沉船法》出于三个独立的理由而违宪。第一，该法从救捞法和发现物法中明确地排除了一类被弃沉船，将此类标的排除在联邦法院的海事管辖范围之外，从而超出了国会可以改变海事管辖权的有效范围。第二，《被弃沉船法》违反了海事法必须统一的原则。根据最高法院判例③，国会的立法权限受两个要素限制，一是海事法和海事管辖权基于主体的固有界限，不能通过立法来更改，如排除明显属于其内的事物或包括明显不属于此的事物；二是《美国联邦宪法》规定的精神和目的要求成文法则应与整个国家共同扩展并统一运作。沉

---

① The Abandoned Shipwreck Act, 43 U.S.C. § 2101 *et seq.*
② Judiciary and Judicial Procedure, 28 U.S.C. § 1333.
③ *Panama R. Co. v. Johnson*, 44 S. Ct. 391.

没宝藏公司认为《被弃沉船法》违反了上述两项限制。第三，《被弃沉船法》违反了美国联邦宪法《第五修正案》正当程序条款，其埋藏要件与合理公共目的并不合理相关。

维京群岛政府反对沉没宝藏公司的主张，认为本案属于《被弃沉船法》的管辖范围，地区法院不具有管辖权。

（二）被告辩称

美国政府反对沉没宝藏公司的主张，认为本案属于《被弃沉船法》的管辖范围[1]，地区法院不具有管辖权。

三、法院意见

法院指出，美国联邦第七巡回上诉法院已在齐赫系列案[2]中对上述所有问题进行了分析，并予以了否定。在齐赫系列案中，第七巡回上诉法院最终确认《被弃沉船法》符合联邦宪法，驳回原告因缺乏海事司法管辖权而提出的申诉。

本案中针对第一个理由，法院认为，这种观点的前提是《被弃沉船法》颁布前，发现物法和救捞法适用于现在属于《被弃沉船法》规定管辖的沉船类别，即在没有《被弃沉船法》的情况下，发现物法或救捞法是否会为地区法院提供管辖权[3]。法院指出，首先，救捞法不适用于被遗弃的沉船，因为救捞法是以存在对淹没物的持续所有权为前提，对于被放弃且没有所有权争议的历史沉船，并不存在这一要素；而《被弃沉船法》仅适用于被遗弃的沉船[4]。其次，虽然发现物法确实适用于被遗弃的沉船，但其长期例外是，埋在本州淹没土地中的沉船属于州财产，依法归本州所有，而根据美国联邦宪法《第十一修正案》，各州免于联邦司法管辖[5]；而《被弃沉船法》适用于被埋藏的沉船[6]。一旦联邦法院裁定沉船既被遗弃又被埋藏，则将根据《被弃沉船法》确认州所有权[7]；而由于救捞法和发现物法是赋予沉船案件联邦管辖权的仅有依据，法院将因缺乏管辖权而驳回这些诉请，最终结果与适用《被弃沉船法》的结果相同。因此，《被弃

---

[1] *The Abandoned Shipwreck Act*, 43 U.S.C § § 2105(a)(1), (c), 2106(a).

[2] *Zych v. Unidentified, Wrecked, and Abandoned Vessel, Believed to be the SB "Seabird"*, 941 F.2d 525; *Zych v. Unidentified Wrecked and Abandoned Vessel, Believed to be the Seabird*, 19 F.3d 1136.

[3] *Panama R. Co. v. Johnson*, 264 U.S. 375, 44 S.Ct. 391.

[4] The Abandoned Shipwreck Act, 43 U.S.C. § 2101(b).

[5] *Zych v. Unidentified Wrecked and Abandoned Vessel, Believed to be the Seabird*, 19 F.3d 1136, 811 F.Supp. at 1314.

[6] The Abandoned Shipwreck Act, 43 U.S.C. § 2106(a).

[7] The Abandoned Shipwreck Act, 43 U.S.C. § § 2105(c), 2106.

沉船法》对联邦管辖权没有实质性影响。

针对第二个理由，沉没宝藏公司认为《被弃沉船法》违反了统一性要求，因为该法规允许各州制定自己的规则来管理拥有所有权的遗弃沉船。法院指出，由于《被弃沉船法》几乎没有触及海事司法管辖权，而统一性原则允许各州自由制定和执行不违反海事法且符合联邦法律的法规，故《被弃沉船法》没有将非统一性要素引入海事司法管辖权[①]。

针对第三个理由，沉没宝藏公司引用众议院报告指出国会的立法意图仅限于管理被放弃的"历史"沉船[②]，认为《被弃沉船法》涵盖的埋藏被弃沉船范围无理由地超出了历史保护的目的，与正当立法目的没有合理关系，因此，违反了美国联邦宪法《第五修正案》的正当程序条款。法院认为，程序正当的实质原则要求成文法立法不得武断，且必须与正当立法目的合理相关[③]，《被弃沉船法》满足这一标准。地区法院同意齐赫系列案的论证[④]，即《被弃沉船法》将被埋藏的情况作为确定适用性的标准，满足了程序上的考虑。另外，地区法院还认为本案中被告船只有数百年历史，可能与哥伦布航行有关，无疑具有重要的历史意义，正是国会力图保护的沉船类型的典型代表。

四、判决结果

地区法院选择遵循齐赫案的先例，驳回沉没宝藏公司的所有主张。

五、分析评论

本案的核心问题在于《被弃沉船法》的合宪性。原告主张的三个理由中，前两个理由的核心问题在于该法案是否改变了立法前联邦海事管辖权的范围，第三个理由的核心问题则在于被弃沉船在多大程度上可以被认定为具有特殊的"历史"保护价值。

第一个核心问题与联邦系统和各州系统并行的司法体系有关，其实质是各州和联邦间对被弃沉船管辖权的权力界限。本案中，法院对于《被弃沉船法》是否改变了原有联邦海事司法管辖权的论证，从程序法层面对管辖权进行了分析；在判断发现物法

[①]　*Panama R. Co. v. Johnson*, 44 S.Ct. 391.
[②]　H.R.Rep. No. 100–514(I), 100th Cong., 2d Sess.
[③]　*Lapides v. Clark*, 70 S.Ct. 101.
[④]　*Zych v. Unidentified Wrecked and Abandoned Vessel, Believed to be the Seabird*, 19 F.3d 1136.

下的联邦管辖权问题时，法院还通过比较适用发现物法对被埋藏的被弃沉船所有权的结果与适用《被弃沉船法》一致，来证明管辖权未被实质改变。管辖权具有程序和实体的双重性质，从这个意义上看，在决定司法机构管辖权范围时，衡量标的物的所有权情况可以作为立法时的考虑因素。

第二个核心问题则充分说明了沉船案件中历史文化遗产因素可以产生特殊的管辖权。美属维京群岛地区法院在本案中依照齐赫系列案的论证，再次确认基于公共利益目的区别对待具有历史保护特性类沉船案件的管辖权，既符合法律体系一性要求，也具有合宪性。值得注意的是，在原告强调众议院报告称《被弃沉船法》可能适用的约 50000 艘沉船中仅 5%~10% 具有历史重要性的情况下，法院在解释《被弃沉船法》的合宪性时，并没有进一步论证为何满足埋藏要件的被弃沉船都符合历史保护的特殊目的。本案实际上涉及文物的预防性保护。法官明确说明，《被弃沉船法》正是基于保护具有历史意义的沉船的立法目的，将所有符合其规定情况下的被弃沉船之所有权归于联邦各州所有，其背后逻辑在于由国家占有沉船有利于保护其历史价值。

案例 7：沉没在美国沿海的美国商船"罗辛科"号

"罗辛科"号案

案件索引	埃霍恩诉被弃沉船"罗辛科"号案（Paul L. Ehorn, Plaintiff, v. The Abandoned Shipwreck Known As The Rosinco, Her Tackle, Appurtenances, Furnishings, And Cargo, Defendant, and State of Wisconsin, Intervenor Defendant, 301 F.Supp.2d 861）
案件主题	根据《被弃沉船法》确定州对沉船的所有权；简易程序适用
案件性质	民事案件（海事对物诉讼）
案件标的物	"罗辛科"号沉船沉物
当事人	保罗·埃霍恩（原告） "罗辛科"号沉船及其索具、属具、陈设物、货物（被告） 威斯康星州（被告）
审判法院	美国威斯康星州东区联邦地区法院
判决时间	2002 年 10 月 9 日

续表

适用规则	1.《美国法典》； 2. 美国《被弃沉船法》； 3. 美国《联邦民事诉讼规则》海事诉讼补充规则。
争议点概要	1. 是否可以适用简易判决； 2."罗辛科"号沉船及其船具、属具、陈设物和货物的所有权归属； 3. 威斯康星州修改的权利要求是否有效。
结论概要	1. 本案不存在实质性的事实争议，法院可适用简易判决； 2."罗辛科"号是威斯康星州淹没土地上的被弃沉船，所有权归威斯康星州所有； 3. 威斯康星州事先已通过引用的形式，对先前的权利要求进行了修改。
判决结果	1. 批准威斯康星州采用简易判决的请求； 2. 宣布威斯康星州对"罗辛科"号及其船具、属具、陈设物和货物拥有全部权利、所有权和利益； 3. 否决威斯康星州初步禁令的请求。
后续进展	无

一、案情概要

（一）基本事实

"罗辛科"号是一艘被遗弃的沉船，位于威斯康星州基诺沙郡（Kenosha）12英里外的沿海。原告埃霍恩于1977年9月发现"罗辛科"号后进行了100多次潜水探索。1998年10月25日，埃霍恩被威斯康星州自然资源部雇用的巡查人员约瑟夫·杰里希（Joseph J. Jerich）逮捕，理由是他从"罗辛科"号搬出了一个舷窗。1999年12月10日，威斯康星州基诺沙郡地方检察官指控原告埃霍恩犯有重罪，违反了威斯康星州的法律，对财产造成损害并犯有轻罪盗窃。在整个刑事起诉过程中，威斯康星州都坚持自己拥有"罗辛科"号的所有权。

自1994年9月1日以来，"罗辛科"号一直在威斯康星州国家历史学会的考古遗址清单内。2001年2月8日，美国国家公园局确定"罗辛科"号有资格列入国家史迹名录，同年7月18日被列入。

原告埃霍恩在海事法院提起对物诉讼，以确定对"罗辛科"号的所有权。威斯康星州也提出主张，但没有对原告的请求意见进行答复。在对其进行缺席判决后，威斯康星州提出上诉。上诉法院撤销案件并将其发回重审，理由是原告的诉讼通知书没有合理送达威斯康星州。在发回重审中，威斯康星州提出简易判决的主张。

（二）重大程序

2000 年 8 月 7 日，原告埃霍恩在海事法院提起对物诉讼，要求确认其对"罗辛科"号及其索具、属具、陈设物和货物的所有权。2000 年 11 月 3 日，威斯康星州向法院提起了对"罗辛科"号所有权的请求。2000 年 11 月 16 日，原告埃霍恩提出确认判决的要求，要求法院判决他具有关于"罗辛科"号的全部权利、所有权和利益。

2000 年 12 月 20 日，原告埃霍恩发现威斯康星州提交的权利要求后，请求法院撤销这一要求。2001 年 1 月 5 日，法院举行听证，要求威斯康星州对原告的撤回请求作出答复，该答复不得迟于 2001 年 2 月 9 日提出。

2001 年 9 月 26 日，法院发布决定拒绝威斯康星州修改后的权利要求以及答复的请求，并撤销威斯康星州的权利要求，同时于 9 月 27 日作出原告埃霍恩获得"罗辛科"号的全部权利、所有权和利益的判决。

2002 年 6 月 21 日，威斯康星州对法院的裁决向第七巡回上诉法院上诉，上诉法院推翻了原审判决并发回重审。2002 年 7 月 11 日，威斯康星州提出了对此案终审前初步禁令的请求。2002 年 8 月 13 日，威斯康星州提出了简易判决的请求。

二、各方主张

（一）原告主张

1. 原告对"罗辛科"号沉船及其索具、属具、陈设物和货物具有全部权利、所有权和利益。

2. 威斯康星州未能及时提出请求。

3. 威斯康星州未能在 20 日内根据美国联邦民事诉讼规则《海事诉讼补充规则 C》（Supplemental Admiralty and Maritime Claims Rule C）第 6 条的规定以及法院于 2000 年 10 月 12 日发布的命令提交答复。

4. 威斯康星州于 2000 年 11 月 3 日提交的请求未阐明根据《被弃沉船法》[①] 提出的所有权主张。

原告认为尽管第七巡回上诉法院裁定威斯康星州有权对原告诉求提交延误的答复，但是并未授予威斯康星州提出修改后的诉讼权利。根据《海事诉讼补充规则 C》

---

① Abandoned Shipwreck Act of 1987, 43 U. S. C. § 2101–2106.

第6条，威斯康星州提出的唯一主张是基于其之前的州法规，而根据州法规并不能确认威斯康星州对"罗辛科"号具有所有权。因此，原告认为威斯康星州未能提出有效的所有权主张。

（二）被告辩称

1. 威斯康星州对"罗辛科"号沉船及其索具、属具、陈设物和货物具有全部权利、所有权和利益。

根据《美国法典》第43卷《被弃沉船法》第2105条，美国对国土内任何被遗弃的、被列入或有资格被列入国家史迹名录的沉船享有所有权，同时根据法律规定，美国将对此类沉船的所有权转让给沉船所在州。本案中，"罗辛科"号在威斯康星州州界范围内，并已获得美国内政部国家历史保护官员颁发的资格认定，因此，威斯康星州拥有对"罗辛科"号的所有权。

2. 威斯康星州提出准许其修改权利要求的请求。

3. 威斯康星州提出修改后的权利要求，并将其并入威斯康星州的答辩状。

三、法院意见

（一）简易判决的适用

根据美国《联邦民事诉讼规则》（Federal Rules of Civil Procedures）第56条c款的规定[1]，在诉状、证词、对质询的答辩和案卷的许可被法院接受，以及宣誓书（如果有）表明对重大实质事实没有争议的情况下，请求方有权依法得到判决，法院应适用简易判决。因此，请求简易判决的当事方负有初步证明责任，即需将其请求的依据告知地区法院，并确定诉状、证词、对质询的答辩和案卷的许可以及宣誓书中的内容不存在任何实质性事实的争议，反对的一方只有在提供明确、有力的证据来驳回时，才能成功地反对简易判决。为了确定是否存在真正的实质性事实争议，法院必须审查记录，从最有利于不动产当事方的角度来进行解释，并得出对该当事方有利的合理判断[2]。本案中威斯康星州及时提交了经核实的沉船权利或利益声明，承担了初步证明责任，在案件不存在实质性事实争议的前提下，法院应适用简易判决。

---

① Fed. R. Civ. P. 56(c).
② *DiGiore v. Ryan*, 172 F. 3d 454, 460 (7th Cir. 1999).

（二）"罗辛科"号所有权的争议

根据《美国法典》第 43 卷《被弃沉船法》第 2105 条的规定：

（a）美国所有权。美国主张对以下任何被放弃的沉船享有所有权：（1）埋在州的淹没土地内；（2）位于州保护的珊瑚礁岩层中，且该珊瑚礁岩层在州淹没范围内；或（3）位于州淹没土地上，且被列入或确定有资格列入国家史迹名录。

（b）需注意沉船的位置，以确定其是否具有纳入国家史迹名录的资格。应向公众充分公布根据本节主张拥有所有权的沉船位置。内政部部长在与当事州历史保护官员协商后，应作出书面裁定，确定被放弃的沉船符合 a 款第 3 项中列入国家史迹名录的资格标准。

（c）所有权转让给各州。根据本条 a 款主张的任何被弃沉船的所有权，均转移给沉船所在州。

本案中，"罗辛科"号是威斯康星州淹没土地上的被弃沉船，并且在 2001 年 2 月 8 日，美国国家公园局确认"罗辛科"号有资格列入国家史迹名录，并且于 2001 年 7 月 18 日列入了国家史迹名录。因此，根据《被弃沉船法》规定，威斯康星州具有对"罗辛科"号的所有权。

（三）威斯康星州修改后的权利要求的争议

首先应明确，威斯康星州于 2000 年 11 月 3 日提出的原始权利要求是基于州法规提出的，而《被弃沉船法》优先于州法规适用。根据第七巡回上诉法院的说法，威斯康星州有权在被要求作出答复前被送达，然而直到 2002 年 6 月 21 日，尚未被适当地送达。在这种情况下，截至 2002 年 6 月 21 日，威斯康星州无须作出答复。同样，威斯康星州也无须提出主张。

根据美国联邦民事诉讼规则《海事诉讼补充规则 C》第 6 条 b 款 i 项规定[1]："［a］主张拥有财产所有权或任何所有权权益的人，必须在 10 天内提交经过验证的权利或利益声明……（1）执行程序，或（2）根据《海事诉讼补充规则 C》第 4 条完成通知发布。"即使根据原告主张，他于 2002 年 6 月 27 日通过向其法律代表邮寄一份传票和投诉书的副本来向威斯康星州进行送达，这也意味着该州需在送达后 10 天内提交经核实

---

[1] Supp. Rule C(6)(b)(i).

的权利或利益，即 2002 年 7 月 17 日或之前。事实上，威斯康星州于 2002 年 7 月 10 日就提交了答辩书和积极性抗辩。该文件中包含该州的主张，称该州通过引用的形式修正了先前提交的权利要求。修订的权利要求书中包含根据《被弃沉船法》对"罗辛科"号要求所有权的主张。

四、判决结果

批准威斯康星州请求采用简易判决的请求；宣布威斯康星州对"罗辛科"号及其索具、属具、陈设物和货物拥有全部权利、所有权和利益；否决威斯康星州初步禁令的请求。

五、分析评论

本案的争议焦点一个是诉讼程序，另一个是实质的所有权争议。本案显示出国家史迹名录以及沉船历史文化价值对所有权等沉船权利归属的影响。

诉讼程序方面，本案涉及对简易判决的适用以及修改权利要求的程序。法院适用了美国《联邦民事诉讼规则》关于海事诉讼的补充规则（Supplemental Rules for Certain Admiralty and Maritime Claims of the Federal Rules of Civil Procedure），并认定本案中威斯康星州及时提交了经核实的沉船权利或利益声明，案件不存在实质性事实争议，进而确认了简易判决的适用。而对于威斯康星州修改权利要求的问题，值得庆幸的是原告未能对威斯康星州进行及时送达，继而法院认定威斯康星州已经通过引用的形式修正了先前提交的权利要求。这使得原审法院判决存在程序瑕疵，更使得在案件时间节点上，于原审法院规定的答复日前一天"罗辛科"号沉船被确认具有列入国家史迹名录的资格发挥价值：州得以据此主张适用《被弃沉船法》，进而获得涉案沉船的所有权。此外，在这一问题上，法院明确《被弃沉船法》相对于州法优先适用，这一点值得关注。

而对于本案的实质问题，主要集中在对于"罗辛科"号沉船所有权的争议上。根据《被弃沉船法》的规定，美国对位于一州的淹没土地上，且被列入或确认有资格列入国家史迹名录的沉船具有所有权，并且这一所有权将转移给沉船所在州。本案中，鉴于"罗辛科"号是威斯康星州州界内的被弃沉船，并且沉船于 2001 年 7 月 18 日被列入国家史迹名录，威斯康星州具有对"罗辛科"号的所有权。

第三节 适用考古法

案例 8：沉没在爱尔兰领海的西班牙无敌舰队"拉·拉维亚"号、"朱莉安娜"号和"圣玛丽亚·德拉维"号

"拉·拉维亚"号案

案件索引	金和查普曼诉"拉·拉维亚"号、"朱莉安娜"号和"圣玛丽亚·德拉维"号及其机械装置、配件、属具、索具、船载物和货物所有权人及所有主张权益人案（Alan King and Harry Chapman v. The Owners and All Persons Claiming an Interest in *La Lavia, Julian and Santa Maria de la Vision*）
案件主题	历史悠久沉船的适用法律、打捞许可、发现和打捞文物的奖励支付标准
案件性质	民事案件（海事对物诉讼）
案件标的物	"拉·拉维亚"号、"朱莉安娜"号和"圣玛丽亚·德拉维"号沉船及其机械装置、配件、属具、索具、武器、船载物和货物
当事人	所有权人和所有声称对"拉·拉维亚""朱莉安娜"和"圣玛丽亚·德拉维"及其机械装置、配件、属具、索具、船载物和货物拥有权益的人（上诉人、原审被告）艾伦·金、哈里·查普曼（被上诉人、原审原告）
审判法院	爱尔兰最高法院
判决时间	1999 年 1 月 1 日
适用规则	《国家古迹法》
争议点概要	1. 原告是否拥有船只及其沉物的所有权； 2. 原告是否有权因发现船只和进行救助工作而获得报酬，以及其他相关赔偿； 3. 涉案船只是否构成《国家古迹法》第一节和第三节所指的沉船； 4. 爱尔兰公共工程专员拒绝向原告发放执照的决定是否因违法而无效。
结论概要	1. 爱尔兰公共工程专员未能根据被上诉人（原告）提出的申请向其发放许可证违法； 2. 被上诉人无权因为发现沉船而获得国家奖励。
判决结果	驳回上诉请求，支持原审判决
后续进展	无

一、案情概要

1588 年 5 月，130 艘船只组成的"无敌舰队"在里斯本集合远征英国。除海军人员和武器外，这些船只还载有约 30000 名装备齐全的士兵以及大量供陆军使用的火炮。

7月，两艘西班牙船只在英吉利海峡被击沉。英国人在夜间用火船对加莱以北锚地的无敌舰队发动了大规模攻击，舰队损失了约20艘船后放弃入侵计划时的天气状况不利于撤退，舰队沿英格兰和苏格兰东海岸长途航行，穿过爱尔兰北部和西部海岸前往拉科鲁尼亚，消耗了剩余三分之一的船只。9月20日，舰队中的"拉·拉维亚"号、"朱莉安娜"号和"圣玛丽亚·德拉维"号停泊在距离斯特雷达赫海峡约3英里的伊尼什默里岛岸边约1.5英里处避西南风。大风向西转向并加强，船只驶入巨大的锯齿状岩石包围的小海湾，不到一小时，三艘帆船被撞成碎片，人员伤亡惨重。不久后，一名英国观察员在该地区3英里长的海岸线上发现了1100具尸体。

原告（以下分别称为"金"和"查普曼"）是在爱尔兰居住和经营业务的英国公民，两人是斯特雷达赫集团的高级成员，这个11人组成的勘探团队通过海事调查寻找沉船。蒂芬·伯奇研究发现，在斯特雷达赫沉没的三艘船可能位于海湾北端的特定地点，天气条件适宜时可以搜索和挖掘，并有可能导致重大海洋考古发现。1985年1月，伯奇初步探访斯特雷达赫。4月27日，勘探团队在斯特雷达赫海峡集合，他们携带有大量设备勘测附近海床。5月4日，伯奇确定了沉船的第一个实际位置，并找到了一只锚、三门保存完好的青铜大炮、炮弹等许多文物，以及一只由木材和铁质紧固件制成的38英尺长的完整船舵。中世纪黎凡特海洋历史时期没有其他船舵幸存下来，海军建筑师和历史学家认为该船舵独一无二。当月，蒂芬·伯奇发现了三艘沉船。第一次搜索持续了约3周，实际花费为5000~6000英镑的设备费用，原告对整个项目投入的成本估计为3万~4万英镑。

在第一次搜索开始前，伯奇代表团队咨询了律师，于4月26日致信公共工程专员（Commissioners of Public Works）——古迹部的恩达·邓利维，报告打捞计划，并希望他发出保全令。信中附有伯奇的备忘录、研究总结和相关资料，表明打捞沉船的目的和愿望，并告知科林·马丁博士已经接受咨询并担任顾问，最后提供了参加勘探人员姓名和地址。邓利维当天回信，表明发现沉船应依据《古迹法》报告，国家将通过法定程序对其进行保护，进一步作业需取得相关许可。5月16日，公共工程办公室、国家博物馆和海事博物馆以及马丁博士查看了遗址，认为完全暴露在浅海海床表面的三门青铜大炮容易受到损害，而且在勘探队离开现场后，可能会遭到第三方未经授权的拆除，应该对三门大炮进行岸上保护。5月27日，公共工程办公室国家古迹部的琼·菲利普斯写信通知该团队律师，公共工程专员已根据《国家古迹法》发布了保全令，未经专员书面同意不得对古迹采取任何行动，防止在三艘沉船现场进行事前调查和打捞。金和查普曼出席了11月27日的部门间委员会会议，双方就遗址说明、国家政策、潜水员动机、资金相关问题、迄今为止的操作、挖掘和提取、许可证展开讨论。会议记录表明，政府部门首要考虑的是勘探、保护费用以及项目进度和成本问题，有意与斯特雷达赫集团谈判解决问题。

1986 年 6 月 5 日，金收到斯莱戈县斯特雷达赫舰队沉船部门间委员会的信，称其讨论决定建议沉船归爱尔兰政府所有，并表明委员会正在安排包括潜水员在内的官方观察员到现场，金及其同事不得再从事相关活动。

二、原告主张

1986 年年底，团队律师开始代表斯特雷达赫集团处理对国家提起的诉讼，以主张"朱莉安娜"号、"拉·拉维亚"号和"圣玛丽亚·德拉维"号沉船的救捞权益，同年 12 月开始海事对物诉讼程序。1987 年 4 月 1 日，原告在部门间委员会会议上提出挖掘斯特雷达赫沉船的考古计划，以及挖掘费用估算。5 月，该集团对官方失去信心，向爱尔兰高等法院申请对 1985 年的保全令进行司法审查；7 月 10 日，院长下令撤销保全令，并保留原告可能的损害索赔问题，并颁发了禁令，限制国家在视察现场时干预该集团。后该集团根据 1987 年《国家古迹法》第三节向公共工程专员申请许可，授权其继续在现场作业，许可证未予发放，集团终止了相关作业。

待审理的问题在 1990 年 7 月 27 日的命令中作了规定，并根据原告对所有权的让步作了适当修改，具体如下：

1. 原告是否为占有上述船只、机械装置、配件、属具、索具、武器、船载物和货物及其任何部分的救捞者。

2. 依据国家所有权应确定如下事项：

（1）原告是否有权占有上述船只及其沉物。

（2）原告是否有权获得救捞服务，包括未来可能提供的服务的报酬。

（3）原告是否有权因发现船只和沉物（包括索赔说明中描述的物品）以及进行救捞而获得报酬。

3. 上述船只是否构成《国家古迹法》第一节和第三节所指的沉船。

4. 爱尔兰公共工程专员根据《国家古迹法》第 3 条第 5 款拒绝向原告发放许可证的决定是否因违反自然和 / 或宪法正义而无效。

5. 原告是否可以违反委员会委员的强制令：

（1）批准该申请。

（2）如果在审判中发现下列事项，则重新考虑原告的申请。

（a）原告发现船只。

（b）原告是占有该财产的救捞方。

（c）原告在全部重要时间点均合法、适当地行事。

（d）到目前为止，原告是唯一以其研究、适当装备来打捞上述船只及其船载物的人，这些船只及其船载物仍然处于持续风险之中。

6. 原告是否有权就以下事项获得损害赔偿：

（1）爱尔兰公共工程专员声称行使其法定权利，对上述船只错误地实施了1985年第7号国家古迹（保护）令，该命令被高等法院1987年作出的命令撤销。

（2）公共工程专员未向原告颁发上述许可证。

（3）被告侵犯原告的宪法权利（如果有的话）。

（4）原告丧失未来继续其救捞工作的权利（如果有的话）。

（5）修订的申诉及答辩陈述书所描述的其他事宜。

（6）如原告人有权获得报酬、报酬和 / 或损害赔偿，则衡量该命令以及初审法官认为合适的其他问题。

三、法院意见

（一）巴尔法官于 1994 年 7 月 26 日作出判决：

（1）斯特雷达赫沉船的救捞不属于海事法范畴。船只失事已经过去很长时间，以至于所有权问题以及随之而来的补偿等问题失去实际意义并融入历史，沉船应该被视为已经从海上救助法的商业领域进入了考古法领域。古代海洋考古发现的案件有四个基本特征：时间久远、国家所有权、缺乏实际的商业市场价值、可能无法追查损失发生时所有者（或赔偿人）的继承人。所以，早在1985年发现"朱莉安娜"号、"拉·拉维亚"号和"圣玛丽亚·德拉维"号沉船之前，它们就已经脱离了商业海事法范畴。

（2）公共工程委员对海洋考古发现的权利和义务。依据最高法院在韦伯诉爱尔兰案中[1] 的判决和《国家古迹法》可以得出以下结论[2]：

（a）在爱尔兰领水海床上或海床下发现的海洋考古沉船和相关文物，与在陆地上发现类似物品一样，是爱尔兰人民和代表爱尔兰人民保存这些文物的国家的财产，是爱尔兰历史和文化遗产的一部分。

（b）公共工程专员作为国家代理人，一般情况下是海洋考古沉船和相关物品的保管人和代表人。

---

① *Webb v. Ireland*［1983］IR 353.
② *National Monuments*（*AMDT*）*Act*，Art 3.4.

（c）《国家古迹法》规定，未经专员许可，不得损坏或移走超过 100 年历史的沉船或相关考古物品，或进行潜水、勘探或打捞作业。专员可酌情授予或拒绝授予申请人从事《国家古迹法》第 3 条第 4 款所规定行为的许可证。

（d）行使授予或拒绝授予许可证的酌处权时，专员有义务审查相关情况，采取合理行动。

（3）专员们违反了其对国家在斯特雷达赫事件中的职责。在履行对国家的职责时，专员们有两种选择：自行进行必要调查，或者借助团队的专业知识，马丁博士或其他合格海洋考古学家指导并代表专员监督团队进行调查。他们没有采用第一种方式，同时又拒绝了该团队向他们提供专业信息的意图。专员们未能履行对国家和人民的职责[1]。

（4）该团队有权因发现斯特雷达赫沉船而获得国家奖励。国家承认应向代表该集团发现沉船的原告支付一定报酬，应鼓励人们向国家提供他们发现的宝贵考古文物，这些文物是国家遗产的一部分。在本案中，原告有权获得报酬的第二个理由为，部门间委员会和斯特雷达赫集团间的谈判使其产生了合理期望，即他们将因其发现而得到合理回报[2]。

（5）评估应付给斯特雷达赫集团的奖励金额时应予考虑的因素：

（a）该团队与国家交涉过程中的得当行为。

（b）伯奇的学术研究导致了沉船的发现。

（c）集团迄今在该项目中的支出。

（d）如果专员们决定使用该团队提供的服务，应支付其预期调查费用。

（e）为评估而支出的提供专业意见的费用。

（f）进行初步调查和调查后，根据对该发现的历史重要性评估，并考虑到其可能的性质、内容和范围，给予奖励。

（g）延迟产生的利息。

（6）原告无权根据《国家古迹法》获得与 1985 年保护令相关的损害赔偿。原告损害赔偿的主张应基于其在海商法中对沉船拥有救捞权的前提，而本案并非基于海商法中的权利，因此，没有这种权利。

（二）上诉法院意见

1. 上诉法院判决

（1）爱尔兰公共工程专员未能根据被上诉人提出的申请向其发放许可证违法。通常情况下，挖掘遗址的前提是采取适当保护措施，而本案中没有相关措施则需要进行

---

① *National Monuments（AMDT）Act*，Art 8.1.
② *National Monuments（AMDT）Act*，Art 3.10.

事前调查，为评估发现物的性质、范围和内容提供充分资料。因此，专员没有发放许可证允许被上诉人对相关区域进行事前调查并不合理，可以采取的补救措施是被上诉人提出新申请，专员承诺尽快处理，按照规定方式发放许可证。

（2）被上诉人无权因为发现沉船而获得国家奖励。国家不曾以对国家有约束力的方式向被告提出给允诺人留下印象的承诺。此外，被上诉人从一开始声称是沉船的所有权人，并不承认国家对沉船的所有权及其他权利，这与韦伯案情形不一致——韦伯承认国家对宝藏的所有权。

2. 汉密尔顿·布莱尼法官的个别意见

被上诉人不存在"合理预期"，无权获得国家奖励。第一，本案中不存在任何保证和事实，使被上诉人产生信赖利益；第二，原告没有产生合理期待的法律依据。

3. 巴尔法官的个别意见

（1）被上诉人（原告）无权获得在斯特雷达赫发掘的许可证，但专员们应根据他们向最高法院作出的承诺，尽快考虑被上诉人（原告）提出的进行发掘前调查的新申请，以确定挖掘的性质、范围、内容和价值。

（2）上诉人有权收回费用，并有权因发现西班牙无敌舰队沉船而获得公平合理的报酬。

四、判决结果

驳回上诉请求，支持原审判决。

五、分析评论

法官首先对沉船性质进行确认，认为斯特雷达赫沉船的救捞作业已脱离商业范畴而进入考古学领域。因此，本案的法律关系应适用《国家古迹法》进行调整。同时，沉船发现者有权因为发现沉船并实施救捞行为而获得国家报酬。

本案为确定文物救捞是否属于海事法范畴提供了思路：作为文化遗产的沉船失事已久，其所有权的确定以及救捞补偿问题已经融入了历史因素。海事法范畴的船舶所有权以及救捞费用问题更多地适用于发生在当前的沉船打捞事件，因而缺乏对历史遗迹打捞的现实意义和指导作用。第一，历史文化价值是文化遗产的重要特性之一。时间久远、船只失事时的情况难以查清、缺少追查海难发生时所有者（或赔偿者）继承人的相应证据，以致所有权问题以及随之而来的赔偿等问题失去了实际意义，且成为历史。第二，国家所有权。文化遗产往往归国家所有，由国家享有，受国家支配，是全体人民的共同财产。第三，缺乏实际市场价值，基于前两个特性，文化遗产缺乏现实的商业流通市场价值。适用考古相关法律，一方面能基于文化遗产的历史价值考量其合理保护，另一方面能避免文物救捞商业化。

基于涉案沉船性质，应适用文物立法来调整相关法律关系。本案中，爱尔兰《国家古迹法》将在其领水内发现的沉船视为该国历史和文化遗产的一部分，国家公权力机构代表国家履行保管义务，并规定关于文物救捞的禁止事项及相关程序。由此可见，制定文化遗产保护相关法律法规不仅可以对文化遗产的归属问题加以规定，也能规范文化遗产发现、救捞、保护等问题。

第四节　无管辖权、撤销原审判决

案例9：沉没在美国关岛海域的西班牙大帆船"海盗"号和"皮拉"号

马克斯诉关岛案

案件索引	罗伯特·马克斯诉关岛政府及两艘被弃沉船案（Robert MARX v. GOVERNMENT OF GUAM &Two Wrecked and AbandonedVessels, 866 F.2d 294, 1989）
案件主题	美国非宪辖管制领土主权豁免的适用
案件性质	民事案件（海事对物诉讼）
案件标的物	约于17世纪和18世纪在关岛附近海域沉没的西班牙大帆船"海盗"号和"皮拉"号
当事人	罗伯特·马克斯（被上诉人、原审原告） 关岛政府（上诉人、原审权利申请人） 被弃沉船"海盗"号和"皮拉"号（被上诉人、原审被告）
审判法院	美国联邦第九巡回上诉法院
判决时间	1989年1月24日
适用规则	1.美国《联邦民事诉讼规则》海事诉讼补充规则第24条； 2.美国联邦民事诉讼规则《海事诉讼补充规则C》第6条； 3.《美国法典》第1705条； 4.美国《淹没土地法》第1311条； 5.美国《被弃沉船法》； 6.《关岛水下历史财产保护和救捞法》； 7.《关岛组织法》1959年修正案； 8.相关判例法（见正文）。
争议点概要	1.关岛政府是否有权提出上诉； 2.关岛政府是否享有主权豁免； 3.关岛政府是否可以援引主权豁免主张撤销案件。

结论概要	1. 关岛政府有权提出上诉； 2. 关岛政府虽然不是美国联邦宪法管辖的美国领土，但依据《关岛组织法》1959 年修正案，仍享有主权豁免； 3. 关岛政府虽然作为权利申请人参与了本案，但其严格限定了其参与案件的范围，且并未明确放弃其主权豁免，可以援引主权豁免撤销本案。
判决结果	关岛政府胜诉，联邦法院对该案无管辖权，撤销地区法院的原审判决。

一、案情概要

涉案沉船系约于 17 世纪和 18 世纪在关岛附近海域沉没的西班牙大帆船"海盗"号（*Nuestra Senora del Buen Viaje*）和"皮拉"号（*Nuestra Senora del Pilar*）。两艘沉船均沉没于距关岛海岸 3 英里内的海床上。原审原告罗伯特·马克斯认为是其本人首先发现了上述沉船，并同其他几位救捞者向关岛申请了勘探和打捞许可证。关岛政府最终于 1987 年 5 月 5 日向戴维·琼斯考古有限公司颁发了独家勘探和打捞许可证。

二、各方主张

随后，马克斯于 1987 年 6 月 10 日向美国联邦关岛地区法院提起了海事对物诉讼，主张沉船的所有权。1987 年 6 月 17 日，地区法院对沉船发出了扣押令。1987 年 7 月 1 日，关岛政府加入了本案的诉讼，并以主权豁免为由请求撤销本案和扣押令。地区法院驳回了关岛政府的动议，关岛政府向美国联邦第九巡回上诉法院提起上诉。

三、法院意见

联邦第九巡回上诉法院认为本案的核心争议有三，一是关岛政府是否有权提出上诉；二是关岛政府是否享有主权豁免；三是关岛政府是否可以援引主权豁免撤销案件。

（一）关岛政府是否有权提出上诉

被上诉人马克斯辩称，关岛没有资格提出上诉，因为关岛未能根据美国联邦民事诉讼规则《海事诉讼补充规则 C》第 6 条提出主张。这条规则规定了"申请人"在海事诉讼中必须适用的程序，这些程序只适用于"申请人"，即在海事诉讼中担任被告地位的诉讼参与人，并要求将案件标的（通常是沉船）归还给本人。但是，关岛政府加入本案并提出的主张仅仅是为了挑战地区法院的管辖权，并未主张涉案沉船的所有权。因此，关岛政府无权提出上诉。

上诉法院经审理后认为，根据美国《联邦民事诉讼规则》第 24 条的规定，关岛政府有权提出上诉。初审时，关岛政府在提出撤销案件的动议时，确实未承担正常被告的地位，也没有对涉案沉船提出相关的所有权主张。但是，此类案件允许政府主张主权豁免，并在不适用美国联邦民事诉讼规则《海事诉讼补充规则 C》第 6 条程序的情况下提出撤销案件的动议。此外，上诉法院还援引了海事水下调查公司诉身份不明的被弃沉船案①和水下勘探与考古有限公司诉身份不明的被弃沉船案②中确立的原则，认定关岛有权提出上诉。

（二）关岛政府是否享有主权豁免

鉴于关岛并非美国联邦宪法管辖下的领土，因而不可援引美国联邦宪法《第十一修正案》主张主权豁免。但是，上诉法院认为，政府本身具有一种固有的或普通法上的主权豁免。在此处，上诉法院援引了克雷恩诉关岛案③中确立的原则，即一州免于诉讼不是因为任何正式的概念或过时的理论，而是基于逻辑和实践的理由，即不存在反对制定权利所依赖的法律之权威。

虽然《关岛组织法》（Guam Organic Act）并未明确给予关岛政府广泛的豁免权，但1959 年该法修正案的立法历史表明，国会和行政部门都认为关岛具有固有的主权豁免。1959 年《关岛组织法》修正案增加了条款："关岛政府……经立法机构同意，可就关岛政府行使其合法权利而订立的任何合同，或发生的任何侵权事件被起诉。"参议院关于该修正案的报告表明，关岛已经拥有主权豁免，该修正案提供了对这种豁免的潜在限制。

综上，上诉法院认为，关岛政府享有主权豁免。

（三）关岛政府是否可以援引主权豁免撤销案件

被上诉人马克斯主张，尽管关岛政府享有主权豁免，但关岛政府并未实际占有涉案沉船，也未提出强有力的主张，且关岛政府参与案件的审理本身应视为放弃了主权豁免，因而关岛政府不可援引主权豁免撤销案件。上诉法院从以下三个方面进行了分析。

---

① *Maritime Underwater Surveys v. Unidentified Vessel*, 717 F.2d 6, 7 (1st Cir.1983).
② *Subaqueous Exploration and Archeology, Ltd. v.Unidentified, Wrecked and Abandoned Vessel*, 577 F.Supp.597, 600 (D.Md.1983).
③ *Crain v. Guam*, 195 F.2d 414(9th Cir.1952).

1. 实际占有财产是否是对物诉讼中主张主权豁免的先决条件

就这一问题，上诉法院首先援引了佛罗里达州诉宝藏打捞者公司案①（以下简称"宝藏打捞者公司案"）。在该案中，全体大法官一致同意：未经佛罗里达州同意，地区法院不能裁决佛罗里达州对沉船上文物的利益。而且，涉案文物已由佛罗里达州官员持有。在本案中，关岛并没有实际占有涉案文物，有些文物由被上诉人马克斯发现并交存于关岛地区的美国法警处，有些仍在关岛政府的管辖之下或在海床上。虽然宝藏打捞者公司案中的多数意见和少数意见都没有明确表明，法院是否会要求在对物诉讼中主张其主权豁免的州实际占有该财产，但该案的异议表明，未占有会使州在援引主权豁免时更具争议。为解决这一问题，上诉法院援引了木星沉船打捞公司诉身份不明的被弃沉船案②，法院的结论是占有对适用宝藏打捞者公司案的原则并不重要。这一原则也同样在海事水下调查公司诉身份不明的被弃沉船案和水下勘探与考古有限公司诉身份不明的被弃沉船案中有所体现。综上，上诉法院认为，实际占有财产并不是对物诉讼中主张主权豁免的先决条件。

2. 关岛政府是否对涉案沉船有强有力的主张

根据 1982 年《美国法典》第 1705 条，美国国会已授予关岛对其沿海淹没土地的所有权。《淹没土地法》第 1311 条进一步明确了范围，即各州对其海岸三英里内淹没土地的所有权和控制权。此外，国会还于 1987 年颁布了《被弃沉船法》，赋予各州对沉没在该州淹没土地上且有资格列入国家史迹名录的沉船的所有权。但是，该法案明确豁免了在其颁布之前提起的法律程序，因此该法无法适用于本案。

被上诉人马克斯主张，《被弃沉船法》的颁布表明了先前颁布的 1982 年《美国法典》第 1705 条并没有将位于淹没土地上的沉船的所有权授予关岛。他辩称，如果《美国法典》第 1705 条和《淹没土地法》之前曾将沉船的所有权授予各州，那么《被弃沉船法》的颁布就没有必要了。但是，上诉法院认为，《被弃沉船法》的立法历史表明，国会只是想澄清《淹没土地法》的效力，并未对先前存在的法律发表意见。更重要的是，第 1705 条的简明语言向关岛传达了对其被淹没土地的广泛所有权和控制权。因此，被上诉人的这一意见未获采纳。

上诉法院进一步审理后援引了海事水下调查公司诉身份不明的被弃沉船案，认为《淹没土地法》确实赋予了各州对其边界内的沉船具有强有力的主张。该案中，美国联邦第九巡回上诉法院认为，马萨诸塞州对涉案沉船所有权的主张是强有力的，足以排

---

① *Florida Department of State v. Treasure Salvors, Inc.*, 458 U.S.670, 102 S.Ct. 3304, 73 L.Ed.2d 1057 (1982).

② *Jupiter Wreck, Inc. v. The Unidentified, Wrecked and Abandoned Sailing Vessel*, 691 F.Supp. 1377, 1384 (S.D.Fla.1988)

除地区法院对距其海岸四分之一英里的沉船的管辖权，它的主张是基于《淹没土地法》第 1311 条以及马萨诸塞州法令规定该州对水下考古资源的所有权。上诉法院认为该案与本案直接相关，因为关岛的《水下历史财产法》与马萨诸塞州的州法规相似，适用于关岛的联邦法令——1982 年《美国法典》第 1705 条是参照《淹没土地法》第 1311 条制定的。综上，上诉法院认为关岛对涉案沉船的所有权主张是强有力的。

3. 关岛政府参与本案的审理是否意味着放弃主权豁免

上诉法院经审理后认为，根据 ActMedia 公司诉斯特罗案 [①] 中确立的原则，州可以通过明确表示同意法院的管辖权而放弃其豁免权。而关岛政府虽然作为权利申请人参与了本案，但其严格限定了其参与案件的范围，而且并未明确放弃其主权豁免。因此，被上诉人马克斯的主张并未被采纳。

四、判决结果

美国联邦第九巡回上诉法院支持了关岛政府的请求，地区法院对该案无管辖权，案件被撤销。

五、分析评论

本案涉及美国非宪辖管制领土在海事对物诉讼中的主权豁免问题。本案中，关岛政府虽然不可援引美国联邦宪法《第十一修正案》主张主权豁免，但是关岛作为美国领土，仍享有普通法上的主权豁免。此外，关岛在其地方立法层面规定了关岛政府的主权豁免权，因此，美国非宪辖管制领土在海事对物诉讼中仍享有主权豁免。

本案再次确认了各州依据《淹没土地法》对州水域内的沉船拥有广泛权利，后来的《被弃沉船法》并不是为了弥补这一权利。同时，关岛《水下历史财产法》的规定也为法院得出这一结论提供了支持。

---

① *Actmedia, Inc. v. Stroh*, 830 F.2d 957, 963 (9th Cir.1986)

第二章
沉船原属国与所有权

第一节　位于公海

案例 10：西班牙无敌舰队海军护卫舰"梅赛德斯"号

"梅赛德斯"号案

案件索引	奥德赛海洋勘探公司诉身份不明沉船案（Odyssey Marine Exploration, Inc. v. Unidentified Shipwrecked Vessel, 657 F.3d 1159）
案件主题	主权财产管辖豁免、沉船与船货的可分性
案件性质	民事案件（海事对物诉讼）
案件标的物	奥德赛海洋勘探公司于 2007 年在直布罗陀海峡以西约 100 海里的领海外水域发现了一艘沉船，打捞出近 60 万件金银币等物品，但拒绝透露具体地点。该沉船被美国佛罗里达州中区联邦地区法院认定为 1804 年在葡萄牙圣玛丽海角被英国海军击沉的西班牙海军"梅赛德斯"号护卫舰。
当事人	奥德赛海洋勘探公司（上诉人，原审原告） 秘鲁以及 25 名个人（上诉人，原审权利申请人） 西班牙（被上诉人，原审权利申请人） 位于中心点坐标内被放弃的身份不明沉船，及其属具、索具、配件和货物（原审被告）
审判法院	美国联邦第十一巡回上诉法院
判决时间	2011 年 9 月 21 日
适用规则	1. 美国《联邦民事诉讼规则》海事诉讼补充规则； 2. 美国《外国主权豁免法》； 3. 美国《被弃沉船法》及其《指南》； 4. 美国《沉没军事船机法》； 5.《美利坚合众国与西班牙之间的友好和一般关系条约》； 6. 相关判例法（见正文）。

续表

争议点概要	1. 适用简易判决和口头举证的必要性； 2. 主权财产管辖豁免； 3. 沉船与船载货物所有权的可分性； 4. 打捞物的所有权。
结论概要	1. 原审程序得当，不必适用简易判决和进行口头举证； 2. 沉船系"梅赛德斯"号，推定享有主权财产管辖豁免，不存在商业活动例外的情况； 3. 为实现豁免目的，在沉船系西班牙军舰的情况下，货物和沉船相互关联、不可分离； 4. 在法院因主权豁免失去管辖权的情况下，财产适宜归还给具有主权利益的当事方。
判决结果	上诉法院驳回了全部上诉理由，支持了地区法院的命令。
后续进展	海洋职业探险家协会（Professional Marine Explorers Society, Inc.）等作为法庭之友（amici curiae）向美国联邦最高法院提交案情摘要的动议被驳回。奥德赛海洋勘探公司、秘鲁等上诉人向美国联邦最高法院申请复审调卷令的请求被驳回。

一、案情概要

本案系一起对物之诉，原审由美国佛罗里达州中区联邦地区法院作出判决，2010年5月，原审原告奥德赛海洋勘探公司对原审权利申请人西班牙提起了上诉。

（一）基本事实

奥德赛海洋勘探公司是一家深海勘探和沉船回收公司。奥德赛公司 2006 年开始的阿姆斯特丹项目的工作目标包括 1804 年沉没的西班牙军舰"梅赛德斯"号（*Nuestra Senora de las Mercedes*）。奥德赛公司承认西班牙可能对该沉船拥有文化方面的利益，并邀请西班牙参与项目，西班牙则没有批准奥德赛公司打捞任何西班牙沉船。2007 年 3 月，奥德赛公司在直布罗陀海峡以西 100 英里 1100 米深的海底发现了一艘沉船，最终打捞了约 59.4 万枚钱币和其他文物。

（二）原审情况

2007 年 4 月，奥德赛公司根据发现物法和救捞法在佛罗里达州中区联邦地区法院对这艘失事船只及其属具、索具、配件和货物提出了占有权和所有权诉讼。奥德赛公司向法院递交了一块打捞自该船的青铜，请求就失事船只等标的物签发对物扣押令。治安法官签发了扣押令，由执法官接管青铜块和从失事船只上找到的文物，随后指定奥德赛公司为代管人。

奥德赛公司对扣押令进行公告后，2007 年 6 月，西班牙申请地区法院给出更明确的说明、披露沉船等标的物的其他信息，并申请法院驳回奥德赛公司的诉请、撤销扣押令并终止任命奥德赛公司为代管人。西班牙认为，奥德赛没有遵守海事法院对物权诉请的更高要求，没有提供表明沉船来源或国籍以及沉船是否为军用船只或外国的其他主权财产的资料；根据美国《外国主权豁免法》，主权国家的财产免于扣押，故该等资料与法院的属物管辖权有关，奥德赛公司提供的细节不足以允许西班牙决定是否援引主权豁免。收到关于船只身份的补充资料后，西班牙认为该船是西班牙军舰，且西班牙没有放弃主权豁免，根据《外国主权豁免法》该船免于司法管辖，地区法院对奥德赛公司的主张缺乏管辖权，并据此要求地区法院驳回奥德赛公司的诉请。

2007 年 9 月 19 日，西班牙继续申请驳回奥德赛公司修改后的诉请，认为仍未满足确认其物权的条件。在回应法院询问时，奥德赛公司表示尚未证实打捞地点代表任何特定船只，但正在考虑与“梅赛德斯”号有关的可能性。对此，西班牙称“梅赛德斯”号为西班牙皇家海军护卫舰，于 1804 年在战斗中爆炸并沉没，因此，根据《外国主权豁免法》[1]在美国享有不受扣押的主权豁免。西班牙要求法院驳回奥德赛公司对该财产的物权要求、撤销扣押、撤回奥德赛公司的指定保管人任命，并指示将奥德赛公司保管的文物移交给西班牙保管。奥德赛公司回应称，没有足够证据确定沉船是“梅赛德斯”号，不应适用《外国主权豁免法》，而且主权豁免不妨碍奥德赛公司基于救捞法将沉船作为救捞报酬的要求。奥德赛公司还辩称，即使如西班牙所争议，法院没有管辖权，则其亦无权下令将文物移交给西班牙。地区法院最终拒绝了西班牙的要求，指示奥德赛公司披露有关该船可能身份的信息。

由于沉船可能是“梅赛德斯”号，又有 25 名个人申请获得权益。其中 24 人声称他们是“梅赛德斯”号所载货物拥有者的后代，还有一人声称对西班牙在佛罗里达州的全部宝藏具有祖先利益。此外，秘鲁提出索赔，称打捞钱币的铸造金属开采自秘鲁，其对标的物具有源自其领土或由其人民生产的财产的主权。

2009 年 6 月 3 日，治安法官发布建议报告，认为失事船只为“梅赛德斯”号，是西班牙的财产，且根据《外国主权豁免法》，法院无权裁定再度确认“梅赛德斯”号及其货物物权归属的主张，建议地方法官批准西班牙的动议，以停止奥德赛公司作为沉船代管人，并将财产退还给西班牙。秘鲁、奥德赛公司和个人权利申请人反对地方法官的报告。美国作为支持西班牙的法庭之友提交了利益声明（a Statement of Interest as Amicus Curiae in Support of the Kingdom of Spain），辩称美国负有条约义务，向沉没的西班牙军舰提供与沉没的美国军舰同样的保护和豁免权，以使它们避免默示放弃、被无

---

[1]　The Foreign Sovereign Immunities Act (FSIA), 28 U.S.C.A. § § 1602–1611.

争议获取和打捞。

地区法院于 2009 年 12 月 22 日全面采纳了治安法官的建议报告。地区法院以缺乏标的物管辖权为由驳回了奥德赛公司修改后的请求，撤回了对物扣押令，并命令奥德赛公司将有关标的物归还西班牙。但因奥德赛公司、秘鲁和 25 名个人权利申请人提出上诉，归还命令被搁置。

二、上诉主张

上诉人认为地区法院的命令在以下方面存在错误：

1. 在分析西班牙根据美国《联邦民事诉讼规则》第 12 条 b 款第 1 项[①]关于缺乏属物管辖权（标的物管辖权）的规定提出驳回申请时，未适用第 56 条[②]简易判决的规定。

2. 驳回诉请前未进行口头举证。

3. 沉船不享有《外国主权豁免法》下的主权豁免。

4. 未区分"梅赛德斯"号和私人货物。

5. 下令将救捞财产归还西班牙。

三、法院意见

（一）简易判决和口头举证

关于第一个理由，奥德赛公司认为，由于管辖权争议与案件的实质问题有关，因此有必要适用美国《联邦民事诉讼规则》第 56 条关于简易判决的规定。上诉法院认为本案中管辖权问题是围绕《外国主权豁免法》产生的，奥德赛公司提出实质问题的诉请分别基于发现物法和救捞法，故管辖权争议并未与实质问题相关联，管辖权与其诉因无关。

上诉法院指出口头举证并非必要。回顾各方提交文书证据的情况显示各方都有充分机会提交证据，上诉法院认为治安法官和地区法院已对该争议所引起的问题进行了充分处理。

---

① Fed. R. Civ. P. 12(b)(1).

② Fed. R. Civ. P. 56.

（二）主权豁免的可适用性

关于第三个理由，上诉法院指出，如果争议的财产是外国财产，则联邦法院只有在《外国主权豁免法》授权的情况下才有权扣押该财产。为了确定管辖权，则必须首先确定有争议的财产是否为外国财产，然后确定联邦法院根据《外国主权豁免法》是否对外国财产拥有管辖权。

针对第一点，在广泛审查了"梅赛德斯"号的历史背景和案件标的物的证据后，上诉法院认为，出于主权豁免的目的，记录中的证据能完全证明该沉船是"梅赛德斯"号。

针对第二点，上诉法院首先推定"梅赛德斯"号享有主权豁免。《外国主权豁免法》第1609条规定[1]，除第1610条和第1611条规定的情形外[2]，按照该法颁布时美国已加入的现行国际协议，外国在美国的财产应不受扣押、逮捕和执行。尽管"梅赛德斯"号沉船本身不在美国境内，但仅此一项并不妨碍法院获得管辖权；奥德赛公司已将标的物的一部分交由法院占有，以建设性方式将沉船事由带到法院的管辖范围内。因此，"梅赛德斯"号是西班牙在美国的主权财产，可享有免于扣押的推定主权豁免。

其次，"梅赛德斯"号只有在《外国主权豁免法》规定的例外情况中才不适用主权豁免，而奥德赛公司负有相关证明责任但未能证明。奥德赛公司认为"梅赛德斯"号从事商业活动，由于《外国主权豁免法》纳入了现有的国际条约[3]，导致商业船舶不享有主权豁免，因此不受该法保护。对此，上诉法院认为，从条款文字看肯定了从事非商业活动船舶的豁免权，但并没有创制对第1609条规定的商业活动例外；即使可以创制商业活动例外，"梅赛德斯"号也没有参与商业活动。《外国主权豁免法》将商业活动定义为"常规商业行为、特定商业交易或行为……性质应参照行为或特定交易或行为的性质，而非其目的来确定"。美国最高法院在沃尔特福案[4]中对此进一步解释为外国政府不是作为市场的监管者，而是其中的私人参与者行事。而上诉法院在先前的判例中[5]将沃尔特福案解释为"外国在市场上的行为类似于普通私人

---

[1] FSIA, 28 U.S.C.A. § 1609.
[2] FSIA, 28 U.S.C.A. § § 1610, 1611.
[3] 1958年《日内瓦公海公约》第九条规定，一国拥有或经营且仅用于政府非商业性服务的船舶，应在公海完全不受除船旗国外的任何国家的管辖。
[4] *Republic of Arg. v. Weltover, Inc.*, 112 S. Ct. 2160.
[5] *Guevara v. Republic of Peru*, 468 F.3d 1289.

而不是主权国家，因此具有商业参与性"。本案中，上诉法院指出，根据"梅赛德斯"号的船上人员身份构成、船只注册性质、军舰编制、驻地和航线、受海军指挥、装载大量政府财物等情况，认定"梅赛德斯"号的行为是主权性而非商业性的。另外，虽然"梅赛德斯"号负责收取西班牙公民的私人货物运输费用，但法院认同了西班牙海军历史学家的观点，为西班牙公民的财产（特别是在战争时期或威胁战争时期）提供保护和安全通道是西班牙海军的军事职能，因此，这类运输也具有主权性质。

奥德赛公司试图援引《外国主权豁免法》第 1605 条 b 款，即关于国家主体主权豁免中的商业活动例外，法院基于对外国的商业活动而对船舶或货物施加海事留置权的诉讼享有管辖权，主张回避第 1609 条的适用[①]。上诉法院认为，《外国主权豁免法》建立了两类国家主权豁免即有关例外情况，第 1604 条是关于外国国家本身的主权豁免，并在第 1605 条和第 1606 条规定了相应的例外情况；第 1609 条是关于外国国家财产的主权豁免，并在第 1610 条和第 1611 条中规定了例外[②]。这一结构和其中清晰的用语使得第 1605 条不能适用于本案中的对物扣押。

最后，奥德赛公司认为，根据已有判例[③]，西班牙并不占有这些财产，因此"梅赛德斯"号沉船并不适用主权豁免。上诉法院认为，所举案例均未包含关于外国主权者财产豁免的任何主张，而是涉及国家财产和美国联邦宪法《第十一修正案》；在确定适用外国主权豁免是否存在占有要求时，依据显然仅有《外国主权豁免法》，而经审查该法没有规定基于占有要求的主权豁免例外。奥德赛公司和秘鲁虽然提出了支持外国主权豁免中占有要求例外的判例，但这些判例均发生在《外国主权豁免法》生效之前，因此在本案中应当优先适用《外国主权豁免法》。

（三）船只与船上货物的不可分性

关于第四个理由，奥德赛公司、秘鲁和 25 名个人申请人均主张，即使"梅赛德斯"号沉船免于扣押，但船上的货物以及从沉船中救捞出的宝藏也不受豁免。个人申请人主张其作为"梅赛德斯"号货物权益人的后裔享有权益，秘鲁声称对起源于其领土的货物具有继承权。总之，"梅赛德斯"号所载属于私人财产的货物可以从沉船中分离出来，这些宝藏不应享有豁免。但是，上述当事方均没有给出任何与沉没军舰上的货物是否与沉船同样享有主权豁免直接相关的案件或法令。上诉法院

---

① FSIA, 28 U.S.C.A. § § 1605(b), 1609.
② FSIA, 28 U.S.C.A. § § 1604,1605,1606,1609, 1610, 1611.
③ *California v. Deep Sea Research*, 118 S.Ct. 1464; *Aqua Log Inc. v. Georgia*, 594 F.3d 1330.

认为，为实现豁免的目的，在西班牙军舰沉没的情况下，货物和沉船是相互关联、不分离的。

首先，在1902年的《美利坚合众国与西班牙之间的友好和一般关系条约》规定"发生海难……每一方应向对方的船只，无论是属于国家还是个人的船只，提供相同的援助和保护"[1]。根据该条约，美国必须向"梅赛德斯"号提供救捞，其保护措施与对遭受海难的美国军舰相同。根据《沉没军事船机法》[2]（Sunken Military Craft Act），在沉没美国军舰的所有权没有被国家明示放弃或转移的情况下，这些船只上的国家权力和利益均受到保护；沉没美国军舰的货物属于沉船的一部分，并享有与沉船相同的豁免权。另外，根据美国《被弃沉船法》，"沉船"被定义为"船舶或沉船，其货物和其他物品"[3]；而根据《被弃沉船法指南》，"拥有主权豁免权的船舶上的货物通常也仍然是船旗国的财产，除非该货物早先被该国非法捕获"[4]。

其次，判例法还强调了礼让原则的适用。最高法院的判例显示，当主权国家是互争之诉的必要当事人，且提出了主权豁免和慎重请求时，"在有可能损害缺席国家的利益的情况下，必须下令驳回诉讼"；地区法院未能驳回该诉讼，就是未能充分行使主权豁免权和促进作为该原则基础的礼让利益[5]。上诉法院将这批货物和"梅赛德斯"号同样视为出于主权豁免的对象。如果将货物和梅赛德斯分离，并坚持扣押从豁免的军舰上发现的货物，那么西班牙的利益将无可避免地受到损害。尽管各方可能对部分提取的可辨认货物提出索赔，但即使按照奥德赛公司自己的估计，货物中占总价值大约25%的部分仍然是西班牙政府财产。此外，西班牙对沉没战舰的主权豁免权有着更大利益。因此，《外国主权豁免法》在美国法院给予"梅赛德斯"号的豁免权适用于包括货物在内的整个沉船，即使该货物是私人所有或已从沉船中打捞。

（四）财产的归还

关于第五个理由，奥德赛公司主张该命令是对本案的实质问题裁决，而如果法院

---

[1] 1902 Treaty of Friendship and General Relations Between the United States of America and Spain, art. X, July 3, 1902, 33 Stat. 2105.

[2] The Sunken Military Craft Act (SMCA), Pub. L. No. 108–375, § § 1401–08, 118 Stat. 1811, 2094–98 (2004).

[3] The Abandoned Shipwreck Act, 43 U.S.C § 2102(d).

[4] U.S. Dep't of Interior, National Park Service Abandoned Shipwreck Act Guidelines, 55 Fed. Reg. 50116–01, 50121 (Dec. 4, 1990).

[5] *Republic of the Philippines v. Pimentel*, 128 S.Ct. 2180.

缺乏标的物管辖权，则命令超出地区法院的权限；另外，法院仅被授权将标的物归还扣押之前的当事方，由于奥德赛公司在扣押前即拥有了该遗产，因此寻回的遗产应归还奥德赛公司。上诉法院认为，地区法院通过发布扣押令拥有了约 594000 枚打捞钱币和其他文物，因此，法院在扣押令解除后能够进一步处置这些文物。由于已经确定必须停止扣押，因此，地区法院现在必须归还该财产。美国联邦民事诉讼规则《海事诉讼补充规则 E》[①]在法院对财产没有管辖权的情况下，并未规定应将财产归谁处置，而只是应根据法院认为最合适的条款和条件归还。奥德赛公司于 2007 年 3 月发现该遗址后约一个月，执法官获得了有关标的物，随后奥德赛公司以代管人的身份在法院授权和保护下保管有关文物。法院下令奥德赛公司作为代管人将其财产归还给西班牙保管，是法院放弃了对财产的控制权，并将其归还给对此具有主权利益的当事方，因此将财产置于西班牙的监护权之下并非"转移"。此外，在奥德赛公司发起项目并将其从沉船中打捞出的部分遗产交给西班牙之前，西班牙就拥有对该资源的主权利益。进一步说，1902 年《美利坚合众国和西班牙之间的友好和一般关系条约》要求如"梅赛德斯"号这类西班牙军舰在美国获得和美国军舰同样的保护和豁免[②]，而根据《沉没军事船机法》沉没的军舰免受未经授权的私人介入和占有[③]；而将保管物归还给西班牙可以防止未经授权进入和打捞沉舰。

四、判决结果

上诉法院驳回了全部上诉理由，支持了地区法院的命令。

五、分析评论

本案是美国法院就公海发现的西班牙军舰物权诉讼管辖权问题进行裁判的经典案例，上诉法院最终根据《外国主权豁免法》以主权财产豁免为由支持了原审裁判，确认打捞公司应将其保管的沉船财产全部交还给西班牙。本案值得注意的地方有三点。

首先，当法院确认了不明沉船是西班牙军舰"梅赛德斯"号后，《外国主权豁免法》

---

① Supplemental Admiralty and Maritime Claims Rule E5(d), 28 U.S.C.A.
② 1902 Treaty of Friendship and General Relations Between the United States of America and Spain, art. X, July 3, 1902, 33 Stat. 2105.
③ SMCA, §§ 1402(b), 1408, 118 Stat. 2094.

中关于主权财产豁免的条款即优先适用，除非有例外情况；其中的商业活动例外是从整体行为的性质，而非具体行动是否以营利为目的来考虑的。这一论证逻辑符合美国一贯的相对豁免立场，并且赋予了美国法院在进行个案裁量时较大的自由裁量权。这种自由裁量权除了表现在承认主权豁免例外的可适用性外，还包括从行为整体性质来判断是否属于商业活动例外。

第二，在考虑沉船所装载运输的私人货物是否应该与沉船分开处理时，法院还基于礼让原则，以不损害西班牙的主权利益为优先考虑为由，决定不对船上的私人货物与沉船分别处理，未对这些私人货物的所有权问题发表实质意见。虽然船上的私人货物和"梅赛德斯"号在客观上是可分的，但美国仅出于礼让原则便放弃对于这些私人货物物主的所有权进行甄别和保护，意味着国家主权高于私人所有权，此情况下私人物权并非"神圣不可侵犯"。本案显示了国家利益和外交等国际因素在处理涉及主权财产豁免的沉船案件时可能对国内司法程序产生的法律影响。

第三，关于沉船位于公海是否影响美国法院的管辖权，法院认为，它已经通过扣押令获得了打捞的沉船及其财产，因此有权决定将这些财产归还给西班牙。值得注意的是，本案与美国的联系是原告、上诉人奥德赛公司是总部位于美国佛罗里达州的法人。法院并没有在物理上控制争议标的物，而仅是通过奥德赛公司提交的来自"梅赛德斯"号沉船的青铜物件及申请的扣押令而获得了对标的物的建设性占有，并通过这种占有在管辖权阶段就把财产实质归还给了西班牙。这种法律上的控制使得法院在没有管辖权的情况下决定了标的物的实质归属。这在一定程度上表明，主权管辖豁免有时候并不意味着绝对地不行使管辖权或不作为，而是要避免行使管辖权对他国主权利益造成损害。

第二节　位于领海

案例 11：沉没在美国领海的西班牙海军护卫舰"拉加呀加"号和"朱诺"号

海寻公司案

案件索引	海寻公司诉两艘身份不明沉船案（Sea Hunt, Inc. v. Unidentified Shipwrecked Vessel or Vessels，221 F.3d 634）

续表

案件主题	当沉船为外国享有主权的军舰时，沉船所有权、救捞权的判断标准
案件性质	民事案件（海事对物诉讼）
案件标的物	西班牙皇家海军军舰"拉加尔加"号和"朱诺"号分别于 1750 年和 1802 年沉没在今弗吉尼亚州附近海域
当事人	西班牙王国（上诉人，原审权利申请人） 海寻公司（上诉人，原审原告） 弗吉尼亚州（上诉人，原审原告、诉讼参加人） 两艘身份不明沉船及其属具、索具、配件、货物（原审被告） 阿尔法搜救（Alpha Quest）公司、马里兰州奥切安市居民理查德·库克（Richard L. Cook）（原审其他权利申请人）
审判法院	美国联邦第四巡回上诉法院
判决时间	2000 年 7 月 21 日
适用规则	1. 美国《被弃沉船法》； 2. 法国、英国、西班牙 1763 年《和平条约》； 3. 美国、西班牙 1819 年《关于终止 1812 年美西战争的条约》； 4. 1902 年《美利坚合众国与西班牙之间的友好和一般关系条约》。
争议点概要	1. 认定《被弃沉船法》中的"被放弃"时，对国家享有主权的沉船与一般民用沉船的判断标准不同； 2. 对军舰等外国享有主权的沉船，美国实践中坚持的习惯国际法规则是"互相尊重、不打扰"。
结论概要	1. 判断西班牙是否放弃沉船所有权，应适用明示标准，不应适用默示推定； 2. 现有证据无法证明西班牙明示放弃"拉加尔加"号所有权，该沉船的所有权仍归属于西班牙政府。
判决结果	支持上诉人西班牙政府的请求，推翻原审判决中认定西班牙放弃"拉加尔加"号所有权的内容，认定两艘沉船的所有权仍归属于西班牙政府，上诉人海寻公司和原审原告、诉讼参加人弗吉尼亚州无权对两艘沉船主张所有权或救捞报酬、不能发放打捞许可，维持原审判决的其他内容。

一、案情概要

本案系对物诉讼上诉案，原审为美国弗吉尼亚东区联邦地区法院诺福克分庭作出的判决，原审原告海寻公司、原审诉讼参加人弗吉尼亚州及权利申请人西班牙王国，分别提起上诉。

（一）基本事实

涉案两艘船"拉加尔加"号（*La Galga*）和"朱诺"号（*Juno*）（以下简称"两艘

沉船"），分别沉没于 1750 年和 1802 年，沉没地点都在今弗吉尼亚州附近海域，沉没时均为西班牙皇家海军军舰。

1732 年入编西班牙海军的"拉加尔加"号是一艘护卫舰，1750 年 8 月 18 日从哈瓦那护卫一队商船前往西班牙，8 月 25 日途经百慕大附近时遭遇飓风，被迫向西绕行美国海域，最终在马里兰州与弗吉尼亚州交界处沉没，多数船员和乘客安全逃生。船长丹尼尔·霍尼（Daniel Houny）准备组织打捞船上物品时，船被随即而来的风暴彻底摧毁。此后，直到海寻公司开展打捞活动前，该沉船没有被打捞过。

1790 年入编西班牙海军"朱诺"号也是一艘护卫舰，1802 年 1 月 15 日从韦拉克鲁斯前往西班牙，船上有非洲军团第三营的士兵及其家属和一些文职官员。途中，"朱诺"号被暴风雨袭击并进水，途经的美国帆船"拉法维塔"号试图将其拖往就近港口，但进水太严重，船长命令乘客和船员尽快转移到"拉法维塔"号，转移了 7 个人后，更猛烈的暴风雨卷走了"朱诺"号，至少 413 名水手、士兵和平民丧生。当时，西班牙政府曾下令调查事故，但并未查到"朱诺"号下落，直到海寻公司打捞该沉船。

海寻公司是一家专业打捞公司，住所地位于弗吉尼亚州。海寻公司打捞发现两艘沉船后，弗吉尼亚州政府根据 1987 年《被弃沉船法》认定两艘沉船系被弃沉船，弗吉尼亚州对两艘沉船享有所有权，州海洋资源委员会许可海寻公司实施打捞。按照许可，海寻公司实施了探测、潜水、定位等打捞活动，并称其为此花费 100 万美元，打捞成果为找到两艘沉船。

（二）原审情况

1998 年 3 月 11 日，为确保打捞活动免受干扰，海寻公司以两艘沉船为被告，在美国弗吉尼亚东区联邦地区法院诺福克分庭提起对物诉讼，请求地区法院确认两艘沉船并非西班牙享有主权的船只，应适用海事法中的发现物法，确认弗吉尼亚州作为两艘沉船的唯一所有权人，海寻公司打捞所得物，应根据弗吉尼亚州的打捞许可予以分配，或者给予海寻公司救捞报酬。1998 年 3 月 12 日，地区法院决定扣押两艘沉船，指定海寻公司为代管人，并由海寻公司分别通知美国联邦政府和西班牙政府。

美国联邦政府以诉讼参加人的身份，代表西班牙提出确认所有权的请求。地区法院认为，美国联邦政府无权代表西班牙，故指定西班牙在 90 日期限内自行提交。后西班牙政府提交请求，主张其为这两艘沉船的所有权人，因为西班牙从未遗弃或放弃它们，并且提供了证据证明这两艘沉船在沉没时为西班牙海军军舰，至今西班牙海军仍保有这两艘沉船的记载，如果放弃或转让这两艘船需要西班牙政府的正式明确授权。

1999 年 4 月 27 日，地区法院认定，应适用"明示放弃"的标准判断两艘沉船是否被弃，依据 1763 年法国、英国、西班牙签署的《和平条约》（以下简称《1763 年条约》）第 20 条，西班牙已放弃对"拉加尔加"号主张所有权；而对于"朱诺"号，根据美国与西班牙 1819 年签署的《关于终止 1812 年美西战争的条约》，西班牙并未明确放弃其对"朱诺"号的所有权。此外，地区法院还认为，因所有权人西班牙政府明确拒绝打捞沉船，导致海寻公司不具备请求救捞报酬的基础。

二、上诉主张

（一）西班牙政府的上诉主张

原审权利申请人西班牙政府对原审原告海寻公司和原审原告、诉讼参加人弗吉尼亚州提起上诉，请求撤销原审判决中认定西班牙放弃了"拉加尔加"号沉船所有权这项内容。

（二）海寻公司的上诉主张

原审原告海寻公司也对原审权利申请人西班牙政府提起上诉，请求撤销原审判决中认定的西班牙并未放弃"朱诺"号所有权，以及驳回海寻公司请求救捞报酬的内容。理由是《被弃沉船法》规定推定遗弃即可构成被弃沉船，无需明示遗弃或放弃。

三、法院意见

（一）判断西班牙是否放弃沉船所有权，应适用"明示"标准

法院认为，原审原告、诉讼参加人弗吉尼亚州根据《被弃沉船法》主张两艘沉船所有权及颁发打捞许可的前提是，两艘沉船的原所有权人已经放弃所有权，就本案而言，判断两艘沉船是否被弃，应适用"明示"标准而不是"默示推定"标准。

1.《被弃沉船法》立法宗旨及具体规定都表明，判断西班牙是否放弃两艘沉船的所有权不应适用"默示推定"标准

法院认为，从地理位置等客观情况看，两艘沉船是嵌入弗吉尼亚州土地中的，只

需满足"原所有权人放弃"这一条件，弗吉尼亚州即可依据《被弃沉船法》主张对两艘沉船的所有权。《被弃沉船法》并未明确规定判断放弃所有权的具体标准，在相关判例中，法院将其解释为"所有权人毫无保留地放弃所有权"，如果所有权人到庭主张其对两艘沉船的所有权则很难构成，而且，先前判例适用"默示推定"标准时，都是以"所有权人始终未主张其所有权或占有的意思表示"为前提。

另一方面，《被弃沉船法》的立法过程中，还体现出区别对待国家主权财产和私人财产的宗旨。收录在 1988 年《众议院报告》中的一封美国国务院公开信指出，只有经美国政府明示授权，才构成放弃美国沉没军舰的主权和所有权，仅基于经过一定时期或者缺乏积极的权利主张，不足以认定放弃。因此，法院认为，对于外国国家享有主权的沉船，也不能默示推定该国放弃所有权。

2. "明示"放弃标准也符合海事法相关原则

法院认为，美国最高法院判例不仅从未认定过《被弃沉船法》与海事法原则相冲突，而且曾确认过《被弃沉船法》中的"被遗弃"应与海事法作同样解释。按照海事法传统原则，遗失在海上的物品由其原所有权人继续享有所有权，相关海事法院判例表明，当所有权人向法院主张所有权且无证据表明其已明示放弃所有权时，该物的所有权不变，《被弃沉船法》中认定被弃也应按此标准。虽然一些判例中也出现过适用"推定放弃"标准的情形，但都以所有权人从未主张所有权为前提，如果所有权人出现并主张其所有权，法院不得再推定放弃所有权。在所有权人并未自愿放弃所有权的情况下，推定放弃实际上任意剥夺了所有权人的权利，是不适当的，美国联邦第一、第五、第六巡回上诉法院的判例都支持了明示判断标准。

3. 1902 年条约及美国国内司法和行政实践都坚持"明示"放弃原则

1902 年《美利坚合众国与西班牙之间的友好和一般关系条约》（以下简称"1902年条约"）第 10 条规定，对于在本国发现的对方沉船，双方互相给予本国类似情形沉船同等对待。美国国务院曾指出，1902 年条约中的措辞与美国签署的其他"友好、通商、航海协定"措辞都不同，按照文义解释，美国应当给予西班牙沉船与美国沉船相同的对待，在没有其他相反证据的情况下，对条约条款的解释应遵循其文意。按照《美国联邦宪法》，美国放弃国家财产只能通过明确、确定的方式进行，那么对西班牙国家财产也应遵循此原则。

《美国联邦宪法》还规定，此类涉及外国沉船的事务由外交部门处理。美国国务院指出，在处理此类事务中，如外国国家请求确认其对沉没在美国领土范围内的非被俘船只的所有权，美国国务院均予以确认，除该国明示放弃外，美国国务院不会认定该国放弃对沉船的所有权，这与习惯国际法规则一致。法院进一步考察国务院外交部门实践后，认为实践中的判断标准也是"明示"标准，适用"明示"标准与政府部门实践并不冲突。

（二）关于西班牙是否存在"明示"放弃"拉加尔加"号所有权的行为

法院推翻了地区法院基于《1763 年条约》第 20 条认定西班牙明示放弃"拉加尔加"号所有权这项内容，认为现有证据无法证明西班牙明示放弃"拉加尔加"号所有权，该沉船的所有权仍归属于西班牙政府。

1.《1763 年条约》第 20 条本身不应解释为西班牙放弃了对沉船的所有权

法院认为，原审法院将《1763 年条约》第 20 条作为西班牙明确放弃沉船所有权的证据有误。理由如下：

首先，按字面解释，《1763 年条约》第 20 条规定西班牙放弃所有权的财产不包括沉船。第 20 条不包含任何诸如"遇难船只""船只""护卫舰"或"军舰"等跟沉船相关的字眼，而在该条约的其他条款，则使用了"被俘船只""堡垒""书信"等十分具体的表述，按照该条约的行文逻辑，如果第 20 条包含类似"拉加尔加"号的这类沉船，则应以具体明确的语言表述出来，而实际上第 20 条中并未表述。原审法院将第 20 条解释为西班牙明确放弃沉船所有权，是错误的。

第二，《1763 年条约》第 20 条中的"北美大陆上的财产"不包括沉船。《1763 年条约》第 20 条规定，西班牙将位于"北美大陆上"所有西班牙财产转让给美国，其范围限于"在大陆上"，沉入海底的不在其内，18 世纪尚未形成领海的概念和习惯国际法规则，因此，原审原告提出"大陆上"应包含沿海水域难以成立。

第三，《1763 年条约》第 20 条规定西班牙割让给美国的是"国家和土地"相关附属，按照最高法院判例，这里的"附属"指附属土地而不包括沉船。

第四，《1763 年条约》第 20 条还规定西班牙国王陛下有权带走其所属财产，而且没有限定期限，与该条约其他条款对各种行为设定了期限相比，此项规定可解释为没有期限，从这个意义上说，也不能将第 20 条作为西班牙明示放弃沉船所有权的证据。

2. 由缔约国真实意图可推知，西班牙并未明示放弃"拉加尔加"号

法院进一步考察了《1763 年条约》的缔约意图，认为缔约双方意图不在于将"拉加尔加"号沉船包含在西班牙放弃财产的范围内，条约所规定的"割让"仅针对领土，而并未扩展到沉船等财产。原审过程中，英国和西班牙分别发布外交照会表明该条并非旨在使西班牙放弃对"拉加尔加"号沉船的所有权，也验证了这一点。对此，上诉人海寻公司和原审原告、诉讼参加人弗吉尼亚州均未提出足以推翻的证据。

3. 即便按照"默示推定"标准，西班牙放弃"拉加尔加"号的证据也不足

时间流逝、船只失事不足以构成"默示推定"放弃所有权，"默示推定"标准的考量因素还包括所有权人是否积极主张权利、是否具备技术条件等。"拉加尔加"号沉没后，西班牙政府曾采取过打捞、登记、主张所有权等一系列措施，西班牙政府对"拉加尔加"号的关注程度也明显高于在其他地方发现的西班牙沉船，而且在海寻公司实施打捞行为前，西班牙探测技术尚达不到相应水平。这些都表明，无法推定西班牙以实际行动放弃了"拉加尔加"号所有权。

4. 尊重外国有主权沉船是美国政府履行国际条约义务及遵守习惯国际法的体现

法院认为，按照 1902 年条约及习惯国际法规则，美国应尊重西班牙对沉船的所有权，美国以不打扰、不打捞、不发掘等方式尊重别国沉船遗址，同时也是为了使在海上失踪的数千艘美国军舰及船员获得保护和尊重。1980 年《美国国际法实践摘要》中也提到，打扰沉没军舰特别是有逝者的沉舰是一种不当行为，外国政府提出尊重其享有主权的沉船遗址的请求应予尊重，这来源于习惯国际法。综上，在美国缔结的条约没有变化且西班牙政府积极主张所有权的情况下，准许商业公司对西班牙享有主权的沉船进行打捞无疑是不适当的。

四、判决结果

上诉人西班牙政府的请求得到了支持，法院判决推翻原审判决中认定西班牙放弃"拉加尔加"号所有权的内容，认定两艘沉船的所有权仍归属于西班牙政府，故上诉人海寻公司和原审原告、诉讼参加人弗吉尼亚州无权对两艘沉船主张所有权或救捞报酬，原审判决除此之外的其他内容没有变化，上诉法院予以维持。

五、分析评论

本案主要涉及沉船所有权认定及打捞相关的两个法律问题：

（一）国家享有主权的沉船与一般民用沉船被放弃的判断标准不同

就一般民用沉船而言，纽约州北区联邦地区法院在 Steven C. Truman 案（20 F.Supp.2d 228）判决中指出，美国最高法院、各联邦上诉法院在认定"被弃"船舶时的标准也并不完全一致，"明示"和"默示推定"两种标准在不同案件中都被适用过。对于国家享有主权的沉船，其"被弃"标准应为"明示"。法院主要考虑以下三方面：（1）美国国内司法实践，对放弃美国国家财产的一贯要求为"明示"；（2）海事法对于"默示推定"的情形以所有权人一直以来未主张权利为前提，本案不属此类；（3）美国国际法义务与实践。基于 1902 年条约的解释，美国应当给予西班牙沉船以美国类似沉船同等对待，而美国类似情形沉船的放弃判断标准为"明示"，且负责此类实务的美国外交部门实践也是如此。

（二）对军舰等外国享有主权的沉船，美国实践中坚持的习惯国际法规则是"互相尊重、不打扰"

本案中，在处理涉及外国主权沉船相关国际法问题时，法院主要考虑因素为：（1）相关国际条约是否规定外国政府已"明示"放弃沉船，并从文义、缔约意图等方面解释条约文本中可能存在的不一致之处。本案对两艘沉船所涉美国与西班牙之间 1902 年条约内容是否明示放弃沉船所有权进行了考察，在对条约进行解释时，从文义、缔约意图等方面进行分析，这与《条约法公约》所确立的条约解释原则相一致；（2）考察美国相关国际法实践，判断是否存在习惯国际法规则。在判断西班牙是否放弃沉船以及美国能否决定打捞沉船时，法院除依据美国与西班牙之间的条约外，还从美国的国际法实践出发，指出"以不打扰、不打捞、不发掘等方式尊重别国享有主权的沉船特别是沉舰遗址"是一项习惯国际法规则，体现出美国法院处理沉船相关国际法问题的思路。

案例 12：沉没在法国瑟堡的美国南方邦联巡洋舰"阿拉巴马"号船钟

斯坦梅茨案

案件索引	美国诉理查德·斯坦梅茨案（United States of America v. Richard Steinmetz, 973 F.2d 212）
案件主题	沉船的国家继承和船部件的所有权归属
案件性质	民事案件
案件标的物	美国南北战争时期南方邦联军舰"阿拉巴马"号船钟。"阿拉巴马"号是南方海军从英国订购的军舰，这艘曾截获 62 艘北方商船的巡洋舰于 1864 年遭到北方联邦"基萨奇"号重击，沉没在法国瑟堡港。
当事人	理查德·斯坦梅茨（上诉人，原审被告） 美国（被上诉人，原审原告）
审判法院	美国联邦第三巡回上诉法院

续表

判决时间	1992 年 9 月 18 日
适用规则	1. 国际法中的继承理论； 2. 美国联邦宪法《第十四修正案》； 3.《美国联邦宪法》第 4 条第 3 款第 2 项； 4. 相关判例法。
争议点概要	1. "阿拉巴马"号船钟的所有权； 2. 现实占有者对所有权人享有补偿请求权。
结论概要	1. "阿拉巴马"号属于南方邦联，战争结束后，美国继承了南方邦联的所有财产； 2. 美国政府没有放弃船只； 3. 美国有权拒绝官方调查团队以外的团体、个人打捞。
判决结果	上诉法院支持地区法院的判决，确定"阿拉巴马"号船钟是美国根据继承取得的财产。
后续进展	1993 年 3 月 22 日，美国最高法院作出拒绝调卷令的决定。案件终结。

一、案情概要

1991 年 7 月 3 日，美国新泽西州地区法院判决美国诉理查德·斯坦梅茨案中美国胜诉[①]。随后被告理查德·斯坦梅茨提出上诉。1992 年 9 月 18 日，美国上诉法院第三巡回上诉法院确认了原审法院的判决，并驳回上诉。此后，被告理查德·斯坦梅茨曾向美国最高法院申请复审令，但最终被驳回。

（一）基本事实

本案涉及美国南北战争中一段重要的历史——北方联邦海军"基萨奇"号（*Kearsarge*）击沉南方邦联海军"阿拉巴马"号（*Alabama*）。"阿拉巴马"号是美国南北战争期间南方海军从英国订购的一艘军舰，1862 年成为南方海军的巡洋舰，在大西洋、墨西哥湾、非洲和中国海地区摧毁或捕获商船以打击北方军队的经济补给，共截获了 62 艘北方船只。1864 年 6 月，"阿拉巴马"号进入法国瑟堡港（Cherbourg）整修，船长得知北方海军的"基萨奇"号在瑟堡港外的领海外水域，于 19 日在一艘英国游艇的陪同下出海迎战。一个多小时后，"阿拉巴马"号受到重击并迅速下沉，升起了一面白旗。"阿拉巴马"号的船长派了一名军官去"基萨奇"号请求救援。"基萨奇"号和英国游艇救起部分船员，仍有许多船员被淹死。这场海战与其他英制军舰捕获商船的事件成为美国

---

① 763 F. Supp. 1293 (D.N.J. 1991).

向英国索赔的依据，根据 1871 年《华盛顿条约》建立的国际仲裁法庭裁定英国向美国支付 1550 万美元。

1936 年，格恩西岛（Isle of Guernsey）的英国潜水员威廉·劳森（William Lawson）从"阿拉巴马"号上取回刻有字母"C.S.S. Alabama"的铜钟，并卖给当地一家酒吧以获得饮酒特权。这家酒吧在第二次世界大战期间被英国炸毁，格恩西岛落入德国人手中。战后，这只从废墟中挖出的船钟几经转手到了英国黑斯廷斯（Hastings）的一个古董商手中。新泽西州古董商斯坦梅茨在 1979 年伦敦的一次古董枪展上听说了这只船钟，他飞到格恩西岛用约价值 12000 美元的古董枪和手枪交换了这只船钟。斯坦梅茨将船钟带回新泽西后不到一周，主动提出向美国海军学院（United States Naval Academy）出售或交易这只钟。学院希望展览这只钟，但不愿购买。

（二）原审情况

1990 年 12 月，斯坦梅茨在纽约哈默洛克美术馆将船钟挂牌拍卖。海军历史中心（Naval Historical Center）得知后，美国声称船钟是美国的财产，向新泽西州地区法院海事法庭提起诉讼，并请求说明斯坦梅茨不应将船钟交给美国的原因。作为回应，斯坦梅茨向地区法院提交了船钟与答辩状，同时提起反诉，要求确定船钟是他的财产，并要求美国政府支付船钟的全部市场价值，或者按合理价格和 / 或在美国领土上的不当得利理论进行补偿。地区法院听取了陈述理由的动议后，双方都申请使用简易判决。

地区法院批准了简易判决申请，认为美国政府提出的两种理论都成立。第一个理论是"阿拉巴马"号已被"基萨奇"号捕获，因此在 1864 年的战斗中成为美国的财产。第二个理论是，由于美国在内战后继承了南方邦联的公共财产，因此战争结束后"阿拉巴马"号成为美国政府的财产。法院还认定，根据《美国联邦宪法》第 4 条第 3 款第 2 项和成文法，国会没有授权任何人正式放弃该沉船，因此美国政府没有放弃"阿拉巴马"号。最后，地区法院认为不能受理斯坦梅茨的反诉，因为美国政府没有放弃自己的豁免权，斯坦梅茨在辩护状中没有主张反诉，因此不能对反诉问题提出上诉。

二、上诉主张

请求法院确定美国政府没有完全获得"阿拉巴马"号船钟的所有权，并应该给予上诉人一定补偿。针对原审判决提出了以下抗辩理由：

（一）"基萨奇"号没有捕获"阿拉巴马"号，美国政府不能根据捕获获得所有权

"阿拉巴马"号没有真正地被"基萨奇"号捕获，在它传达投降意图后，"基萨奇"号仍向其发射炮弹，故"阿拉巴马"号在被"基萨奇"号控制之前已然沉没。地区法院根据实际控制的推定作出判断的学说不被法律承认。

（二）继承法与国际法的继承理论都不适用于"阿拉巴马"号，美国政府不能通过继承获得所有权

1. 继承法只适用于公共财产，而"阿拉巴马"号是私人拥有的海盗船。战争期间，北方官员将"阿拉巴马"号及其船员描述为海盗，根据禁止反言原则，美国现在不能声称"阿拉巴马"号是公有的。

2. 即使"阿拉巴马"号是南方邦联的财产，国际法中的继承理论也不能适用，因为继承财产的同时也必须继承债务，但美国政府没有承担债务。

3. 即使战后美国政府获得了沉船的所有权，美国政府还是把这艘船遗弃在了海中，未打捞也未主张所有权。

综合以上观点，上诉人不反对美国政府取得"阿拉巴马"号船钟的所有权，但是请求法院判决美国政府应当给予上诉人一定补偿。

三、法院意见

上诉法院指出，如果没有额外证据提交以协助案件裁决，将根据"明显错误"的标准审查法庭的调查结果。上诉法院将只依赖地区法院作出判决所依据的无可争议的事实，针对地区法院得出的法律结论作出判断。

针对上诉人的上诉，上诉法院首席法官斯洛维特（Sloviter）认为：（1）"阿拉巴马"号属于南方邦联，不是海盗船；（2）战争结束后，美国继承了南方邦联的所有财产；（3）美国政府没有放弃船只。

（一）法院将不对捕获进行判断，而是通过继承公共财产的理论作出判决

（二）"阿拉巴马"号是南方政府的公共财产，美国政府可以基于政府继承理论予以继承

1. "阿拉巴马"号不是海盗船或归私人所有

尽管历史资料显示南方军舰对于北方商船的袭击被称为海盗行为，甚至还曾对他们以海盗名义进行了审判。但所有的历史证据都表明，提及海盗更多是修辞性、而非法律性的[1]。"阿拉巴马"号确实是南方海军管辖控制的。

死刑是公认的海盗罪刑罚，但没有一个南方邦联成员因这一罪行被处决。战争期间涉嫌或被判犯有海盗罪的人要么被释放，要么被当作战俘对待。[2] 事实上，战后国家似乎有意识地决定不起诉"阿拉巴马"号船长的海盗行为。

记录中有充分的证据表明"阿拉巴马"号属于南方邦联。提交给地区法院的"阿拉巴马"号的所有记录都表明它是根据南方邦联的合同在利物浦建造的。没有证据表明南方邦联将其所有权转让给船长或船员，船长虽然在公海上获得了相当大的自治权，但他是南方邦联的代理人。因此，"阿拉巴马"号不是海盗船。

2. 国际法上的继承理论不统一，但根据美国最高法院与英国法院对继承理论的解释和适用，美国对于南方邦联的所有财产享有权利

继承不是一个定义明确的法律理论，可以分为国家继承与政府继承。最高法院声明内战后南方邦联的公共财产移交给美国政府，即使美国政府没有实际拥有该财产。威廉斯诉布鲁菲案[3]、美国诉赫卡比案[4]、莱特诉沉船打捞公司案[5]中法院都确定了美国政府对于南方邦联公共财产的所有权。此外，英国法院在美国诉麦克雷案[6]、美国诉普里奥莱乌案[7]中也确定了美国政府的权利。

针对上诉人提出的债务继承问题，美国联邦宪法《第十四修正案》第4条明确规定：美国或各州均应承担或支付协助叛乱引起的任何债务或义务，但所有此类债务、义务和主张均属非法和无效。上诉人称英国法院在上述案例中基于美国继承财产与附

---

① *Williams v. Bruffy*, 96 U.S. 176, 186–87, 24 L.Ed. 716 (1878); John Bassett Moore, A Digest of International Law 184–86 (1906).

② J.G. Randall, Constitutional Problems Under Lincoln 66, University of Illinois Press, 1951; Moore, International Law 1079 (noting Smith, 27 F.Cas. at 1134.

③ *Williams v. Bruffy*, 96 U.S. at 188.

④ *United States v. Huckabee*, 83 U.S. (16 Wall.) 414, 21 L.Ed. 457 (1873)

⑤ *Leathers v. Salvor Wrecking Co.*, 15 F.Cas. 116 (C.C.S.D.Miss.1875)

⑥ *United States v. McRae*, 8 L.R.–Eq. 69 (Court of Chancery 1869)

⑦ *United States v. Prioleau*, 35 L.J. Chancery N.S. 7, 11 (1865)

带债务的认识作出判决，这些法院不允许美国不承担财产的未偿义务。但法院没有找到支持这一理论的美国案例，英国法院也没有将继承理论解释为要求美国继承南方邦联与争议特定财产无关的债务。

3. 美国政府并未放弃"阿拉巴马"号

《美国联邦宪法》第 4 条第 3 款第 2 项规定：国会有权处置和制定必要的规则和条例以尊重属于美国的领土或其他财产；本宪法中的内容不得被解释为损害美国或任何特定州的任何权利主张。这一条款被解释为意味着美国不能放弃自己的财产，除非有明确行为。政府的利益不能被专门解决私人财产纠纷的普通法院规则剥夺，也不能因为无权处置的官员默许、懈怠或不采取行动的行为而丧失 [1]。

上诉人指出美国放弃沉船的政策不一致，但根据上诉人提出的文件依据，内战期间沉没的船只的所有权明显属于美国政府。哈特勒斯公司诉美国北方海军"哈特勒斯"号案（南北战争时期）[2] 涉"哈特勒斯"号于 1863 年在德克萨斯州加尔维斯顿以南的领海外水域被"阿拉巴马"号击沉，尽管在水中沉没了一百多年，但它仍然是美国的财产。

综上，法院认为尽管斯坦梅茨为找回美国的历史付出了精力和创造力，但美国的立场是拒绝对原始潜水员而非官方团队的所有权人进行补偿。这符合除专业的、非侵入性的考古研究外禁止干扰沉船的政策。所以法院将支持原审法院的判决，驳回上诉人的上诉。斯坦梅茨可以自由地向同情他的国会代表陈述他的观点，以推动相关私法法案的制定，但法院的职责是依法律裁决，因此"阿拉巴马"号船钟属于美国政府。

四、判决结果

上诉法院支持地区法院的判决，确定"阿拉巴马"号船是美国根据继承取得的财产。

五、分析评论

这一案件具有较大影响力，法院收到了很多社会团体的请愿书。美国运动潜水员

---

[1]　Article IV, Section 3, Clause 2 of the United States Constitution; *United States v. California*, 332 U.S. 19, 67 S.Ct. 1658, 91 L.Ed. 1889 (1947).

[2]　*Hatteras, Inc. v. The U.S.S. Hatteras*, 1984 A.M.C. 1094 (S.D.Tex.)

协会法庭之友、金属探测设备和考古俱乐部联合会、海洋遗产保护联盟、国际潜水协会、东方潜水船舶协会和南北贸易内战杂志提交了一份简报，为"无论是作为爱好还是作为事业，对南部邦联军事装备和其他具有历史意义的军事文物具有经济利益的成千上万个人"发声。他们认为，根据继承理论，他们对这些文物的所有权可能会被政府取得，这将对他们通过发现和保存文物来扩大对内战历史的了解产生重大的寒蝉效应。美国历史保护法庭之友、国家信托基金、专业考古学家协会、历史考古学会、水下考古咨询委员会、美国考古学会和美国海洋博物馆理事会等社会团体支持另一方，他们认为，一方面，承认美国对南方邦联财产的所有权将确保美国保护和保存历史、考古文物的权利及实施，否则文物会因不恰当的搜寻和处置而遭受损害；另一方面，这样可以消除个人为了经济利益提取文物的经济动机，那些保护私人所有权的理由更适合提交给国会而不是法院。

本案涉及战争中沉没军舰上部分遗产的所有权归属、遗产的政府继承以及对私人收藏者的补偿问题。法院主要针对以下问题进行判断：

（一）政府继承理论的适用

第一，"阿拉巴马"号是南方邦联的公共财产；第二，存在"继承"理论（尽管概念不明确）；第三，案例表明美国可以继承南方邦联的财产。国内法的案件涉及国际法的政府继承问题较为罕见。但在判决中可以看到国内法院对于国际法的适用存在一定障碍，由于法律体系不同无法无缝衔接地直接适用，最终还是借助判例法解决。但总体而言，国内法院使用了国际法与其理论解决了这一争议。

（二）国家财产的放弃

美国不能放弃自己的财产，除非有明确行为。公共财产不能被普通法院规则剥夺，也不能因为无权处置人的行为而丧失。从财产所有权的角度，国家为自己财产的确定设置了较低的门槛，对丧失设置了较高标准，这也是大多数国家的做法。

（三）私人收藏者的打捞行为

美国作为沉船所有者有权拒绝非专业人员的打捞，打捞文物甚至可能是对文物的伤害，因此不予补偿。尽管从利益平衡的角度，已经付出一定金钱与精力的私人救捞者应当获得一定补偿，但这一判决也将起到积极作用。一方面将对未来私人救捞者的行为产生指引作用，以打捞谋利的团体不会再打捞明确归国家所有的物品。另一方面，杜绝此类非专业的私人打捞有利于对文化遗产的保护。

第三章
私人救捞者与所有权

第一节　位于公海

案例 13：法国船"陶奈侯爵"号

"陶奈侯爵"号案

案件索引	奥德赛海洋勘探公司诉身份不明的被弃沉船案（Odyssey Marine Exploration, Inc. v. UNIDENTIFIED, WRECKED, AND ABANDONED SAILING VESSEL, its apparel, tackle, appurtenances and cargo located within a 5 mile radius of the centerpoint coordinates: to be provided to the Court under:seal at the Court's request　8: 08-cv-01044-T-23MAP）
案件主题	管辖权推定规则、打捞物所有权归属
案件性质	民事案件（海事对物诉讼）
案件标的物	奥德赛海洋勘探公司在英吉利海峡的公海发现了一艘载有大炮和其他珍贵文物的沉船，该沉船被认为是 18 世纪末沉没的法国船"陶奈侯爵"号（*Le Marquis Tournay*），它于 1748 年被英国海军部作为战利品奖励给了英国私掠船。
当事人	奥德赛海洋勘探公司（原告） 位于中心点坐标 5 海里半径范围内的沉船及其装饰、索具、属具和货物（被告）
审判法院	美国佛罗里达州中区联邦地区法院坦帕分庭
判决时间	2010 年 7 月 30 日
适用规则	1. 美国《联邦民事诉讼规则》海事诉讼补充规则； 2. 发现物法； 3. 相关判例法（见正文）。
争议点概要	1. 发现物法与救捞法的适用； 2. 对物管辖权； 3. 打捞物所有权。

法庭结论概要	1. 本案中被遗弃的"陶奈侯爵"号的打捞应适用发现物法，因其沉没于两百多年前，没有船主声称拥有该船，以及原告正确辨认出了沉船身份； 2. 本案中对物管辖权延伸至证据 B 所列的打捞物，但并未延伸至仍处于英吉利海峡尚未打捞的文物； 3. 原告将获得证据 B 所列打捞物的所有权，但无权获得其"将从"周边 5 英里的沉船遗址中打捞的文物的所有权。
判决结果	原告要求缺席判决的修正动议部分获准，部分被驳回。
后续进展	无

一、案情概要

"陶奈侯爵"号是一艘法国船，1748 年被英国海军部作为战利品奖励给了某些英国私掠船，于 18 世纪末在英吉利海峡沉没，沉没时的船长为陶奈（Tournay），沉船载有大炮和其他珍贵文物。沉没地点位于英吉利海峡海底，北纬 49°46' 西经 3°31' 中心点坐标 5 海里半径范围内，距离海面不到 200 米，处于主权国家的领海或毗连区之外。

从事深海勘探和沉船回收的奥德赛海洋勘探公司向美国佛罗里达州中区联邦地区法院坦帕分庭提出缺席判决动议，主张对其从沉船遗址已经打捞和将要打捞出的文物享有所有权。2009 年 6 月 30 日，美国佛罗里达州中区联邦地区法院坦帕分庭作出了缺席判决。2009 年 12 月 30 日，法院驳回了原告无沉船坐标的动议。2010 年 2 月 11 日，法院驳回了原告提出的提交封存沉船坐标的动议。

二、原告主张

原告从沉船中打捞出了一块玻璃碎片、一个船钟和一块木片，并向法院提交了沉船上的一块砖作为推定占有的证据。原告请求根据发现物法作出缺席判决，将沉船所有权判给原告。

三、法院意见

对物管辖权要求法院具有管辖范围内的财产。原告主张对已打捞的文物和"将从"英吉利海峡海底打捞的文物的所有权，具有已打捞的文物赋予了裁决这些文物所有权的管辖权，而原告未能占有未打捞部分的文物尚不在法院的管辖范围内。

（一）适用发现物法或救捞法的选择

法院首先对比救捞法与发现物法的目的，然后分别分析其作用与适用条件，最后参照宝藏打捞者公司一号案，认为此案应适用发现物法。法院指出，救捞法和发现物法都适用于海损财产的追偿。救捞法项下，救捞者占有遇难船只及其所载物品，同时享有救捞报酬，但不对其享有所有权；发现物法则"简洁地概括为'发现者占有'。救捞法和发现物法'服务于不同的目的，促进不同的行为'，索赔人不能在一次追偿中同时援引这两种法律"。

针对救捞法，考虑到其产生的历史背景与目的，法院认为救捞法行使的是信托职能，救捞者为所有权人托管打捞物，并被赋予了"善良、诚实和勤勉"义务。打捞后，救捞者获得了对打捞财产的排他性占有和海事留置权，以便其进行对物诉讼获得补偿和将财产交付给法院指定的保管人。救捞者利用被打捞的财产则会终止其获得救捞报酬的权利。

针对发现物法，法院认为发现物法不得对发现人施加信托，发现人获取财产是为了自己的利益。其适用发现人需证明三个要件：1. 占有财产的意图；（2）对该财产的实际或推定占有；（3）该财产是无主物或被放弃。

参照宝藏打捞者公司一号案，法院认为："陶奈侯爵"号沉没于两百多年前，无人对其主张所有权，原告能正确辨认出这艘船并说明原船主是2个多世纪前去世的私人公民。因此，原告主张正确，此案应适用发现物法。

（二）对物管辖权

原告主张管辖权延伸至其要求缺席判决的修正动议中证据B所列的已打捞的文物，并保证未打捞尚处于英吉利海峡的文物最终会到达本院司法管辖区，主张管辖权同样延伸至这部分文物。

法院认为，尽管僵化的条文不应妨碍管辖权，但通常情况下，只有当整个财产位于法院地的属地管辖权范围内时，才会产生推定占有的对物管辖权。当法院仅占有全部财产的一部分，而且该财产不可分割，存在整个财产交由保管人实际占有的实际不可能性时，才产生"推定占有对物管辖权"。法院认为，原告将海事法承认的不要求物存在于属地管辖范围内的两种例外情形进行了"新颖而不适当的组合"，主张行使此前从未在美国法律或国家法中出现过的"推定准对物管辖权"。由于这两种例外都不适用发现物法与无争议缺席判决取得所有权的尝试，这种"临时混合管辖权"从一开始就是失败的。

对于行使在宝藏打捞者公司一号案中确立的准对物管辖权，法院认为原告忽视了"如果法院对当事人行使属人管辖权，但不对物权行使管辖权，那么法院只能裁决争议当事人之间的权利"这一重要注意事项。原告声称，"由于潜在索赔人或相竞救助者与本法院的联系，原告海事诉讼的性质，潜在索赔人和/或救助者与原告、本法院和诉讼原因的关系，和/或必要管辖权原则，本法院对任何潜在索赔人或相竞救助者拥有或将在本诉讼期间拥有管辖权"。法院认为，允许针对未来索赔人宣布权利的管辖权行使准物上请求权的运作方式，与普通物上请求权相同，而普通物上请求权要求在属地管辖范围内有物权存在。原告对未来索赔人的乐观猜测显然不能支持行使准对物管辖权。

对于行使在泰坦尼克号案中确立的"推定对物管辖权"，法院认为，一方面救捞法作为万国法的一部分，在执行万国法的国家之间形成了一种仅适用于海上的共享主权，允许宣布打捞属地管辖权之外的沉船的专属权利。相比之下，发现物法将普通法理论适用于狭义、确定的情况，阻碍了泰坦尼克号案的理论适用。另一方面，发现物法鼓励为发现者的利益而取得财产，由于发现人为自己取得所有权，不需要泰坦尼克号案在公海适用救捞法的额外激励。根据发现法，在本诉讼中"推定对物管辖权"不支持对英吉利海峡海底的文物行使管辖权。

此外，原告未能证明扩大海事对物管辖权是合理的。第一，原告关于广泛保护发现者的提议鼓励了海底掠夺，并不能证明扩大域外管辖权合理。第二，原告要求的判决既无限制又前所未有。第三，由于没有对方当事人，过于依赖原告未经审查的事实指控，原告未经调查的指控既不能保证所指的沉船位于诉状中描述的区域内，也不能保证原告正确识别了沉船及其所有权人。

四、判决结果

原告要求缺席判决的修正动议部分获准，部分被驳回。

对于已经在法院属地管辖范围内的文物，原告将获得该动议证据 B 中描述的玻璃片、船钟和木片的所有权。对于原告要求获得其将从英吉利海峡方圆 5 海里的沉船遗址中打捞的所有文物所有权的动议，法院予以驳回。同时，法院决定撤销此前发出的沉船扣押令。

五、分析评论

本案是美国法院就公海发现的沉船对物诉讼管辖权问题进行裁决的经典案例，受理法院最终以"准对物管辖权"和"推定对物管辖权"都不适用驳回了原告要求获得其将从 5 海里半径沉船遗址中打捞文物的所有权的动议,批准了其对已经在法院属地管辖范围内的文物的所有权。本案值得注意的地方有以下两点:

在适用规则的选择上,综合考虑救捞法与发现物法产生的历史背景与目的,参照宝藏打捞者公司一号案,结合本案案情("陶奈侯爵"号沉没于 200 多年前,无人对其主张所有权,原告能正确辨认出这艘船说明原船主是 2 个多世纪前去世的私人公民),法院认为本案应适用发现物法而非救捞法。这一决定符合救捞法与发现物法的适用情形,即救捞法适用于打捞者为所有权人托管打捞物的情形,不适用于打捞者利用被打捞财产的情形;而发现物法适用于发现人为了自己的利益获得财产,并未被赋予"善良、诚实和勤勉"义务的情形。

在确定对物管辖推定规则的适用上,法院考虑到原告取出并运到美国的文物具有对物管辖权,该管辖权使其能够对这些文物的所有权作出裁决,从而批准了原告关于该部分文物缺席判决的动议。值得注意的是,法院并没有成为该部分文物的实际占有人。2008 年 6 月 19 日的命令指定原告为文物的替代保管人,原告是总部位于美国佛罗里达州的法人,继而法院获得了对标的物的建设性占有,从而获得管辖权。关于原告对尚未打捞仍处于公海的文物"推定准对物管辖权"的主张,法院予以驳回。"准对物管辖权"允许法院对诉讼当事人之间的权利进行裁决,但法院不能对无管辖权的不在场第三方的权利进行裁决。本案中,原告声称"本法院对任何潜在索赔人或相竞救助者拥有或将在本诉讼期间拥有管辖权",有违此原则。本案中,"推定对物管辖权"亦不适用。法院在先前已经确定本案受发现物法而非救捞法的管辖,而"推定对物管辖权"的理论基础不适用于受发现物法管辖的索赔。通过扩大传统的对物管辖权概念,"建设性的对物管辖权"允许强制执行打捞公海沉船的专属权利,通过推定占有行使管辖权。"推定对物管辖权"的理论来源于在执行万国法的国家之间形成的一种"共享主权",这种"共享主权"允许宣布打捞属地管辖权之外的沉船的专属权利。而发现物法将普通法的理论适用于狭义的、确定的情况下的海洋,不具备作为万国法一部分所需的普遍接受性,而万国法中"主权共享"的缺失也阻碍了"推定对物管辖权"的理论基础适用于受发现物法管辖的索赔。

案例 14：荷兰蒸汽船"塔班蒂亚"号

"塔班蒂亚"号案

案件索引	"塔班蒂亚"号沉船案（the Tubantia）
案件主题	救捞者是否占有"塔班蒂亚"号沉船及其船货、救捞者的顺位问题
案件性质	民事案件
案件标的物	荷兰蒸汽船"塔班蒂亚"号于 1916 年被德国鱼雷击中后，在北海海域沉没，水深 100 余英尺。
当事人	西普少校（原告） 文森特·格里希（被告） 扎纳帝·兰迪伯爵（被告） 塞西尔·里德（被告）
审判法院	英格兰海事高等法院（English High Court of Admiralty）
判决时间	1924 年 1 月 30 日
适用规则	《法院法》
争议点概要	1. 原告是否占有"塔班蒂亚"号沉船和船货； 2. 在原告合法对沉船进行打捞后，是否允许潜在救捞者参与打捞。
结论概要	1. 原告占有"塔班蒂亚"号沉船和船货； 2. 在原告合法对沉船进行打捞之后，若无不当，不允许潜在救捞者参与打捞。
判决结果	1. 判决原告占有"塔班蒂亚"号沉船； 2. 被告对"塔班蒂亚"号做出的行为是对原告合法打捞的干扰，法院支持原告的进一步打捞，向被告颁布禁令。
后续进展	无

一、案情概要

1916 年 1 月，541 英尺长、15000 吨重的荷兰蒸汽船"塔班蒂亚"号被德国军舰的鱼雷击中后，在北海海域沉没，距离英国海岸约 50 海里，距离法国、荷兰和比利时海岸约 20 到 27 海里，水深超过 100 英尺。此后一直无人打捞沉船沉物，直到原告西普少校等人在 1922 年决定打捞"塔班蒂亚"号取回船上有价值的物品。他们随后购买了轮船和拖船，并雇佣了潜水员和打捞专家，原告和四名法国人组成的探险队从 4 月开始作业，潜水员最终找到了"塔班蒂亚"号沉船，但船体破碎很难提取。原告探险队在当年夏天天气允许时连续潜水，直到 11 月无法继续。原告探险队用浮标使"塔班蒂亚"号沉船上浮，以表明对"塔班蒂亚"号的占有地位。1923 年 4 月至 7 月原告探险队继续打捞，至此已花费 4000 元，但取回的船货价值很低。

1923 年 7 月 9 日，被告文森特、兰迪、塞西尔等英国赛摩珀·帕罗塔斯打捞公司（British Semper Paratus Salvage Company）的英国合作者们乘坐同名蒸汽船到达"塔班蒂亚"号沉船的沉没地。他们将该船停泊在"塔班蒂亚"号沉船周围，进而影响了原告探险队的打捞作业，虽被要求离开，但被告等人仍然待在英国船上，一直停靠在沉船附近，直至 1923 年 7 月 16 日法院发出了禁令。7 月 13 日，被告找到了接近沉船的方法，他们用测深线缠绕沉船的系线，尝试把汽艇系在原告的浮标上以拉起原告的锚，并多次派潜水员到达沉船附近。

二、各方主张

（一）原告主张

原告提出了四项诉讼请求，一是主张原告占有"塔班蒂亚"号沉船及其船货，二是要求被告对原告进行损害赔偿，三是申请禁止被告接近、停留、干扰"塔班蒂亚"号及其船货的禁令，四是提请对原告损失做专业评估。

（二）被告主张

被告否认原告的诉讼请求，认为没有侵犯原告对沉船和货物的占有，并否认原告诉称的非法侵入。被告进一步否认原告具备救捞条件、设备、资格，或者可以独立完成，他提出希望并有能力与原告一起合作打捞，并把打捞出的所有货物带至法院。

三、法院意见

听证会证据显示，双方均深信"塔班蒂亚"号上有价值不菲的财物，三名被告达成的打捞合意旨在沉船上不低于 200 万英镑的战前德国金币。法官认为争议对象是"塔班蒂亚"号沉船及其船货的相关权利，法官认为，当事人之间的争议很不同寻常，原告的权利来源是英国《法院法》（Judicature Acts），这种权利毋庸置疑，被告对原告的主张不予认同，主要是认为无先例可循。法官认为，本案必须谨慎审理，需要明确被告是否侵犯了原告对沉船的权利，以及若是侵犯了，如何判处惩罚。

（一）法院管辖权

法官认为海事法院对本案件具有管辖权，公海上的非法入侵案件，毫无争议属于海事法院的管辖范围，海事法院目前拥有司法部门规定的管辖权利，这种权利是由《法院法》赋予的。另外，本案将不裁决"塔班蒂亚"号沉船及其货物是否是法律意义上的财产。针对沉船及其货物所有权是否被放弃这个问题，罗马法没有关于财产遗弃的规定。法官援引英国皇家海军西迪斯号案（H.M.S. *Thetis*）指出海上遗失物不同于海事法的所有权，该案在起诉时所有权人出现且其主张被认可，但受制于救捞者依据英国海军机构命令的占有导致对所有权人主张的减损。法官认为没有证据和推测令其信服"塔班蒂亚"号沉船和船货所有者已损失其原有的权利，同时，北海周边国家的法院均会对涉案物持占有财产（*Res nullius fit occupantis*）的古老原则，而且打捞中一直使用这个词的有限文意，故法院不对这个问题作出定论。"塔班蒂亚"号沉船及其船货不处于任何所有权人或其代理人的占有或控制下。

（二）原告占有沉船沉物

1. 争议时间段内原告占有沉船沉物的依据

听证会的所有材料证明了原告主张其在 1923 年 7 月已占有沉船所基于的事实。原告的打捞开始于 1922 年 4 月，而且在很长一段时间内是不连续的，原告与被告之间的争议始于 1923 年 7 月。双方指出此后至听证会，他们均对异议地点持续派有船只和潜水员。双方对 1923 年 7 月前后发生的事实与争议密切相关，必须详细说明。原告探险队在两个作业季雇佣适于打捞的不同船只和合格船员，确定并标出了"塔班蒂亚"号沉船所覆盖的区域，并利用系在沉船上的浮标使作业船舶定位在船体和货舱上方。1923 年 7 月，他们建立了浮标系泊系统，可以从不同地点直接进入甲板。他们在船舷开了一个长 14 英尺、宽 10 英尺的洞，并到达了看似曾经装有大量货物的 4 号货舱，通过固定在货舱边的滑轮，潜水员可以进入该舱。上述设施都固定在"塔班蒂亚"号沉船上方或周边，在天气和潮水允许的情况下，潜水员就使用它们在沉船里、沉船上和船货间作业，1923 年 5 月、6 月、7 月，两班潜水员探索了沉船内部、清除障碍物、打通到达货物的通道、在船货上作业，并将部分沉船构件和船货运出水面。原告探险队每天可用于作业的时间不超过两个 1 小时 45 分钟，且每次有 45 分钟在货舱内，1923 年的工作日数似乎没有超过 25 天，前述设施不易被取走或被海水冲毁；以及原告在 1923 年夏天到达沉船经常受阻，都是原告主张在异议日期内占有沉船沉物的证据。

2. 被告到达沉船时原告已占有沉船沉物

本案还有一个关键问题，即如何确定被告在到达沉船现场时，原告对"塔班蒂亚"号沉船和货物已经具有占有权。双方律师均引用了《波洛克与赖特论普通法上的占有权》（Pollock and Wright，Possesion in the Common Law）一书，他们提出哪些物理控制和使用争议物是实际的？物理控制可否及于物的整体？是否存在完全取得？原告的占据是否已在实际目的上足以排除后来者介入该财产？是否有占有意图？法官认为，某人取得的物品出于其动机和目的、由其掌握或控制用于物之所能，构成英国法上的占有。港务局（Trinity House）通常是给沉船系上一只浮标而取得占有；专家认为鉴于该沉船深度导致的作业困难，原告的工作令人敬佩，法官认为基于原告证据其已有效控制沉船整体，且仍在该处，故后来者不经暴力无法对沉船实施与原告一样的控制，后来者难以有效利用沉船。即便是沉船原所有者的占有行为，也与原告对沉船采取的措施无甚差别。原告依托沉船功能的使用和控制行为，并排除后来者介入，均存在占有的意图。原告把沉船作为整体来处置；如果对这个深度的沉船，因作业时间短和不连贯便视为不能占有，法院认为非常不利于救捞业。辛苦且费用高昂的打捞具有公共重要性。因此，原告在 1923 年 7 月已占有沉船。

被诉非法入侵行为发生在 7 月份的八天。被告带着动力强大、装备精良的"赛摩珀·帕罗塔斯"号和装有疏浚设备的汽艇来寻找"塔班蒂亚"号沉船并取得占有。负责的被告兰迪伯爵到达时发现原告已经先行一步，但认为自己有权介入以使自己获得共同控制权，甚或为了阻碍原告的后续作业。被告观察到原告如何布置场地和作业方法后，用加重绳和抓斗挖掘沉船船体和原告的系泊物，用拖拽装置在原告的浮标、系泊物和作业地点之间和周围频繁搜寻，以致原告所雇佣的经验丰富的潜水员开始警惕并改变了作业方式：不再像以前那样在船舱入口处系上绳索和管，一起处理船舱内的货物，而改由一人照看绳索和管；被告把作业船只逆潮系泊以威胁原告船只和人员安全、缠绕原告的系泊物、在沉船上停泊并派潜水员潜入沉船。被告种种行为的目的是妨碍原告，使其丧失之前作业的优势和对沉船的占有，并确保被告占有。一些前述行为是被告恶意为之，也均是故意干扰、骚扰为原告开展作业的人。

被告认为按照原告的打捞情况，己方应被认作潜在救捞者。法官认为这基于原告不处于占有、被告不会影响或有助于打捞的推断。虽然多方共同打捞经常发生，但本案的支配因素是原告处于占有，已占有沉船的救捞者具有法院不可剥夺的合法利益。枢密院（Privy Council）在卡思曼诉韦斯特案[①]中认为，遗失物案件中首位占有的救捞

[①] *Cassman V. West*, 13 App. Cas. 160, 181.

者不仅有基于救捞服务的海事留置权，还对船只有全部和绝对的占有和控制，除非有明显不胜任则无人可以干预。原告不仅没有不胜任，而且专家认为其已有工作能保障最佳救捞结果。法官另外指出即便原告刚开始打捞、尚未占有、其他救捞者可依法加入，被告的实际行为也不合理。

认定被告侵犯了原告对"塔班蒂亚"号沉船的占有，并且有意错误干扰原告的合法作业，原告诉请的被告骚扰会导致损害。法官援引了涉及盈利公司的一些损害赔偿案例，恰当规制行为的损害可以通过原本能产生利益的公司自愿停止来弥补。法官再次强调阻碍作业中的救捞者的推断原因都不正确，即便阻碍由自认为的救捞者做出。法官还支持了原告在听证会上就骚扰增加指控的主张，并认为被告代表如承诺错误行为，便是个人民事侵权，同时，由于被告的假定权利和公司目的，被告一起对兰迪个人能力之外的部分向原告负责。

处于诉请错误行为的威胁和危险，尤其影响物质利益时，主张禁令是合理的。虽然禁令要严格受限以不增加一方利益而减损另一方，被告的干扰行为蛮横且深思熟虑，不作限制会卷土重来。在法院发布下一步命令禁止被告对"塔班蒂亚"号沉船采取行动前，法官提议限制被告。

四、判决结果

据此，法院判决原告占有"塔班蒂亚"号沉船；鉴于占有权有限且短暂，法官还通过禁令救济原告。存在潜水员时间受损的证据和损害主张，判决兰迪对骚扰原告进行赔偿。

五、分析评论

（一）支持原告权利的观点

在案件争议发生时，有三位学者认为原告应胜诉，分别是约翰·西蒙（John Simon）、哈罗德·斯谆哲（Harold Stranger）和胡泊（C.A Hooper），他们认为被告在公海实施了非法入侵的行为，原告和沉船受到了被告实际的物理和人身干扰，海事法院应该行使管辖权。这来源于涉及海事法院管辖权的黑石公司案件的先例，英国法规定的海事法院管辖权涵盖曾固定在陆地上的沉船，或在海里和漂浮在海上的船舶残骸和货物，"塔班蒂亚"号系有浮标，符合这种情况。参照拉克尔案[1]和赫尔克里斯案[2]等判决，海事法院对公海上的海事犯罪案件具有管辖权，《海事法院法》（Admiralty Court Act）并没有以任何形式限制海事法院的管辖权，考虑到法院裁定的送达问题，高等法院的法官甚至对发生在国外的公海入侵案也可以行使管辖权。本案被告是英国主体，其作业船只的船旗国是英国，因此本案由英国法院判决并无不妥。

原告事实上占有了沉船。是否构成占有行为取决于每个案件的特殊情况，占有意味着占有该物所具备的属性[3]。法律中的放弃和几个先例表明"塔班蒂亚"号是遗失物，已被其所有权人放弃。先占有遗失物的人将成为无主物的所有权人，维基菲尔德案（Winkfield 1902）提到了保管人的占有权和如何取得占有，哈格斯诉杰克斯案[4]等提到用浮标和绳索系住沉船就像用鱼叉捕获鲸鱼（不同于网住鱼），其他案件也标明有限占有或控制可以对抗第三方。

在打捞案件中，夏洛特案[5]等表明法院不倾向支持试图排斥或不合理伴随原始救捞者的潜在救捞者。原告已行使合法的海洋冒险，被告故意干扰并危及原告及其潜水员的生命，此时损害赔偿的救济非常有限，被告如不受限于禁令还会继续其行为。

（二）支持被告权利的观点

被告的支持学者认为原告在几乎没有打捞成功可能性的前提下，1923年7月原告是否还有继续搜寻宝藏的排他性合法权利值得怀疑。原告没有事实上占有沉船，不能基于侵入开展行为。第二，《商船法》和一些案件表明了公海宝藏属于女王的原则，因此，沉船并非没有所有权人，沉船的原所有权人仍可以对沉船主张权利。第三，找不到第一位救捞者一直维持非法侵入，并寻求禁令阻止潜在救捞者取代他的先例。接着引用反对第一位救捞者进行断断续续的打捞，而潜在救捞者也不能干预并成为救捞者的学者观点。海损财产的危险使其完全开放以保护财产，仅当财产在第一位救捞者的保管下安全无虞时，潜在救捞者才能介入。救捞者仅因财产短暂暴露的危险而被许可，这不能保持介入行为，也并未取得排他性占有。再者，潜在救捞者不属于非法侵入，因其正当性来自沉船原所有权人会推定同意。

---

[1]　Ruckers (1801) 4 C. Rob. 73.

[2]　Hercules (1819) 2 Dods. 353, 368.

[3]　"By possession is meant posseson of that character of which the thing is capable." in Lord Advocate v. Young (1887) 12 App. Cas. 544, 556.

[4]　*Hogarth v. Hackson* (1827) Moo. & Mal. 58.

[5]　Charlotta (1831) 2 Hagg. Adm, 361.

　　原告基于实际的物理占有，但沉船实际上分为三部分，原告也承认被泥沙淤塞的部分无法移动，原告充其量是通过其潜水员寻找有价值的东西，而具有过短暂、不稳定和断断续续的占据，原告主张的本质是排他性的探访权和搜索权，这并非法律规定的权利。最后，英国南非公司诉莫桑比克公司案① 确定了最高法院对非法侵入境外土地案件无管辖权的原则，同样，海事高等法院也不能就非法侵入公海的案件发出禁令。法院不能就本案发出禁令，因为这会干预第三方的正当权利。若原告不继续作业，被告投入救捞或物是否仍应被制止呢？而关于原告提出的损害赔偿的诉讼请求，目前暂无证据证明原告受到了任何损失。

　　综上所述，本案案情事实较为简单，关键在于明确了第一位救捞者和潜在救捞者之间的权利关系。第一位救捞者在安全且有效地进行打捞工作时，潜在救捞者不应对其进行干扰，未经第一位救捞者同意，不能进行打捞活动，若是贸然作业则是对第一位救捞者占有权的侵犯。原告探险队在涉案沉船上系浮标的行为，提高了其对沉船的占有程度，有效地对抗了第三方救捞者对沉船权利的争夺。

　　本判例的价值在于显示了 20 世纪早期海事对物诉讼案件主张和裁判的情况：判决对海事法院管辖权做了大量论述，还援引了罗马法讨论管辖对象的合理性，并从救捞者行为判断占有。不同法官意见也显示出对这两个问题的不同观点支持者并非少数、观点差异较大。主要法官意见援引普通法和罗马法中的占有，判断救捞者形成占有、整体占有沉船的标准尚不成熟。占有对于当代海事对物诉讼仍是非常重要的裁判因素。

　　与半个世纪后针对历史沉船的海事对物诉讼判决不同，这个时间较早的判决并未论述沉船所有权人放弃沉船的问题，给遭遇海难的船货系上浮标既是所有权人未遗弃货物的判断因素，也是本案中判断救捞者占有的重要因素，可见当时赋予沉船沉物所有权的条件非常宽松。所有权人与救捞者之间的权利界限模糊与受限于打捞技术，海损货物难以被所有权人找回继而倾向于推断放弃有关。

　　此外，本案判决认为打捞具有公共利益而未意识到无序打捞对文物的破坏，随着后来对考古价值社会意识的提高，历史沉船沉物的货物属性逐渐降低，使其重回流通的传统海事法原则在裁判考量中的重要性也减弱了，救捞者反而要担负更多的考古保护义务。但早期案例逐渐形成了当前海事对物诉讼中对救捞、占有、禁令等判断要素，也可以看出传统海事法重视救捞者的救捞行为和相应权利，同时，救捞者间的权利顺位原则不仅保护沉船沉物，也有效避免了为争夺救捞权而导致对水下文物的破坏。

---

① *British South Africa Co. v. Companhia de Moçambique*, (1893) A.C. 602, 629.

案例 15：英国军舰"曼托拉"号

"曼托拉"号案

案件索引	奥德赛海洋勘探公司诉被弃沉船"曼托拉"号案（Odyssey Marine Exploration, Inc. v. Shipwrecked and Abandoned SS MANTOLA, 333 F.Supp.3d 292, 2018 A.M.C. 2686）
案件主题	海事对物诉讼管辖权的起算时间、各沉船救捞主体间的法律地位问题
案件性质	民事案件（海事对物诉讼）
案件标的物	1917 年在北大西洋被德国潜艇击中的英国船"曼托拉"号及相关沉物
当事人	奥德赛海洋勘探公司（原告） 英国运输部（权利申请人） 身份不明的被弃沉船英国军舰"曼托拉"号及坐标点半径 5 海里范围内的货物、装饰、索具和属具等（The SHIPWRECKED AND ABANDONED SS MANTOLA, its cargo, apparel, tackle, and appurtenances, etc., located within a five nautical mile radius of the coordinates 49°50′16.391″N，13°06′11.767″W，被告）
审判法院	美国纽约州南区联邦地区法院
判决时间	2018 年 8 月 8 日
适用规则	1.《美国联邦宪法》第 3 条； 2.《美国法典》第 1333 条； 3. 美国《联邦民事诉讼规则》第 12 条 b 款第 1 项、第 26 条 b 款第 1 项； 4. R.M.S. 泰坦尼克号公司诉哈弗案确立的美国领海外海事案件的管辖权等规则； 5. 巴拿马诉约翰逊案确立的排除州法院对海事案件的管辖权规则； 6. 加州诉深海研究公司案确立的海事对物诉讼中的准管辖权规则； 7. 印度劳斯莱斯工业电力公司诉 M.V. Fratzis M. Stratilatis 导航公司案确立的海事管辖权规则； 8. 吉尔诉阿拉伯银行案、克罗尼施诉美国案确立的缺乏核心证据作出即决判决条件的规则。
争议点概要	1. 法院对本案是否具有管辖权； 2. 法院是否应强制权利申请人英国运输部披露涉及沉船的相关信息。
结论概要	1. 法院对本案有管辖权； 2. 鉴于本案尚未进入取证阶段，权利申请人英国运输部可暂不披露相关信息。
判决结果	法院对本案有管辖权，权利申请人英国运输部提出的驳回原告起诉的动议被驳回。鉴于本案尚未正式进入取证阶段，原告请求权利申请人披露沉船信息的动议暂不考虑。但是，当事人应在判决签发之日起一周内提交一份案件管理计划和联合声明，对该案后续如何推进发表意见。

后续进展	上述判决作出后，权利申请人英国运输部申请退出本案的审理，法院经审查后批准。随后，原告向法院申请了调查令，要求英国运输部等部门提交涉案沉船上 526 根银条被第三方救捞者打捞的日期及移交给英国保管机构的日期，同时主张已从涉案沉船打捞出水的一块丝绸和被英国保管的 526 根银条的所有权。法院经审理后支持了原告对丝绸的所有权要求，但以缺乏管辖权为由驳回了其对已被英国占有的 526 根银条的所有权。

一、案情概要

（一）基本事实

1917 年 2 月 19 日，在第一次世界大战期间，英国船舶"曼托拉"号在北大西洋被一艘德国 U 型潜艇用鱼雷击沉。这艘船载有 536 根银条，每条重 1000 盎司，总价值约数百万美元。2011 年奥德赛海洋勘探公司（以下简称"奥德赛公司"）在公海寻获该沉船后，一直在努力打捞沉船及船货。鉴于该船在英国注册，英国运输部也加入了沉船及船货的救捞工作，并于 2011 年与奥德赛公司签署了打捞协议。该协议规定，奥德赛公司可保留所打捞白银净值的 80%，同时承担打捞相关费用、风险和责任。该协议于 2015 年 9 月到期，双方未续签。

2017 年 4 月 21 日，奥德赛公司以在"曼托拉"号打捞出的一块丝绸作为对物管辖权的基础，在美国联邦纽约州南区法院对"曼托拉"号及其货物提起海事对物诉讼，主张对该沉船及船货的专属救捞权。此外，奥德赛公司还向"曼托拉"号的原所有权人主张救捞报酬，或主张对该船及其货物的所有权。

在奥德赛公司向法院起诉后，英国运输部作为权利申请人参与本案，主张"曼托拉"号及其船货的所有权。

（二）原审各方主张

奥德赛公司向法院提起诉讼时称，其在与英国运输部的合同到期后，继续保持对"曼托拉"号的持续和独家救捞，并坚称它是唯一打捞"曼托拉"号的公司，并已投入了约 360 万美元和大量时间精力。为此，在提起诉讼后的第三天（2017 年 4 月 24 日），奥德赛公司向法院提出申请，请求法院发布对"曼托拉"号及其货物、装饰、索具和属具等的扣押令。次日，奥德赛公司提出了初步禁令，要求禁止其他潜在救捞者干预该船的打捞。2017 年 5 月 1 日，法院就奥德赛公司的上述请求举行了单方面听证会。

在听证会上，奥德赛向法院出示了其从"曼托拉"号沉船打捞的丝绸。听证会后，法院下达了三项命令：第一，法院对奥德赛公司出示的丝绸发出了扣押令，进而对"曼托拉"号及其相关沉物具有管辖权；法院同时还授权美国法警将被扣押的丝绸移交给奥德赛公司保管。第二，法院发布了初步禁令，禁止第三方干预奥德赛公司对"曼托拉"号沉船的打捞工作；法院还命令奥德赛公司在《纽约时报》《华尔街日报》和航运贸易出版物《劳埃德船舶日报》上公开发布其初步禁令。第三，法院批准了奥德赛公司关于封存"曼托拉"号沉船确切坐标的请求。

在法院发布上述禁令后，英国运输部参与了本案的审理，并主张"曼托拉"号沉船及沉物的所有权。英国运输部称，"曼托拉"号沉船中 536 根银条的 526 根已于本案起诉前被不知名的第三方救捞者打捞出水，并移交给了英国的接管人。但是，英国运输部拒绝透露该第三方救捞者的相关信息和 526 根银条打捞出水的具体时间。

奥德赛公司对英国运输部的主张表示反对，同时请求法院强制要求英国运输部披露第三方救捞者的信息和 526 根银条打捞出水的具体时间。英国运输部则请求法院驳回奥德赛公司的起诉。

（三）原审判决结果

1. 关于法院是否有本案的管辖权

权利申请人英国运输部主张，鉴于涉案沉船 536 根银条中的 526 根已被转移至英国，涉案财产的大部分已不在沉船所在地，因此法院对本案已无管辖权，原告的起诉应被驳回。对于这一问题，法院首先援引了《美国联邦宪法》第 3 条和美国法典第 1333 条的规定，即海事案件由联邦法院管辖。根据巴拿马诉约翰逊案[1]确立的原则，鉴于海事案件与航海、国际关系和对外贸易密切相关，因而海事案件由联邦法院专属管辖，州法院不得审理海事法案件。法院还援引了泰坦尼克公司诉哈弗案[2]确立的原则，即联邦法院对在美国领海发生的争议，以及公海上发生的争议行使海事管辖权。进而，法院仍援引该案，认为"曼托拉"号沉船虽然位于北大西洋深海，且距离法院地有几千英里，但本院仍然可以对该船舶行使对物管辖权。这是因为，尽管对物诉讼取决于法院对作为被告的财产的管辖权，但这种管辖可以是实际的，也可以是建设性的。财产的一部分位于法院所管辖的地域足以使法院对全部财产行使对物管辖权。此准对物

---

[1] *Panama R.R. Co. v. Johnson*, 264 U.S. 375, 386, 44 S.Ct. 391, 68 L.Ed. 748 (1924).

[2] *R.M.S. Titanic, Inc. v. Haver*, 171 F.3d 943, 960–61 (4th Cir. 1999).

管辖权在加州诉深海研究公司案①也有所体现，即建设性的对物管辖权是基于财产没有被分割的假设，对其中一部分的占有就是对全部财产的建设性占有。如上所述，奥德赛公司于 2017 年 5 月 1 日向法院提交了一部分沉船残骸，即从"曼托拉"号上打捞出水的丝绸。基于此，法院对涉案沉船及全部沉物行使对物管辖权。权利申请人英国运输部主张法院无本案管辖权，须根据美国《联邦民事诉讼规则》第 12 条 b 款第 1 项提出证据。但是，英国运输部并未披露涉案沉船中 526 根银条的确切打捞日期和已由英国相关机构保管的证据，无法支持其主张。因此，英国运输部的意见法院不予采纳。

此外，假设上述银条已被转移至英国，法院对该案仍有管辖权。根据泰坦尼克公司诉哈弗案确立的规则，海事对物诉讼原告主张救捞报酬或主张涉案财产的所有权，须满足三个条件：（1）原告对遇险船只提供了救助；（2）救助是自愿的，而非法律上的义务；（3）救捞产生了实际效果。根据上述规则，法院认为原告奥德赛公司均已满足了相关要求，有权主张救捞报酬或者涉案财产的所有权。英国运输部所提出的事实仅和奥德赛公司最终获得的财产价值相关，和本案管辖权无关。即便涉案财产中的大部分已被转移至英国，原告仍有权主张剩余财产的救捞报酬或所有权。

综上，法院对本案享有管辖权。

2. 关于权利申请人英国运输部是否应披露相关信息

在本案审理过程中，原告申请法院要求权利申请人英国运输部披露涉案财产中 526 根银条的相关信息，后者予以拒绝，并认为上述信息同目前的诉讼程序无关。法院经审理后认为，当前程序旨在解决权利申请人提出的管辖权异议，属于法律问题的范畴，且目前已有的事实足以解决这一问题。而原告的请求属于事实问题，同管辖权异议关系不大，所以应在后续的调查取证阶段提出。鉴于目前该案尚未进入调查取证阶段，因此原告请求权利申请人披露相关信息暂不考虑。

综上，法院作出判决，法院享有本案的管辖权，同时原告也提出了有效的海事对物诉讼，因此驳回权利申请人提出的管辖权异议。此外，关于原告申请法院要求权利申请人英国运输部披露相关信息的问题，法院判决当事人在判决签发之日起一周内提交案件的后续进展方案和联合声明再行确定。

（四）后续进展

本案在 2018 年 8 月 8 日作出判决后，英国运输部申请退出本案的审理。2018 年 8 月 29 日，法院就此召开了听证会。在会议上，英国运输部表示，"曼托拉"号沉船上

---

① *California v. Deep Sea Research, Inc.*, 523 U.S. 491, 501, 118 S.Ct. 1464, 140 L.Ed.2d 626 (1998).

的 526 根银条是于法院发出初步禁令前一天（2017 年 4 月 30 日）被打捞出水的，因此法院对这 526 根银条无对物管辖权。法院经审查后批准了英国运输部退出案件的请求。

在英国运输部退出案件审理后，奥德赛公司向法院申请调查取证。2018 年 9 月 21 日，法院向英国运输部和银条的接收机构发函，要求二者提交关于 526 根银条的信息。2018 年 12 月 19 日，英国高等法院王座分庭发布了调查令，要求英国运输部和银条接管人提交证据。然而，在 2019 年 3 月 25 日，英国高等法院王座分庭以无管辖权为由撤销了 2018 年 12 月 19 日的调查令。对此，奥德赛公司表示反对，认为根据英国法律，王座分庭没有这样做的依据。

奥德赛公司并未放弃继续取证。2019 年 3 月 18 日，奥德赛公司根据美国《信息自由法》要求英国运输部和接管人公开相关信息，但被否决。2019 年 4 月 23 日，奥德赛公司再次尝试，向两家机构提交了修改后的信息公开申请。银条接管人随后提供了两份经过修订的表格，其中一份表格上印有"2017 年 5 月 5 日收到"的印章，但另一份没有注明日期。两份表格都表明，收到的物品是 526 根银条、来源是"曼托拉"号沉船、打捞日期是 2017 年 4 月 30 日。接管人还提供了一份日期为 2019 年 5 月 3 日的经过编辑的电子邮件，其中包括"曼托拉"号沉船和银条的照片。除此之外，奥德赛公司还检查了打捞船上安装的自动识别系统的数据，该系统向其他船舶发送有关"曼德拉"号的数据。利用这些数据，奥德赛确定银条可能是在 2017 年 4 月 21 日至 2017 年 4 月 29 日期间被"M/V 海底建造者"号（M/V SEABED CONSTRUCTOR）从"曼托拉"号上取出；2017 年 4 月 30 日银条在英吉利海峡被转移至"M/V 海底王子"号（M/V SEABED PRINCE）；2017 年 5 月 2 日银条位于苏格兰，并于 2017 年 5 月 5 日移交给接管人。自此，526 根银条的下落明晰。

二、各方主张

奥德赛公司于 2019 年 5 月 30 日向纽约州南区联邦地区法院提交即决判决申请，主张已打捞出水的丝绸和 526 根银条的所有权。

三、法院意见

（一）奥德赛公司是否可获得丝绸的所有权

法院经审理后认为，根据泰坦尼克公司诉哈弗案中确立的救捞者主张救捞报酬或打捞物所有权的规则，即被救助船舶存在海上危险、救助系自愿而非法定义务、救助产生全部或部分效果，奥德赛公司的行为符合上述条件。因此，法院可以通过拍卖丝绸来授予奥德赛公司救捞报酬。如果拍卖不足以偿付报酬，那么丝绸的所有权将被授予给奥德赛公司。在庭审中，奥德赛公司说明，其在打捞作业中的费用超过 340 万美元。法院认为，这些费用可能无法通过丝绸销售收回，因此，法院将丝绸的所有权授予奥德赛公司。

（二）奥德赛公司是否可获得 526 根银条的所有权

关于这一问题，法院首先援引了印度劳斯莱斯工业电力公司诉 M.V. Fratzis M. Stratilatis 导航公司案[1]确立的管辖权规则，即如果标的物不在法院的管辖范围内，那么法院就不能作出涉及该标的物的判决。本案中，法院通过扣押丝绸，在 2017 年 5 月 1 日获得了对"曼托拉"号沉船及其货物的对物管辖权。然而，如果 526 根银条在 2017 年 5 月 1 日已经不在"曼托拉"号上，那么法院就无法行使对物使管辖权。根据现有的一些间接证据，例如英国交通运输部提供的表格和奥德赛公司提供的数据，涉案银条是在法院确定对物管辖权之前从"曼托拉"号上移走的，而且奥德赛公司并未举出强有力的证据证明相关银条是在法院发布初步禁令后被移走的。鉴于关键证据缺失，法院援引了吉尔诉阿拉伯银行案[2]确定的规则，即法院不得在关键证据缺失的情况下对权益受到损害的一方作出有利推论。法院还援引了克罗尼施诉美国案[3]的规则，即只有在极端的情况下，法院才能在无过错方仅提出非实质性证据的情形下对其作出有利判决。法院经审理后认为，本案不属于极端情况。

此外，奥德赛公司还提出法院的对物管辖权应溯及至 2012 年的主张，即奥德赛公司首次对"曼托拉"号开展打捞作业时。法院经审理后驳回了奥德赛公司的这一请求。法院认为，其对物管辖权始于扣押打捞自"曼托拉"号的丝绸的 2017 年 5 月 1 日，在此之前未收到奥德赛公司提起的对物诉讼申请。法院再次援引了泰坦尼克号案，法院海事对物诉讼管辖权可以是实际的，也可以是建设性的，这意味着只有沉船或其沉物的一部分被提交到法院时，法院才可以宣称对沉船及沉物的全部享有管辖权。因此，奥德赛公司的主张法院不予采纳。

---

① *Rolls Royce Indus. Power (India) v. M.V. Fratzis M. Stratilatis Navigation Ltd.*, 905 F. Supp. 106, 107 (S.D.N.Y. 1995).
② *Gill v. Arab Bank*, PLC, 893 F. Supp. 2d 542, 553 (E.D.N.Y. 2012).
③ *Kronisch v. United States*, 150 F.3d 112, 128 (2d Cir. 1998).

四、判决结果

　　法院支持了奥德赛公司对涉案丝绸的所有权主张，并以证据不足为由暂时驳回了其对 526 根银条的所有权主张。但与此同时，法院承认奥德赛公司在获得 526 根银条被未知救捞者从"曼托拉"号上移走的相关信息方面的合法权益。根据奥德赛公司目前所提出的证据，考虑到奥德赛目前无法从英国境内获得相关证据，法院授权奥德赛公司重新进行调查取证，奥德赛公司应在 2019 年 12 月 17 日前的四周内重新启动调查取证程序，并提交调查取证计划。如未在规定日期内重新进行调查取证，奥德赛公司将承担不利后果。

五、分析评论

　　本案主要涉及海事对物诉讼中的管辖权起算时间、法院确定对物管辖权前各救捞主体间的法律地位两个法律问题。

　　只有标的物的全部或一部分移至美国境内时，美国法律才对该物享有属地管辖权。虽然奥德赛公司早于 2012 年就开始了对"曼托拉"号沉船的救捞工作，但是法院认为其对涉案沉船及沉物的管辖权是从本案被受理以后，法院签发对"曼托拉"号沉船及沉物的禁令时开始。这是因为，本案的涉案沉船"曼托拉"号及沉物位于公海海底，而非位于主权国家管辖范围内。根据海事法相关规则，此前只有船舶的船旗国有权行使管辖权，涉案船只为英国船，也因此英国运输部作为权利申请人参与了本案的审理。根据法院判决的结果，在法院签发初步禁令之前，奥德赛公司虽然最先发现"曼托拉"号，但并不享有对涉案沉船专属救捞权和留置权，其他救捞主体也可以平等地开展打捞活动，并在符合海上救捞要件的情形下主张救捞报酬或打捞物所有权。因此，本案中，其他救捞者将 526 根银条从"曼托拉"号上移走并转交给船旗国的行为并不违法。鉴于本案还在审理阶段，奥德赛公司后续能否主张 526 根银条的所有权仍待观察。

第二节　位于领海外大陆架

案例 16：西班牙大帆船"阿托卡夫人"号

宝藏打捞者公司一号案

案件索引	宝藏打捞者公司和无敌舰队调查公司诉身份不明的被弃沉船案（Treasure Salvors, Inc. and Armada Research Corp v. Unidentified Wrecked & Abandoned Sailing Vessel, 569 F.2d 330）
案件主题	领海外大陆架上沉船的所有权
案件性质	民事诉讼（海事对物诉讼）
案件标的物	西班牙大帆船"阿托卡夫人"号于 1622 年夏末由哈瓦那启程，满载从新世界开采的金银驶向西班牙。船队进入佛罗里达海峡时遭遇飓风，随后"阿托卡夫人"号沉没于马克萨斯群岛以西海域。
当事人	宝藏打捞者公司、无敌舰队调查公司（被上诉人，原审原告） 美国（上诉人，原审权利申请人） 身份不明的失事（和为救捞权目的）被弃船只，北纬 24°31′5″、西经 82°50′ 为中心点半径 2500 码范围内的军械、装饰和货物（原审被告）
审判法院	美国联邦第五巡回上诉法院
判决时间	1978 年 3 月 13 日
适用规则	1. 美国《被弃财产法》； 2. 美国《古物法》； 3. 美国《外大陆架土地法》； 4. 美国《淹没土地法》； 5. 美国《检查废墟、挖掘和收集物品的许可证条例》； 6.《大陆架公约》； 7.《美国法典》第 1404 条； 8.《美国法典》第 1331 条； 9. 美国《联邦民事诉讼规则》； 10. 英国普通法"君主特权"规则； 11. 相关判例法（见正文）。
争议点概要	1. 是否可以适用发现物法； 2. 美国是否具有"君主特权"； 3. 美国是否能保护和取回位于外大陆架的文物。
结论概要	1. 法院因美国应诉具有对物诉讼管辖权； 2. "海上风险"确实存在，故地区法院适用发现物法正确； 3.《古物法》不适用于外大陆架沉船； 4. 美国因并未立法而不得主张"君主特权"； 5. 美国主张的控制权力不适用于本案。

续表

| 判决结果 | 上诉人败诉。上诉法院修改了地区法院的判决，并维持了修改后的判决。 |
| 后续进展 | 双方未再进行任何司法程序。但佛罗里达州政府将两公司继续上诉至美国最高法院，案件最终在 1982 年 7 月 1 日以两公司胜诉并获得打捞物的所有权告终。 |

一、案情概要

本案系一起对物之诉，原审由佛罗里达州南区地区法院作出简易判决（408 F.Supp. 907），原审权利申请人美国对原审原告宝藏打捞者公司和无敌舰队调查公司在美国联邦第五巡回上诉法院提起了上诉。

（一）基本事实

"阿托卡夫人"号（*Nuestra Señora de Atocha*）是一艘西班牙护卫舰，于 1622 年 9 月 4 日从古巴哈瓦那启程护卫一队运送财物的船队返回西班牙，途经佛罗里达海峡时遭遇飓风，八艘船遇难沉没。残破不堪的"阿托卡夫人"号沉没于马克萨斯群岛以西海域，该地点位于美国领海外的大陆架上。

"阿托卡夫人"号装有超过 100 万比索的财物，包括 160 块金币、900 块银锭、超过 25 万枚银币和 600 块铜板等。消息到达哈瓦那后，西班牙政府曾找到了"阿托卡夫人"号，但随后的一场飓风破坏了船体，船载宝藏也不知所终。此后，西班牙政府又组织了数次打捞作业，但均无果而终。

（二）原审情况

20 世纪 60 年代，研究者已经确定沉船位于中部环礁。1971 年宝藏打捞者公司、无敌舰队调查公司声称其在马克萨斯群岛以西海域的广阔浅滩下发现了"阿托卡夫人"号。宝藏打捞者公司、无敌舰队调查公司向地区法院发起简易判决动议，请求占有并确认其对据称是"阿托卡夫人"号的一艘身份不明的被弃沉船的所有权。原告宣称，在船只被放弃的情况下，占有船只的发现者将拥有船只的所有权，这种要求在船只救捞诉讼的范围内是恰当的[①]。原告指出，海事法及国际法的一般原则规定，放弃行为构成对所有权的否定，而在打捞活动中对船只取得占有的一方可以根据"返回

[①] *Broere v. Two Thousand One Hundred Thirty Three Dol.*, 72 F. Supp. 115 (E.D.N.Y. 1947).

意向（ *animus revertendi* ）"原则被认定为船只的发现者 ①，从而使得发现者可以通过法律拥有船只的所有权 ②。因此对被弃船只进行打捞的一方有权对该财产进行排他性的占有 ③。

美国介入并反对了上述原则的适用，认为受美国管辖下的人所打捞上来的文物是以主权名义所取得的，并不仅仅属于发现者，而是这个国家全体人民的财产。这一论点的基础来源于普通法"君主特权（ sovereign rights ）"的概念，其源于英格兰国王对其属下臣民从海洋中打捞出的物品之权利。美国进一步指出，适用于本案事实的"君主特权"概念是美国国会通过所颁布的《美国法典》第 16 卷第 432 条、第 433 条和《美国法典》第 40 卷第 310 条而在立法上主张的。

在美国法律下，立法机构必须表现出具体的意图来占有无主财产 ④。地区法院认为，美国不能根据《被弃财产法》主张这些无主财产。原因在于，根据拉塞尔诉四十包棉花案 ⑤ 的判决 ⑥，《被弃财产法》中"应该归属于美国"所指的仅限于内战期间散落在全国各地及港口的被遗弃或无主的财产，而本案不符合这一情况。其次，法院认为《古物法》仅适用于"位于美国政府拥有或控制的土地上"的古物，而《被弃财产法》也仅适用于"在美国管辖范围内"的财产，本案所涉及的沉船财产均不属于这两者。而且，虽然美国主张《美国法典》第 43 卷第 1332 条及以下各条的效力将本案中位于美国领海外的大陆架上的被弃沉船置于美国的管辖范围内，因此便可适用《美国法典》第 40 卷第 310 条及第 16 卷第 432 条、第 433 条 ⑦，但法院认为，该法规仅对大陆架内和大陆架下的矿物主张管辖权 ⑧，并且《美国法典》第 43 卷第 1332 条 b 款保留了领海外的大陆架上覆水域作为公海的性质。《大陆架公约》第 2 条 ⑨ 进一步否定了美国的主

---

① *Wiggins v. 1100 Tons, More Or Less, Of Italian Marble,* 186 F. Supp. 452, 456 (E.D.Va. 1960).

② *Rickard v. Pringle,* 293 F. Supp. 981, 984 (E.D.N.Y.1968), citing *Wiggins,* supra, and 1 C.J.S. Abandonment § 9, p. 18.

③ *Rickard v. Pringle,* supra, at 985, citing *The John Gilpin,* Fed.Cas.No. 7,345 (S.D.N.Y.), *Brady v. The Steamship African Queen,* 179 F. Supp. 321, 323 (E.D.Va.1960).

④ *United States v. Tyndale,* 116 F. 820 (1st Cir. 1902); *Thompson v. United States,* 62 Ct.Cl. 516 (1926).

⑤ *Russell v. Forty Bales Cotton,* 21 Fed.Cas.No.12,154 (S.D.Fla.1872).

⑥ 380 (1870), 40 U.S.C. § 310.

⑦ 43 U.S.C. § 1332:
"(a) It is declared to be the policy of the United States that the subsoil and seabe ά of the outer Continental Shelf appertain to the United States and are subject to its jurisdiction, control, and power of disposition as provided in this subchapter.
(b) This subchapter shall be construed in such manner that the character as high seas of the waters above the outer Continental Shelf and the right to navigation and fishing therein shall not be affected."

⑧ *Guess v. Read,* 290 F.2d 622 (5th Cir. 1961), cert. den. 368 U.S. 957, 82 S.Ct. 394, 7 L.Ed.2d 388.

⑨ Convention On The Continental Shelf, U. N. Doc. A/Conf. 13/L.55.

张，该款规定："沿海国为探测大陆架及开发其天然资源之目的，对大陆架行使主权权利。"国际法委员会在其报告中就拟议的《大陆架公约》发表了以下评论意见："显然，有关权利不包括海床上或被海床底土的沙子所覆盖的沉船及其货物（包括金银）。"[①] 综上，法院认为国会并未行使其"君主特权"以证明对位于领海外的大陆架的一艘被弃沉船提出索赔为必要。故而根据本案的事实，占有和所有权被理所当然地赋予了对既得物的发现人。

据此，地区法院在 1976 年 2 月 2 日裁定作出有利于原告、不利于美国的简易判决，并命令原告应在 20 天内向地区法院提交符合上述意见的最终判决。

二、上诉主张

美国认为地区法院的简易判决存在以下错误：

1. 法院就确定位于法院属地管辖权范围之外那部分财产的权利缺乏对物管辖权。

2. 地区法院未能解决两项重要的事实问题：（1）美国是否建立了保护和取回领海外的大陆架上的物品需要经过司法认同的行政和立法[②]；（2）原告是否占有"阿托卡夫人"号及其未被发现的那部分装备、军备、装饰和货物。

3. 本案中不存在救捞的存在海上风险要件，故地区法院错误适用了发现物法。

4. 美国认为其作为英格兰国王所拥有的"君主特权"的继承者，有权声称拥有本案中涉及的财产[③]。

5. 美国主张其拥有控制其公民和公司在属地管辖范围之外的活动的权利。

三、法院意见

海事诉讼中，对物诉讼通常要求船只或其他物品在法院的属地管辖权范围内，从而作为法院管辖权之先决条件[④]。这一规则是以海事法的便利性为前提的，即船只是可以成为诉讼中的被告并被作出的判决约束的"人"[⑤]，使得无法联系到船东时，可以对该

---

① U. N. General Assembly Qfficial Records, Eleventh Session, Supplement No. 9 (A/3159), p. 42.

② Wright and Miller, Fed. Practice and Procedure § 2410.

③ *The Aquila,* 1 C. Rob. 36, 41–42, 165 Eng.Rep. 87, 89 (1798).

④ *American Bank of Wage Claims v. Registry of District Court of Guam,* 431 F.2d 1215, 1218 (9th Cir. 1970); 7A Moore's Federal Practice K E.05, at E–202 (1977).

⑤ *Continental Grain Co. v. Barge FBL-585,* 364 U.S. 19, 22–23, 80 S.Ct. 1470, 1472–1473, 4 L.Ed.2d 1540, 1543 (1960).

船提起诉讼①。在这些情况下，这种虚构可以起到有效且有益的作用。但如果为了相反的目的而去援引仅为实现争端裁决而存在的法律拟制，法院将拒绝适用②。

其他面临类似管辖权挑战的法院也拒绝在不符合适用情况时，短视地利用这一法律拟制。在布斯蒸汽船公司诉达尔泽尔拖船案中③，物权索赔人以该物不在法院属地管辖权范围内的理由对法院的对物管辖权提出异议。原告在其诉状中主张，该物在法院的管辖范围内，或者在诉讼程序进行期间将在法院的管辖范围内，物权索赔人在答辩中承认了这一主张。在回顾了关于这个问题所作出的决定后，该法院认为：

> 海事法第 22 条规定，在对物诉讼中，标的物在该地域存在与否与法庭的管辖权无关，因此，在当地实际扣押标的物或标的物的有形替代物，如交纳保证金，并非维持对物诉讼的先决条件。索赔人或申请人通过承认该地域内的物品存在，向达尔泽尔号拖轮提出申诉以及对一般应诉的提交和送达，已经将该船置于本法院的管辖之下④。

美国联邦第三巡回上诉法院在里德诉亚卡号汽船案中得出了类似的结论（该案在其他法院审判中被撤销）⑤。在该案中，标的物也在法院的属地管辖范围外，但索赔人自愿出庭并答辩道："以避免如果船只随后出现在法院的管辖范围内被扣押和迟延。"该法院认为通过这一行为，索赔人主动放弃了需要由法院扣押该标的物之要件要求，并同意法院对其在该船只上之权益拥有管辖权⑥。最后，最高法院在大陆谷物公司诉FBL-585 号驳船一案中⑦，允许根据《美国法典》第 28 卷第 1404 条 a 款，在征得索赔人同意的情况下，将对物诉讼移交给物之所在地以外的法院管辖。最高法院的决定基于这样一个事实，即这种转移将避免"给当事人、证人和公众带来不必要的不便和费用"⑧。诚

---

① *Id.*
② The fiction of a ship's personality is criticized in G. Gilmore & C. Black, The Law of Admiralty, 615–22 (2d ed. 1975).
③ *Booth Steamship Co. v. Tug Dalzell No. 2*, 1966 A.M.C. 2615 (S.D.N.Y.1966).
④ *Id. at 2618.*
⑤ *Reed v. Steamship Yaka,* 307 F.2d 203 (3d Cir. 1962), *rev'd on other gds.,* 373 U.S. 410, 83 S.Ct. 1349, 10 L.Ed.2d 448 (1963).
⑥ *Id. at 204-05.*
⑦ *Continental Grain Co. v. Barge FBL-585,* 364 U.S. 19, 80 S.Ct. 1470, 4 L.Ed.2d 1540 (1960), *aff'g,* 268 F.2d 240 (5th Cir. 1959).
⑧ *Id. at 21, 80 S.Ct. at 1472, 4 L.Ed.2d at 1542.*

然，正如惠特克（Whittaker）法官在大陆谷物案中提出的反对意见中所述，法院并未裁定所有权人的同意是否意味着授予标的物位于法院属地管辖范围外的法院以管辖权的问题。然而，正如评论者所指出的，最高法院似乎赞成这一立场，即标的物在该地区的存在不是法院管辖权的绝对先决条件①。这些判决证明，法院共同关注的是如何找到最实用、最有效的方法来解决所面对的争端。而这些判决的特点是对呈现正义的兴趣，而不是自动依赖于严格的法律主义。

首先，上诉法院注意到，就所有实际情况而言，不可能将该船及其货物的全部残骸带到法院的属地管辖范围内。从沉船现场打捞出来的数千件物品被运到该地区，但沉船的大部分仍然被埋在领海外水域的数吨沙子之下。地区法院尽其所能，依法扣押该船并将其置于法院的监管之下。因此，任何对标的物的权利主张会在该标的物的对物诉讼中得以实现而无甚风险。

在本案中，正如上诉法院所讨论的三个案件一样，法院对索赔人具有属人管辖权②，因此扣押船只对诉讼的解决并非至关重要。美国作为被告一方介入了原告的对物诉讼，并且提出了反诉，主张了对标的物的财产权。政府通过干预这一诉讼并同意法院的海事管辖权，即放弃了标的物必须在法院领土管辖范围内的通常要件要求，并同意法院有管辖权来确定其对船只的域外部分的利益。

另外，上诉法院注意到，即使假设法院对位于美国领海以外的沉船部分缺乏对物管辖权，但如果政府的反诉有独立的管辖权基础，则地区法院不会被剥夺对该反诉的管辖权③。在美国提起的反诉中，其要求"作出宣告性判决，确认美国对'阿托卡夫人'号及其军备、装饰和货物的产权"。虽然反诉中没有说明关于沉船域外部分的管辖权依据，但记录显示政府对沉船的权利主张是基于《古物法》和《被弃财产法》，因此，地区法院根据《美国法典》第28卷第1331条具有管辖权，以确定这些法规对这一船只位于领海外水域部分的适用范围。

总而言之，地区法院正确地裁定了原告和美国之间在其领土管辖范围内的所有物品和在其领土以外的物品的所有权④。但在确认地区法院的判决时，上诉法院并不认可其命令中可能被理解为原告可以对该船和货物拥有排他性所有权并有权立即和单

---

① 7A Moore's Federal Practice H E.05 at E203–E206 (1977); The Law of Admiralty, supra n.3, at 616 n. 75a. E. Benedict, The Law of American Admiralty § 242 (1940).
② *The Fairisle,* 76 F.Supp. 27, 34; *The Dictator,* L.R. Probate Division 304 (1892); *Mosher v. Tate,* 182 F.2d 475, 479–80 (1950). The Law of Admiralty, *supra* n.3, at 802–05.
③ *Sachs v. Sachs,* 265 F.2d 31 (3d Cir. 1959); *Haberman v. Equitable Life Assurance Soc'y of United States,* 224 F.2d 401, 409 (5th Cir. 1955); *Isenberg v. Biddle,* 75 U.S.App.D.C. 100, 102, 125 F.2d 741, 743 (1944).
④ Order (A. 86–87).

独占有该船和货物的部分，因为其他索赔人（如果有的话）并不是本诉讼当事人或相对人。

（一）事实问题

上诉法院指出，根据美国《联邦民事诉讼规则》第 56 条 e 款规定，政府有义务阐述任何尚未提请法院注意的程序或管制性法规。政府不能主张自己是《联邦民事诉讼规则》第 56 条 f 款下无法收集和提交显示存在此类程序或法规的材料的一方。

另外，政府在其所有权主张中采用了原告对该船的描述。无可争议的是，在原告打捞活动附近还有其他文物存在，而政府也没有提供宣誓书或其他证据来质疑原告对沉船现场的保护和控制。在没有证据对原告的宣誓书提出异议的情况下，上诉法院认为地区法院适当地考虑了简易裁判动议中的事实。

（二）发现物法适用的问题

上诉法院认为政府对地区法院适用的法律性质和救捞法本身都有误解。

"阿托卡夫人"号毫无疑问是一艘被放弃的船只[1]。救捞法或发现物法是否应适用于被遗弃在海上的财产是一个有争议的问题[2]。马丁·诺里斯（Martin J. Norris）在其关于救捞法的专著中指出，根据救捞法，财产在海上被遗弃并不会导致所有者的所有权被剥夺。然而，法院拒绝接受这种财产的所有权永远不会丧失的理论并适用了发现法[3]。根据这一理论，被遗弃财产的所有权归属于将该财产归于自己的人。例如在里卡德案中，法院认为，从被遗弃在海底 60 年的船只上取回的螺旋桨的所有权属于"第一个合法和公平地占有它、并将其转为占有且打算成为其所有者的发现者"[4]，下级法院正确地适用了发现物法[5]。将一艘绝对位置已经丢失数个世纪的沉船以视为其所有权人仍然存活的方式进行处置，会使得这一法律拟制陷入极其荒谬的情况。救捞法并没有考虑到，打捞裁决可能包括全部的无主财产[6]。

---

①　A. 69.

②　Eleazer，*The Recovery of Vessels, Aircraft, and Treasure In International Water* 34–35, in Some Current Sea Law Problems, (S. Wurfel ed. 1975) (University of North Carolina Sea Grant Publication No. U.N.C.-SG–75–06).

③　*Wiggins v. 1100 Tons, More or Less, of Italian Marble,* 186 F.Supp. 452, 456–57 *337*(E.D.Va.1960). *Nippon Shosen Kaisha, K.K. v. United States,* 238 F.Supp. 55, 59 (N.D.Cal.1964); *Rickard v. Pringle,* 293 F.Supp. 981, 984 (E.D.N.Y.1968).

④　*Id.* at 984, *citing Wiggins, supra, sub nom. The Clythia.*

⑤　Norris, *supra* at §152, 156, 158 (Supp.1974).

⑥　*Brady v. S.S. African Queen,* 179 F.Supp. 321, 324 (E.D.Va.1960).

美国关于不存在海上风险的论点忽略了现实情况。海上风险不仅包括风暴、火灾或海盗对航行船舶的威胁[1]。在汤普森诉一个船锚和两条锚链案中[2]，"'海上风险'包括船锚和锚链遗失这一事实"。如果船搁浅在礁石上，其无疑有遗失的"风险"，而"海上风险"当然不因为船已经沉没而减少或消失。毫无疑问的是，"阿托卡夫人"号已经遗失了；即使在发现该船的位置后，其也处于遗失的风险之中。因此，无论根据哪种理论，若美国无法在本案中胜诉，则原告有权获得该财产。

在上诉中，美国对该财产的主张主要基于两个理由：（1）《古物法》适用于位于美国领海以外大陆架上的物品；（2）美国作为英国皇家"君主特权"的继承人，对其公民在海上发现的遗失物拥有权利。为支持第二个理由，美国不仅依据英国的普通法之规定，还依据《古物法》《被弃财产法》和其他成文法和条例之规定。

（三）《古物法》适用的问题

《古物法》授权行政部门可以将位于美国拥有或控制的土地上的历史地标、历史和史前建筑以及具有历史或科学价值的物品认定为国家古迹；检查遗址、挖掘考古遗址和收集古物，必须向对这些土地拥有管辖权的部门之部门秘书申请许可。但正如地区法院所指出的那样，《古物法》的条款仅适用于美国政府拥有或控制的土地，而"阿托卡夫人"号沉船位于美国领海以外的大陆架上[3]。

政府声称，《外大陆架土地法》（OCSLA）表明国会意图将美国的管辖权和控制权扩大到外大陆架区域。《外大陆架土地法》与《淹没土地法》一同被国会通过，以阐明沿海各州和美国对位于在大陆架底土和海床的自然资源的各自利益。要确定《外大陆架土地法》的范围，有必要对其背景和解释进行考察。1945 年 9 月 28 日的杜鲁门公告[4]引发了国内外对开发海洋矿产资源的兴趣，该公告宣称美国对大陆架的矿产资源拥有管辖权和控制权，但无意削弱大陆架上覆水域的自由航行权利，也无意扩大美国领

---

[1]　The Law of Salvage § 185 (1958), "[t]he peril required in a salvage service need not necessarily be one of imminent and absolute danger. The property must be in danger, either presently or reasonably to be apprehended." *Fort Myers Shell & Dredging Co. v. Barge NBC512,* 404 F.2d 137, 139 (5th Cir. 1968).

[2]　*Thompson v. One Anchor and Two Chains,* 221 F. 770, 773 (W.D.Wis.1915).

[3]　Convention on the Continental Shelf, 1958,［1964］15 U.S.T. 471, T.I.A.S. No. 5578; Convention on the Territorial Sea and the Contiguous Zone, 1958,［1964］15 U.S.T. 1606, T.I.A.S. No. 5639; Convention on the High Seas, 1958,［1962］13 U.S.T. 2312, T.I.A.S. No. 5200; Report of Albert B. Maris, Special Master, *United States v. Maine* 65–68 (No. 35 Original, August 27, 1974); Marine Archaeology and International Law.

[4]　Pres.Proc. No. 2667, 10 Fed.Reg. 12303, 59 Stat. 884.

水之范围[①]。13 年后通过的《大陆架公约》[②] 保证了每个沿海国不仅对其领海，而且对领海以外大陆架的海床和底土资源拥有进行勘探和开采的专属权利[③]。

《美国法典》第 43 卷第 1332 条 a 项宣布美国的政策是"外大陆架的底土和海床属于美国，并受美国的管辖、控制和本分章规定的处分权的约束"。会议委员会关于该法案的报告中的某些措辞持以下观点，即国会打算将美国的管辖权和控制权扩大到海床和底土[④]。然而，这种措辞必须与法案的既定目的联系起来，"……修订《淹没土地法》，以便联邦政府可以租赁和开发各州边界以外的外大陆架区域……"[⑤]。法院在杰斯诉里德案中认为[⑥]，"颁布《外大陆架土地法》的主要目的是主张对大陆架内和大陆架下的矿产的所有权和管辖权"。该法的结构是对近海矿产管理和租赁的指导，进一步证实了这一结论。该法几乎完全由促进大陆架上自然资源开发的具体措施组成。此外，《美国法典》第 43 卷第 1332 条 b 项规定，该法"应解释为不影响外大陆架上覆水域的公海性质及其航行和捕鱼权"。正如下级法院所指出的，为控制大陆架自然资源的开采而扩大管辖权并不一定是主权的延伸。

上诉法院认为，对该法作限缩解释符合其解决对近海海床和底土的自然资源所有权的竞争性主张之主要目的。据此，该法与《大陆架公约》第 2 条一致。《大陆架公约》在《外大陆架土地法》通过 11 年后作为法律在美国生效，并取代了国内法规中与其不相容的术语[⑦]。法律学者对《大陆架公约》和《外大陆架土地法》的解释，在美国对大陆架控制的性质问题上，达成了惊人的一致[⑧]。国际法委员会的评论是对《大陆架公约》中关于国家对大陆架地区非资源相关物质的控制权最有说服力的解释：

> 显然，有关权利不包括在海床上或被海床底土的沙子所覆盖的沉船及其货物（包括金银）[⑨]。这一评论符合委员会对国家对大陆架管辖权的一般看法：

[①] 13 Dep't State Bull. 485 (Sept. 30,1945).

[②] Convention on the Continental Shelf, 1958.

[③] Master's Report, supra n.14, at 69.

[④] Conf.Rep. No. 1031, 83rd Cong., 1st Sess. (1953), in 2 U.S.Code Cong. & Admin.News 1953, p. 2184.

[⑤] House Report No. 413, 83rd Cong., 1st Sess. (1953), in 2 U.S.Code Cong. & Admin. News 1953, p. 2177.

[⑥] *Guess v. Read*, 290 F.2d 622, 625 (1961), *cert. denied*, 386 U.S. 957, 82 S.Ct. 394, 7 L.Ed.2d 388 (1962).

[⑦] *United States v. Ray,* 423 F.2d 16, 21 (5th Cir. 1970). *Cook v. United States,* 288 U.S. 102, 118–19, 53 S.Ct. 305, 311, 77 L.Ed. 641, 649–50 (1932).

[⑧] Perry, *Sovereign Rights in Sunken Treasures,* 7 Land and Natural Resources Division Journal 89, 111–12 (1969); H. Miller, International Law and Marine Archaeology 22, 25–26 (1971) (monograph by Counsel to Subcommittee on Oceans and Atmosphere, Committee on Commerce, United States Senate, published by Academy of Applied Science); Note, Marine Archaeology, 9 San Diego L.Rev. 668, 675, 686, 697 (1972).

[⑨] 11 U.S. GAOR, Supp. 9 at 42, U.N. Doc. A/3159 (1956).

（委员会）不愿意接受沿海国对大陆架的海床和底土拥有主权……现在通过的案文毫无疑问地表明，赋予沿海国的权利仅限于包括勘探和开发大陆架自然资源所需的和与之有关的所有权利[①]。

上诉法院已经证明了美国对该沉船地点的控制具有限制。其结论为，根据《古物法》的规定，"阿托卡夫人"号沉船并不位于美国拥有或控制的土地上[②]。

（四）"君主特权"问题

美国也主张其是英格兰国王"君主特权"的继承者，因而拥有这笔财富。虽然初看上去，英国的特权似乎与美国公民在佛罗里达州海岸发现的西班牙沉船无关。然而，美国辩称，英国普通法规则授予王室对英国臣民在海上发现并占有的遗弃财产之所有权[③]，已被纳入美国法律，而且国会对这一争端中的标的物明确主张了管辖权。

虽然国会可能拥有接管美国公民带到岸上的失事和遗弃财产（或出售这些财产获得的收益）的宪法权利，但却在这方面从未进行过实际立法。《古物法》的目的是促进对具有历史意义的物品的保护，其很难被解读为美国意图代行王室的"君主特权"。《被弃财产法》授权联邦总务署署长保护政府在"美国管辖范围且应属美国所有的"沉没、遗弃和无主财产中的利益。但《被弃财产法》的适用范围具有限制。

在拉塞尔诉四十包棉花案[④]中，美国介入并主张其"君主特权"，要求获得销售海上发现的遗弃货物后扣除救捞报酬后的剩余收益。政府以《美国法典》第40卷第310条[⑤]的前身作为其索赔的法律依据。在一份详尽的学者意见中，地区法院裁定，该法令只适用于因参与国家间战争而属于美国的财产[⑥]，该判决在上诉中得到了完全确认。在美国诉廷代尔案[⑦]中，法院提出了同样的问题[⑧]，认为"1870年6月21日的决议（16 Stat. 380），即现在的《修订法规》第3755条，显然应当公平地适用于应归属于美国的财产，而非适用在所有的沉船残骸和货物上"[⑨]。上诉法院非常重视拉塞尔案的判决，特

---

① *Id.* at 40.

② *United States v. Diaz,* 499 F.2d 113 (9th Cir. 1974).

③ *The Aquila,* 1 1 C. Rob. 36, 41–42, 165 Eng.Rep. 87, 89 (1798).

④ *Russell* v. *Proceeds of Forty Bales Cotton*, 21 Fed.Cas. No. 12,154, p. 42 (S.D. Fla.1872).

⑤ 16 Stat. 380 (1870).

⑥ 21 Fed.Cas. at p. 43.

⑦ *United States v. Tyndale*, 116 F. 820 (1st Cir. 1902).

⑧ *Gardner v. Ninety-Nine Gold Coins*, 111 F. 552 (D.Mass.1901).

⑨ 116 F. at 822.

别是由于法院对当时仅立法两年的法律进行了解释。然而，上诉法院认为，鉴于美国不经常适用《被弃财产法》来规范其领土上被弃财产[①]或其拥有衡平法上所有权的财产的打捞[②]，因此廷代尔案中所给予该法的较不狭窄的解释更为合适。但无论如何，《被弃财产法》并不构成对"君主特权"的立法[③]。由于美国对在美国独立战争前1个多世纪沉没的西班牙船只没有衡平法上的所有权，而且这艘沉船也不在"美国管辖范围内"，因此《被弃财产法》不适用于目前的争议。上诉法院考虑了美国引用的其他法规和条例，但并没有发现支持其主张的条文。

政府坚持认为，在立法上主张"君主特权"并不是美国法院行使这一管辖权的必要先决条件。一些皇家殖民地对在其管辖范围内发现的遗弃财产主张了某些特权[④]，这种"君主特权"据说在美国革命前已成为海事法和惯例的一部分。根据肯特（Kent）在革命后的描述，"如果在海上发现，它们（沉船）现在将被认为属于美国，因为美国在这方面继承了英国王室的特权"[⑤]。尽管肯特大法官提出了种种论据，但"君主特权"的概念从未在美国扎根。一项早期的判决，即皮博迪诉二十八包棉花的收益案[⑥]，是对处置在海上发现的遗弃财产的真正论述，其结论是"君主特权"已经成为美国海事法的一部分[⑦]。皮博迪案并没有限制加德纳诉九十九金币案[⑧]，并在美国诉廷代尔案[⑨]中被推翻。该法院的推理无可挑剔：

> 尽管有这些主张，美国仍以戴维斯（Davis）法官在皮博迪诉二十八包棉花的收益案中的博学意见为依据。戴维斯法官并没有考虑到我们所遇到的困难，他的全部推论只推出了一个我们承认的主张，即国会有控制这个资金和其他类似物品

---

① *Corbino v. United States*, 488 F.2d 1008, 203 Ct.Cl. 278 (1973).

② 23 Op.Atty.Gen. 76, 77 (1900).

③ Perry, Sovereign Rights in Sunken Treasure, 7 Land and Natural Resources Division Journal 89, 97–104 (1969); Treasury File Op. No. 195, Oct. 16, 1936, 40 U.S.C. § 310.

④ 2 Kent, Commentaries on American Law 359–60 (5th ed. 1844). *Cf. Thompson v. The Catharina,* 23 Fed. Cas. No. 13,949, pp. 1028, 1030 (D.Pa.1795) ("The change in the form of our government has not abrogated all the laws, customs and principles of jurisprudence, we inherited from our ancestors, and possessed at the period of our becoming an independent nation.").

⑤ 2 Kent at 359.

⑥ *Peabody v. Proceeds of Twenty-Eight Bags of Cotton,* 19 Fed.Cas. No. 10,869, p. 39 (D.Mass.1829).

⑦ However, the court was reluctant to adopt the strict English practice of vesting property absolutely in the sovereign if unclaimed within a year and a day from the decree of salvage. He preferred "to consider the sovereign authority as holding such property in trust, to be surrendered to reasonable claims which may be presented." 19 Fed.Cas., p. 48.

⑧ *Gardner v. Ninety-Nine Gold Coins*, 111 F. 552 (D.Mass.1901).

⑨ *United States v. Tyndale,*116 F. 820, 822–23 (1st Cir. 1902).

的宪法权利。他从戴恩（Dane）先生和肯特大法官的话中得出的结论很难得到那些博学者著作的支持。可以说，无论普通法上国王的所有权是什么，它都是基于皇家特权，且是王室的附属品，并在大多数情况下被归入皇室收入。布莱克斯通（Blackstone）和首席大法官黑尔（Hale）在《海事法理》（De Jure Maris）一文中都对这一点做了充分的解释。《海岸上的大厅》（Hall on the Seashore）[①] 对其进行了明确的总结，内容如下：

"同样，沉船（在找不到船主的情况下）在皇家特权下是国王的正常收入的一部分，也是王冠之花。因此，漂浮物、沉入海底的抛货和系上浮标的投海货物也是王室的先决条件。"

所有这些都可以由国王在没有议会授权的情况下授予，关于这一点，戴恩给出了一个独特的例子（第3卷第137页），提到国王将缅因州赐给费迪南多·戈尔盖斯（Ferdinando Gorges）爵士。虽然毫无疑问，在盎格鲁-撒克逊美洲的主权民，无论各个州还是美国，在某种程度上确实继承了英国国王和英国人民的所有权利。但是，直到某些公认的程序或国会的某些行动介入之前，法院无权决定属于美国财政部是否代表任何特定的皇家特权。

其他美国司法案例与廷代尔案的观点一致[②]。尽管至少有一个州法院援引英国普通法，将沉船的所有权判给主权者[③]，但将所有权归属于发现者的"美国规则"已被法院广泛认可[④][⑤]。上诉法院接受"美国规则"，因为它已经在这个国家的法庭上被一致地宣告了长达1个多世纪[⑥]。

（五）控制活动问题

上诉法院认为，美国主张其拥有权利可以控制其公民和公司在属地管辖范围之外

---

① Hall on the Seashore (2d ed.) 80.

② *Russell v. Proceeds of Forty Bales Cotton*, 21 Fed.Cas. No. 12,154, pp. 42, 45–50 (S.D.Fla.1872), *aff'd* 21 Fed. Cas. p. 50; *In re Moneys in Registry*, 170 F. 470, 475 (E.D.Pa.1909); *Thompson v. United States*, 62 Ct.Cl. 516, 524 (1926).

③ *Ervin v. Massachusetts Co.*, 95 So.2d 902 (Fla. 1956), *cert. denied*, 355 U.S. 881, 78 S.Ct. 147, 2 L.Ed.2d 112 (1957).

④ Kenny and Hrussoff, *The Ownership of the Treasures of the Sea*, 9 Wm. & Mary L.Rev. 383, 392–98 (1967). H. Miller, *International Law and Marine Archaeology* 18 (1971).

⑤ *State ex rel. Ervin v. Massachusetts Co., supra* n. 80, at 398.

⑥ Eleazer, *supra* n. 31sp, at 34.

的活动，这种权利无疑是存在的^①。但上诉法院在法律上和理由上都找不到权源，仅因其是美国公民或是选择在佛罗里达州而非其他州成立公司，便干预原告的活动。

四、判决结果

上诉法院修改了地区法院的判决，并维持了修改后的判决。

五、分析评论

本案主要涉及位于领海外大陆架的沉船所有权归属问题，美国主张利用《古物法》和普通法上"君主特权"两大法律依据以主张对"阿托卡夫人"号沉船的所有权。地区法院和上诉法院均对此问题给出了相同的答案，即《古物法》不适用于外大陆架区域，而普通法的"君主特权"需要国会立法才能司法化。

对第一个问题的解释，两法院均适用了1958年《大陆架公约》及国际法委员会对该公约的评述，这一做法成功使得国际法在国内司法得到直接适用，并且法院还利用其解释了美国国内关于大陆架的法律规范，法院的做法有利于国际法实行，特别是在美国没有参与后续《联合国海洋法公约》的背景下。

而对第二个问题的解释，则展现了一种反君主主义的色彩，本文将这一权利译为"君主特权"便是因为这一权利的根基在于君主，在于王室、皇家对财富的渴望和需求，正如上诉法院所述，美国作为盎格鲁－撒克逊人在美洲的继承者，在宪法的理论上是具有这一权利的。然而，基于这一权利的君主主义色彩，它难以直接地被认定为美国这一民主、联邦制国家的权利，因为在美国并不存在着皇室。这也是上诉法院指出需要国会对此进行立法，才能适用的原因。尽管存在把沉船所有权判归主权国家的美国判例，但上诉法院接受美国法庭100多年来广泛认可的判归发现者的规则。

---

① North Pacific Fisheries Act, 16 U.S.C. § 1021 *et seq.*, the Northwest Atlantic Fisheries Act, 16 U.S.C. § 981 *et seq.*, Tuna Conventions Act, 16 U.S.C. § 951 *et seq.*

佛罗里达州诉宝藏打捞者公司和无敌舰队调查公司案

案件索引	佛罗里达州诉宝藏打捞者公司和无敌舰队调查公司案（State of Fla., Dept. of State v. Treasure Salvors, Inc., a corporation, and Armada Research Corp., a corporation, 621 F.2d 1340）
案件主题	海事对物诉讼中美国联邦宪法《第十一修正案》的适用和法院跨区域管辖的标准
案件性质	民事案件
案件标的物	从 1622 年沉没在今美国佛罗里达州海域的西班牙护卫舰"阿托卡夫人"号上打捞的文物
当事人	美国佛罗里达州政府（上诉人，原审权利申请人） 宝藏打捞者公司（被上诉人，原审原告） 无敌舰队调查公司（被上诉人，原审原告） 身份不明的被弃帆船"阿托卡夫人"号及坐标点 2500 码以内的其索具、军备、装饰和船货（原审被告） 美国联邦政府（原审其他权利申请人）
审判法院	美国联邦第五巡回上诉法院
判决时间	1980 年 7 月 24 日
适用规则	1. 美国联邦宪法《第十一修正案》； 2. 美国联邦民事诉讼规则《海事诉讼补充规则 A》； 3. 美国联邦民事诉讼规则《海事诉讼补充规则 C》第 5 条。
争议点概要	1. 在海事对物诉讼中，法院签发扣押令等不影响案件标的物所有权的行为是否违反美国联邦宪法《第十一修正案》关于各州主权豁免的规定； 2. 当标的物不在受理案件法院的地域管辖范围之内时，法院可否跨区行使管辖权。
结论概要	1. 法院签发扣押令等不影响案件标的物所有权的行为不构成对美国联邦宪法《第十一修正案》的违反； 2. 虽然本案标的物不在地区法院管辖的地域范围内，但涉案的"阿托卡夫人"号沉船及其余大部分文物仍然在地区法院的控制范围内，地区法院的跨区管辖具有合理性。
判决结果	被上诉人宝藏打捞者公司和无敌舰队公司的请求得到了支持，法院判决维持了原审判决中将打捞自"阿托卡夫人"号的文物转交给被上诉人的内容，佛罗里达州不具有所有权。
后续进展	上诉人佛罗里达州向最高法院申请了调卷令，最高法院审查后维持上诉法院不适用《第十一修正案》、地区法院具有管辖权的判决，但认为所有权归属对是否适用《第十一修正案》并不必要，扣押令并不决定所有权归属，州也未提起所有权诉讼，故推翻了上诉法院的所有权判决。1982 年 10 月 29 日，上诉法院判决同时声明该判决并未以任何方式排除佛罗里达对上述文物的所有权，佛罗里达州可另行提起对物诉讼主张所有权，佛罗里达州如不应诉则打捞者是"阿托卡号"沉船文物的所有者。

一、案情概要

1971 年春，宝藏打捞者公司成功定位了"阿托卡夫人"号沉船。因该沉船位于距离佛罗里达州海岸线 40 海里的大陆架上，为开展后续打捞活动，宝藏打捞者公司于当年 4 月与佛罗里达州签署了为期一年的合同，后者允许该公司打捞"阿托卡夫人"号。双方签订本协议是基于"阿托卡夫人"号位于佛罗里达州所属的土地上，双方共签订了四份合同（最后一份是在 1974 年 11 月），每份合同期限约一年，佛罗里达州有权获得 25% 的打捞物。1973 年 6 月，宝藏打捞者公司将出水第一批文物中的 10 件交由位于佛罗里达州北区塔拉哈西的档案部门保管。1975 年 2 月，宝藏打捞者公司交付了属于该州的最后一批文物。

1975 年 3 月，最高法院在美国联邦政府诉佛罗里达州一案中，判决驳回了佛罗里达州对被淹没土地的所有权主张，涉案标的包括"阿托卡夫人"号沉船所处的大陆架。最高法院在判决中明确，佛罗里达州从未拥有过本案所涉及的土地的所有权。基于此，在上述案件判决 4 个月后，宝藏打捞者公司在佛罗里达州南区提起对物诉讼，要求地区法院确认其对"阿托卡夫人"号沉船及沉物的所有权。美国联邦政府以诉讼参加人的身份主张对该船的所有权。地区法院判决宝藏打捞者公司胜诉，上诉法院予以维持。

佛罗里达州政府并未以诉讼参加人的身份参与本案，而只是协助美国联邦政府进行诉讼，甚至已做好了联邦政府胜诉的准备，并与联邦政府就如何处置"阿托卡夫人"号沉船的打捞物进行了初步谈判。但联邦政府败诉使佛罗里达州陷入了尴尬境地。1978 年 4 月，在上诉法院判决宝藏打捞者公司胜诉后，地区法院发出了扣押令，指示法警接管在佛罗里达州首府塔拉哈西国家档案馆办公室保管的"阿托卡夫人"号沉船文物。佛罗里达州向地区法院提出了撤销扣押令的动议，并同时向上诉法院提出了紧急暂缓执行地区法院扣押令的动议。

根据上诉法院的指令，地区法院于 4 月 14 日暂缓执行扣押令。地区法院在之后的审理中，驳回了佛罗里达州撤销扣押令的动议，并批准了宝藏打捞者公司于 4 月 17 日提出的动议，命令佛罗里达州说明不移交文物的理由。佛罗里达州援引美国联邦宪法《第十一修正案》关于各州主权豁免的规定，辩称地区法院无管辖权，同时宣称其对涉案文物享有所有权。

地区法院认为，要求州政府说明不移交文物的理由是适当的，确定文物所有权的诉讼不受美国联邦宪法《第十一修正案》的限制，佛罗里达州的所有权主张没有法律依据，佛罗里达州应向地区法院转交由其保管的"阿托卡夫人"号沉船上的文物。

二、上诉主张

上诉人佛罗里达州提起上诉，请求撤销原审判决。其理由是，佛罗里达州受美国联邦宪法《第十一修正案》州主权豁免的保护，而要求州政府说明理由的命令被美国联邦宪法《第十一修正案》所禁止。佛罗里达州认为其拥有争议文物，因此，地区法院试图裁决涉案文物的所有权在本质上是对州的诉讼，由于佛罗里达州没有自愿放弃美国联邦宪法《第十一修正案》的保护，地区法院因此无管辖权。

此外，佛罗里达州还主张，在本案审理过程中，涉案文物并不在地区法院管辖的地域范围内，地区法院因此无管辖权。

三、法院意见

（一）美国联邦宪法《第十一修正案》在本案的适用问题

上诉法院认为，根据美国最高法院的判例，美国联邦宪法《第十一修正案》适用于海事法中的对物诉讼。根据美国最高法院在皇后城拖船案中形成的规则[1]，在海事对物诉讼中，如果一州对涉案物主张所有权并提供了有力的证据时，在没有"特别质疑"的情况下，法院必须采纳州政府的主张并据此适用美国联邦宪法《第十一修正案》予以豁免，即海事法上的对物诉讼程序不适用于州政府所有的"用于公共和政府目的"的公共财产。但是在本案中，宝藏打捞者公司提供了证据和法律依据证明它是涉案文物的所有者，而非佛罗里达州政府。这构成了最高法院判例中的"特别质疑"，因而地区法院此时不是必须采纳州政府对涉案文物所有权的主张。涉案文物的所有权问题决定了美国联邦宪法《第十一修正案》是否应适用于本案。但由于在本案中，佛罗里达州并不享有涉案文物的所有权（详见后文论述），因而《第十一修正案》并不适用于本案。

（二）地区法院管辖权问题

鉴于美国联邦宪法《第十一修正案》并不适用于本案，上诉法院继续审查了地区法院对物诉讼的管辖权问题以判断地区法院是否有权发出要求佛罗里达州政府说明其

---

[1]　*In re State of New York*, 256 U.S. 503, 41 S.Ct. 592, 65 L.Ed. 1063 (1921).

不移交文物理由的命令。

州政府认为，在本案开始审理时，涉案文物并不在佛罗里达州南区，而且在诉讼期间也从未出现在该地域。鉴于此，州辩称，南区地区法院对本案无管辖权，从而也没有发出要求佛罗里达州政府说明其不移交文物之理由的命令，以及裁决涉案文物所有权的权力。上诉法院通过审查认为，地区法院对本案有管辖权。

1. 美国联邦民事诉讼规则《海事诉讼补充规则 C》第 5 条辅助程序的适用

上诉法院认为，当本案开始审理时，从"阿托卡夫人"号沉船打捞的大多数文物都在佛罗里达州南区，地区法院显然有权裁决位于本地区的文物的所有权。但是，南区文物的存在是否为地区法院要求佛罗里达州政府说明拒绝移交其保管在佛罗里达州北区文物的理由提供了足够基础，上诉法院的结论是，地区法院适用《海事诉讼补充规则 C》条 5 条辅助程序获得了管辖权。

《海事诉讼补充规则 C》第 5 条规定，如果对物诉讼已经送达，并且作为诉讼标的的部分财产"因为已被转移或出售"而不受法院控制时，法院可以命令占有的一方说明为什么不将该财产移交法警保管的理由。《海事诉讼补充规则 C》第 5 条继续指出，在举行了相关听证会后，法院可以依法作出判决。上诉法院认为，对"阿托卡夫人"号沉船的打捞物适用了对物诉讼程序，但是根据佛罗里达州和宝藏打捞者公司之间的合同，涉案文物被转移到了北区。在这种情况下，仅凭这些事实并不能证明要求佛罗里达州政府说明其不移交文物的理由的行为正当，还必须证明：（1）地区法院有足够的权限来证明辅助程序的合理性；（2）辅助程序可以在地区之外适用。

就第一个问题而言，上诉法院认为，涉案文物仅为"阿托卡夫人"号沉船文物的一小部分，虽然这部分文物不在地区法院的管辖范围内，但"阿托卡夫人"号沉船及大部分文物仍然在南区，而非北区，地区法院已尽一切可能将该船置于其管辖范围内。事实上，将该沉船及文物的其他部分纳入其他法院的管辖范围并不现实。鉴于此，地区法院适用辅助程序具有合理性。

2. 美国联邦民事诉讼规则《海事诉讼补充规则 E》第 3 条 a 款并未限制辅助程序的适用

就辅助程序是否可以在地区之外但是在同一州适用这一问题，根据《海事诉讼补充规则 E》第 3 条 a 款的规定，对物程序和海上扣押程序只在地区内送达。但该规则的起草者在该条的咨询注释中说明，要求没收财产的程序只应继续在一个地区内送达。然而，木案涉及的辅助程序并不需要扣押财产，《海事诉讼补充规则 C》第 5 条的制定者也没有打算让《海事诉讼补充规则 E》第 3 条 a 款约束辅助程序。

还有两个政策原因也支持《海事诉讼补充规则 E》第 3 条 a 款不适用于辅助程序。

首先，正如地区法院法官所指出的，将辅助程序限制在地区内将产生很多诉讼，这将导致司法资源的浪费。第二，有必要给予辅助程序域外效力，以使法院能够通过其法令将全部涉案财产纳入其管辖范围。综上，规则 E 第 3 条 a 款不是为了约束辅助程序。

此外，美国联邦民事诉讼规则《海事诉讼补充规则 A》规定，在没有相反的补充规则的情况下，民事诉讼一般规则适用于对物诉讼。美国《联邦民事诉讼规则》第 4 条 f 款是有关程序的区域限制的一般规则，它规定除传票外，所有程序都可在地区法院所在州范围内的任何地方送达。这里的辅助程序要送达位于州北部的档案部门，符合第 4 条 f 款的规定。

（三）涉案文物的所有权问题

作为本案的实体问题，上诉法院对涉案文物的所有权归属也作出了判决。宝藏打捞者公司在与佛罗里达州签署打捞合同时，是基于"阿托卡夫人"号沉船所处的大陆架为佛罗里达州所有的前提，但最高法院在美国联邦政府诉佛罗里达州案中推翻了这一点。因此，双方签署合同时存在"共同错误"，致使打捞合同没有对价。在衡平法上，无对价的协议不能被强制执行，受损害方在发现后有权解除该协议。上诉法院认为，在本案中，宝藏打捞者公司试图解除合同，并尽快收回已交付的文物，地区法官命令佛罗里达州档案管理部门将其保管的文物移交给法警，并在之后移交给宝藏打捞者公司具有法律依据。

四、判决结果

1980 年，上诉法院判决上诉人佛罗里达州的请求被驳回，本案不受美国联邦宪法《第十一修正案》的限制，地区法院跨区要求涉案文物的保管者佛罗里达州档案管理部门说明不移交文物理由的辅助程序并无不当，佛罗里达州不享有涉案文物的所有权。

之后，上诉人佛罗里达州向联邦最高法院申请了调卷令，请求最高法院审查上诉法院的判决。最高法院在审查后维持了上诉法院关于美国联邦宪法《第十一修正案》不适用本案以及地区法院对本案有管辖权的判决。与此同时，最高法院推翻了上诉法院关于涉案文物所有权的判决，因为在分析美国联邦宪法《第十一修正案》是否适用于本案的问题上，解决所有权的归属并不必要，佛罗里达州并未对作为被告身份的沉船主张过涉案文物的所有权。最高法院认为，地区法院发出的扣押令仅是将涉案文物交由宝藏打捞者公司保管，并没有最终决定涉案文物所有权的归属。只有佛罗里达州主动提起主张涉案文物所有权的诉讼，地区法院才有义务对所有权的最终归属作出判决。但是在本案中，法院不得以任何方式决定佛罗里达州是否为这些文物的所有者。

五、分析评论

本案主要涉及海事对物诉讼中的两个法律问题：

一是地区法院签发扣押令不违反美国联邦宪法《第十一修正案》。海事法上的对物诉讼程序不适用于州政府所有的"用于公共和政府目的"的公共财产，前提是该州对涉案物主张所有权并提供了有力的证据，且不存在"特别质疑"。本案中地区法院认为打捞公司提供的证据和法律依据可以证明它是"阿托卡夫人"号沉船打捞物的所有权人，因此不适用美国联邦宪法《第十一修正案》。但最高法院认为涉案文物的所有权不是决定是否适用美国联邦宪法《第十一修正案》的必要因素，佛罗里达州未针对沉船及文物提起诉讼，而推翻了上诉法院的所有权判决。

二是地区法院跨区管辖的前提是涉案标的物的大部分位于其管辖范围内。本案中，涉案文物并没有位于地区法院的地域管辖范围内，但是地区法院依然跨区签发了扣押令和说明理由令。上诉法院认为，涉案文物仅为"阿托卡夫人"号沉船文物的一小部分，虽然这部分文物不在地区法院的管辖范围内，但"阿托卡夫人"号沉船及大部分文物仍然在南区。地区法院已尽一切可能将该船置于其管辖范围内，因此地区法院跨区管辖有合理性。此外，相关程序规则也支持地区法院的跨区管辖。但是，需要注意的是，地区法院跨区管辖仍然是在同一州的地域范围之内，可是在美国之后的海事司法实践中，此种跨区管辖逐渐演变成了"长臂管辖"，即当被告住所不在法院所在的州，但和该州有某种最低联系，而且所提权利要求的产生和这种联系有关时，就该项权利要求而言，该州对于该被告具有属人管辖权（虽然他的住所不在该州），可以在州外对被告发出传票。此种长臂管辖作为海事对物诉讼的管辖权依据已在美国之后的司法实践中得到了体现，例如1998年的加利福尼亚州诉深海研究公司案[1]和2011年的奥德赛案[2]，且有扩张之势。

---

① *California v. Deep Sea Research, Inc.*, 523 U.S. 491, 496 (1998).

② *Odyssey Marine Exploration Inc. v. Unidentified Shipwrecked Vessel*, 657 F.3d 1159, 1169–70 (11th Cir 2011).

案例 17：客货两用蒸汽船 "北卡罗来纳" 号

剑鱼公司案

案件索引	剑鱼合伙企业诉北卡罗来纳号沉船案（Swordfish Partners v. S. S. North Carolina, Not Reported in Fed. Supp. 2018 WL 6843410）
案件主题	海事对物诉讼缺席判决管辖权的确立标准、救捞者主张打捞物所有权的条件
案件性质	民事案件（海事对物诉讼）
案件标的物	于 1840 年沉没在南卡罗来纳州默特尔比奇海滩附近的蒸汽船 "北卡罗来纳" 号沉船及沉物，位于领海外
当事人	剑鱼合伙企业（原告） "北卡罗来纳" 号蒸汽船及坐标点半径 1 海里范围内的船体、货物、索具、锅炉、机械和属具（被告）
审判法院	美国佛罗里达州中区联邦地区法院
判决时间	2018 年 12 月 26 日
适用规则	1. 美国《联邦民事诉讼规则》第 55 条 b 款； 2. 美国联邦民事诉讼规则《海事诉讼补充规则 C》第 4 条； 3.《佛罗里达州中区地方海事规则》第 7 条第 3 款； 4. 奥德赛公司诉身份不明的被弃沉船案确立的法院作出缺席判决的前提； 5. 国际飞行器打捞公司诉身份不明的被弃飞机案确立的海上救助规则； 6. 泰坦尼克号诉哈弗案确立的救捞报酬规则； 7. 克莱因诉身份不明的被弃沉船案确立的无主物授予所有权的规则； 8. 马莱克斯国际公司诉身份不明的被弃沉船案确立的海事对物诉讼管辖权的规则； 9. 科布诉身份不明的被弃沉船案确立的海事对物诉讼管辖权的规则。
争议点概要	1. 法院对原告提起的主张涉案沉船及沉物所有权的缺席判决动议是否具有管辖权； 2. 原告提起的上述缺席判决程序是否有瑕疵。
结论概要	1. 法院对原告提起的缺席判决动议无管辖权； 2. 原告提起的缺席判决程序有瑕疵。
判决结果	鉴于原告并未将涉案沉船中的沉物移至法院的管辖地域内，法院无管辖权；因原告未在法院所在地公开出版物对本案进行公告，法院认为本案程序有缺陷被驳回。
后续进展	法院在作出上述判决后，原告剑鱼合伙企业修正了缺席判决的程序缺陷，先在法院所在地的报纸上对该案进行了公告，并将从 "北卡罗来纳" 号沉船中打捞出的青铜长钉移至法院管辖区域。在公告期结束后，因未有第三人主张权利，原告再次提起了缺席判决动议，主张已打捞出水的青铜长钉、涉案沉船及其他沉物的所有权。法院审理后，支持了原告对青铜长钉的所有权，但驳回了其对涉案沉船及其余沉物的所有权主张。与此同时，法院还指示，原告可以在每年的固定时间向法院就后续打捞出水的文物提出所有权主张，法院届时再恢复本案的审理。

一、案情概要

涉案沉船为"北卡罗来纳"号，1840 年 7 月 26 日沉没于美国领海之外的南卡罗来纳州默特尔比奇海滩以东约 18 海里处。本案原告为剑鱼合伙企业，主要从事深海勘探打捞沉船业务。在发现这一沉船后，原告于 2018 年 7 月 24 日对"北卡罗来纳"号的船体及相关沉物提起海事对物诉讼，申请法院对前述财产的扣押令，同时主张其为保管人。法院经审查后批准，同时要求原告在报刊上发表公告。因此，原告于 2018 年 8 月 15 日在南卡罗来纳州查尔斯顿的《邮报与信使》和北卡罗来纳州威尔明顿的《明星新闻》上公告了这一案件。在规定期限内，没有第三人主张权利。原告在提起诉讼时称，其一直致力于调查剑鱼合伙企业的合伙人之一马莱克斯还未找到的沉船物品。原告还报告，受 2018 年 9 月 14 日在北卡罗来纳州威尔明顿登陆的"佛罗伦萨"飓风的影响，其原定于 2018 年对涉案沉船的打捞计划被迫中断。原告计划在 2019 年和 2020 年完成对涉案沉船的打捞。

二、原告主张

为保障其救捞权利，原告起诉时主张了救捞报酬或涉案沉船及沉物的所有权。在公告期结束后，鉴于没有第三人主张权利，原告申请本案进入缺席判决程序，主张涉案沉船及沉物的所有权。

三、法院意见

根据美国《联邦民事诉讼规则》第 55 条 b 款的规定，法院可以对未出庭应诉或未答辩的被告作出缺席判决。根据《佛罗里达州中区地方海事规则》（Local Admiralty Rule 7.03, M.D. Fla.）第 7 条第 3 款 i 项的规定，原告应在收到法院缺席判决通知的 7 天后 30 天内提交动议及证据。鉴于本案没有出现第三人主张权利，原告也是涉案沉船唯一的救捞者，因此法院将主要审查该案的程序问题。

（一）法院是否有案件管辖权

法院首先援引了奥德赛公司诉身份不明的被弃沉船案[①] 的原则，即在作出缺席判决

---

① *Odyssey Marine Exploration, Inc. v. Unidentified, Wrecked, and Abandoned Sailing Vessel*, 727 F. Supp. 2d 1341, 1345 (M.D. Fla. 2010).

之前，法院必须确认对被告有管辖权，并且原告的诉状已充分陈述了主张。而后，法院援引了国际飞行器打捞公司诉身份不明的被弃飞机案[1]的原则，一般来说，海上遇难财产的打捞适用救捞法或发现物法。根据救捞法，救捞者无法获得遇险船只及其货物的所有权，但可获得救捞报酬。根据泰坦尼克号诉哈弗案[2]确立的规则，救捞法假定海损财产没有被放弃，救捞者只能获得救捞报酬。根据克莱因诉身份不明的被弃沉船案[3]确立的原则，发现物法使得沉船或者沉物的救捞者有权获得被弃财产的所有权。鉴于本案中，没有第三人主张权利，因此，法院默认涉案沉船及沉物为遗失物，原告可以主张其所有权。

其次，法院就管辖权问题进行了深入探讨。仍根据奥德赛公司诉身份不明的被弃沉船案确立的管辖权规则，当沉船及沉物位于领海外水域时，法院的管辖权取决于法院对上述沉船及沉物的实际占有或推定占有（constructive possesion）。在行使准管辖权时，需要考虑两种情况。如果救捞者主张的是救捞报酬，那么法院要考虑的是对人管辖权，即救捞者的住所地是否在法院管辖的地域内；但如果救捞者主张的是无主物或者遗弃物的所有权，那么涉案的物品的全部或者一部分必须移至法院所在地。但是在本案中，原告并未将涉案沉船及沉物的全部或部分移至法院的地域管辖范围内。法院进而援引了马莱克斯国际公司诉身份不明的被弃沉船案[4]中确立的原则，法院对原告打捞出水并在该地区提起的诉讼文物有对物管辖权。因此，原告可以根据发现物法获得打捞物的所有权，但必须先将其纳入本法院的属地管辖范围。

（二）原告提起的缺席判决是否存在程序瑕疵

在本案进入缺席判决程序之前，根据《佛罗里达州中区地方海事规则》第7条第3款h项的规定，原告应依据美国联邦民事诉讼规则《海事诉讼补充规则C》第4条和本规则第7条第3款d项的规定发布公告。但是，原告仅在北卡罗来纳州和南卡罗来纳州发布了相关公告，并未在法院所在地发布，不符合规定。因此，原告并未向潜在的权利申请人提供适当的通知，缺席判决程序存在瑕疵。

四、判决结果

综上，法院作出判决，以法院对涉案沉船及沉物无管辖权为由驳回了原告的诉讼

---

[1]　*Int'l Aircraft Recovery, LLC v. Unidentified, Wrecked and Abandoned Aircraft*, 218 F.3d 1255, 1258 (11th Cir. 2000).

[2]　*R.M.S. Titanic, Inc. v. Haver*, 171 F.3d 943, 964 (4th Cir. 1999).

[3]　*Klein v. Unidentified Wrecked & Abandoned Sailing Vessel*, 758 F.2d 1511, 1514 (11th Cir. 1985).

[4]　*Marex Int'l, Inc. v. Unidentified, Wrecked & Abandoned Vessel*, 952 F. Supp. 825, 830 n. 1 (S.D. Ga. 1997).

请求，同时以程序瑕疵中止了缺席判决的审理。

法院作出上述判决后，原告根据法院的判决纠正了程序上的瑕疵。原告于 2019 年 1 月 9 日在法院所在地佛罗里达州坦帕市的《坦帕湾时报》上发布了案件公告。在规定期限内，仍然没有第三人对沉船及沉物提出主张，法院于 2019 年 3 月 6 日再次将该案纳入缺席判决程序。

原告再次起诉时，向法院展示了其从涉案沉船上打捞的青铜长钉，作为对物管辖权的基础，并向法院提出下列主张：（1）请求法院授予其青铜长钉和"北卡罗来纳"号船体及其他沉物的所有权；（2）该案结案，但如果原告再次从"北卡罗来纳"号上打捞出物品并向法院提起有效的所有权主张时再行恢复案件的审理；（3）原告如有正当理由，法院应重新启动案件的审理。

法院经审理后确认了其对缺席判决的管辖权，但与此同时，鉴于原告援引的是发现物法，这就要求原告实际占有相关无主物或者遗失物。法院仍然援引了本案初审时的判例及规定，即原告可以根据发现物法获得打捞物的所有权，但必须在将这些文物纳入法院的属地管辖范围之后。因此，法院认为，原告有权获得从涉案沉船上打捞的青铜长钉的所有权，但目前无权获得仍在海底的沉船及其他沉物的所有权。但与此同时，法院认为它可以保留管辖权，以便审理原告未来从"北卡罗来纳"号打捞物品的所有权主张。因此，原告应每年定期向法院提交报告，具体说明上一年度从涉案沉船中打捞出的物品的价值，并提起有效的所有权主张。

（1）法院支持了原告对青铜长钉的所有权主张，但驳回了原告对"北卡罗来纳"号船体及其他沉物的所有权请求；（2）法院结案但保留了对该诉讼的管辖权，以便裁决原告对未来打捞物品的所有权主张；（3）法院指示原告每年定期向法院提交报告，具体说明上一年度打捞物的价值和类别，并在原告提出有效的所有权主张后恢复本案的审理；（4）如果原告未能在每年规定的时限内提出所有权主张，将构成原告已放弃打捞涉案沉船初步证据。法院将视情况终止本案的审理①。

五、分析评论

本案主要涉及海事对物诉讼中的两个法律问题：

美国海事对物诉讼缺席判决管辖权的确立标准。本案中，法院虽然受理了原告剑鱼合伙企业提起的海事对物诉讼，并签发了对"北卡罗来纳"号沉船及沉物的扣押令。

① *Partners v. S. S. North Carolina*, Not Reported in Fed. Supp. 2019 WL 2061704.

但当原告后续对"北卡罗来纳"号沉船及沉物主张所有权时，法院予以驳回。理由是，原告首先并未将涉案沉船及沉物移至法院的地域管辖范围内，案件公告程序也有瑕疵。可以总结得出美国海事对物诉讼缺席判决管辖权的两点确立标准，一是案件经依法公告，期限届满后确无第三人主张权利；二是对物诉讼的被告位于法院的地域管辖范围内。

救捞者获得被救捞财产所有权的前提。根据发现物法，在海事对物诉讼中，如果被救捞财产系无主物或遗弃物，救捞者可依法获得打捞物的所有权。本案中，因案件公告期限届满无第三人主张权利，涉案沉船"北卡罗来纳"号沉船及沉物被推定为遗弃物，原告也对上述财产提出了所有权主张。但是，法院仅支持了原告对已打捞出水的青铜长钉的所有权，驳回了原告对尚在海底的沉船及沉物的所有权主张。此外，法院仍为原告留有余地，原告可在每年固定日期向法院提交申请，主张后续被打捞出水物品的所有权。因此，救捞者若想获得无主或被弃打捞物的所有权，必须向法院证明其已完全占有涉案沉船沉物。

案例 18：德国 U859 号潜艇

西蒙诉泰勒案

案件索引	西蒙诉泰勒案（U859 号潜艇案，Simon v. Taylor, 2 Lloyd's Rep. 338）
案件主题	国家继承问题，1945 年德国的财产继承权归属
案件性质	民事案件
案件标的物	于 1944 年在马六甲海峡领海外水域被英军潜艇击沉的德国 U859 号潜艇
当事人	西蒙·汉斯（原告） 泰勒（被告） 利什曼（被告） 巴斯蒂安（被告） 迪克（被告） 合同服务公司（被告） 埃弗莫尔海洋技术服务（私人）有限公司（被告）
审判法院	新加坡高等法院
判决时间	1974 年 10 月 24 日
适用规则	国际法中的国家继承
争议点概要	1. 德国的财产继承权归属； 2. 德国的国家连续性问题。
结论概要	1. 西德作为德国的继承国应该对沉船和汞金属具有所有权； 2. 德国国家现在由联邦政府继续存在。

判决结果	支持原告的诉讼请求，并驳回几名被告提出的其他诉讼。
后续进展	无

一、案情概要

1944 年，德国 U859 号潜艇在马六甲海峡的公海被英军潜艇击沉。1971 年，泰勒等被告参与打捞沉船上的汞金属，1972 年 1 月，打捞出的汞金属被带至新加坡。

1972 年 3 月，德国大使馆宣称，德国 U859 号潜艇中的汞在第二次世界大战中沉没于马六甲海峡公海底部，约在槟城海峡以北 25 海里处。部分被回收的汞被带到新加坡，德意志联邦共和国声称是这批汞金属的所有权人。

U859 号沉船的接管人着手对这批汞金属进行调查，并从合同服务有限公司处确认，从 U859 号潜艇打捞的约 3.5 吨汞在 1972 年 4 月已被运至新加坡。沉船接管人在接收汞金属时，按照《商船法》第 314 条规定，于 1972 年 4 月 20 日在海事管理部门张贴了通知。德国 U859 号潜艇于 1944 年左右在槟城附近的马六甲海峡被击沉，目前位于公海底，幸存者寥寥无几。当时共有三方对汞金属的所有权和留置权主张权利，一是德国大使馆代表德国政府提出；二是合同服务有限公司和埃弗莫尔海洋技术服务（私人）有限公司提出；三是泰勒、利什曼、巴斯蒂安和迪克联合提出。

1972 年 7 月，德国大使馆通知新加坡政府，德国将把对 U859 号沉船及船上货物的所有权转让给原告西蒙，同月，西蒙联系沉船接管人主张对沉船的权利。

1973 年 2 月，总检察长代表沉船接管人向法院提出请求，要求以反诉方式参加诉讼进行救济，索赔人即为被告。1973 年 2 月 26 日，法院发布裁定，确定由新加坡高等法院审理本案，西蒙作为原告，其他索赔人作为被告，争议焦点是，原告与被告哪方对汞金属拥有所有权。

联合救助公司（A.S.S.B.）是注册地在吉隆坡的公司，业务是从水下障碍物或者沉船中回收打捞金属，早在 1969 年 1 月，这家公司的潜水员在水下发现了一艘沉没潜艇，当时无法确认这艘潜艇的身份，本案第二被告利什曼是发现这艘潜艇的潜水员之一。1969 年 3 月，联合救助公司和马来西亚政府达成协议，联合救助公司购买了马来西亚政府对这艘沉船享有的权利。后来这艘沉没潜艇被确认为德国的 U859 号潜艇，且位于公海海域，故德国政府也对这艘潜艇主张权利。1970 年 12 月 10 日，位于在吉隆坡的联邦德国大使馆作为联邦德国政府的代表与联合救助公司签订了协议，内容包括联邦德国同意由该公司解除对 U859 号沉船的扣押并合法占有该沉船，同时该公司要履行合同规定的义务。在开始正式打捞前，联合救助公司在 1971 年对沉船及船上货物进行清点，利什曼的沉船打捞工作停止。

之后，利什曼离开了马来西亚，前往文莱在深海潜水员公司工作，但没有放弃打捞 U859 号潜艇的想法，后来他遇到了第四被告迪克，一起研究打捞计划，又认识了第一被告泰勒和第三被告巴斯蒂安。1971 年 10 月，这四名潜水员离开了深海潜水员公司，回到马来西亚打捞 U859 号潜艇，但没有足够的资金，因此他们找到了埃弗莫尔公司的主管理查德·罗（Richard Roe），该公司是本案第六被告。理查德承诺提供 10 万美金，四名潜水员购买了潜水设备，第六被告租用了一艘船于 1972 年 1 月驶往槟城，花三天时间找到 U859 号潜艇。第六名被告支付了约 3.5 万美金的潜水设备费用，利什曼后来得知，这 3.5 万美金是第五被告合同服务有限公司支付的，合同服务公司还另外支付四名潜水员 20000 美金。根据他们签署的确认书，四名潜水员要共同偿还 20000 美金，并同意第六被告以合适的方式处置这批汞金属，以保证可以偿还这笔贷款。从 U859 号潜艇上共回收了 12 吨汞金属，1972 年 1 月底，共有 3.5 吨汞被运到了新加坡，并于同年 3 月 3 日运到了第五被告合同服务有限公司处，剩余 8.5 吨汞被运到槟城的沉船接管人手中，之后四名潜水员前往吉隆坡寻求财务援助，以便继续回收汞金属。

同时，生活在西德的商业打捞人西蒙也在行动。1972 年，西蒙与联邦德国接触，商讨如何打捞 U859 号潜艇，联邦德国询问西蒙是否会前往马来西亚参与调查 U859 号潜艇，并接受联邦德国与联合救助公司协议的相关事项。3 月，西蒙来到马来西亚并得知四名潜水员已经从沉船中打捞出了汞金属。3 月 26 日，由西蒙作为卢森堡国际包装工业公司（C.I.R.）的代表与四名潜水员签署了协议，约定如果西德方面同意更改联邦德国与联合救助公司的合同，该协议将生效。根据本协议，卢森堡国际包装工业公司是西德对 U859 号潜艇权利的接管人，四名潜水员需要负责从深海打捞沉船和船上的货物，如果证明这种方法在商业上可行，四名潜水员还将继续打捞船体。如果双方均同意这个协议，四名潜水员将获得打捞利润的 35%。

1972 年 4 月 19 日，卢森堡国际包装工业公司与四名潜水员签订了另一个协议（以下简称 C.I.R. 协议），规定西蒙代表卢森堡国际包装工业公司，联邦德国对沉船拥有所有权，并根据联邦德国和联合救助公司签订的协议，联合救助公司获得了救捞权，联合救助公司作为救捞者再将其权利授予卢森堡国际包装工业公司。并且多方面规定了双方权利与义务，例如规定协议各方组成 U859 号联合体以合作方式对打捞的沉船和货物进行商业拍卖，并以可行方式对沉船进行再打捞；在卢森堡国际包装工业公司主管西蒙的监督下，由该公司提供财务支持，并由西蒙提供合适设备和机械，打捞所用的一切设备和材料费用均由该公司支付，出售打捞物的净收益和风险的 65% 由四名潜水员承担，35% 该公司承担。西蒙称他回到德国时发现其他合伙人已经退出，卢森堡国际包装工业公司没有注册登记，C.I.R. 协议无法执行。

1972 年 5 月 8 日，西蒙在西德期间与联邦德国签订协议，根据该协议，西蒙需要向德国政府支付 70000 马克，并获得联邦德国与联合救助公司协议中规定的联合救助公司获得的沉船财产权利和义务，西蒙可以对沉船进行打捞。1972 年 6 月，西蒙回到新加坡，试图与四名潜水员达成新安排，改为利润的 40% 属于潜水员、60% 属于西蒙，但遭到四名潜水员的拒绝。西蒙向联合救助公司支付了 20000 美元，并在 1972 年 7 月 26 日签订协议，购买了联合救助公司与联邦德国协议规定的权利和义务，这项权利转让得到了联邦德国的同意。1972 年 7 月 24 日，西蒙向沉船接管人提出获得 3 吨汞金属所有权的请求。

听证会上，在审结四名潜水员的案件后，原告律师告知法院第六被告已在公司登记中除名，且第六被告的律师（也代表第五被告）主张第六被告从未对汞金属主张过所有权。原告西蒙根据 1972 年 5 月的文件主张对 31.5 吨汞金属拥有所有权，并主张其权利来源是与联合救助公司签订的转让协议。被告等人辩称，在 U859 号潜艇沉没时就不再是德国财产，该潜艇的所有权已经被放弃，四名潜水员作为汞金属的救捞者对汞金属拥有所有权。原告承认，如果认定汞金属已经被原所有权人放弃，则原告败诉。

二、各方主张

（一）原告主张

原告诉讼请求如下：（1）"U 859" 号潜艇及货物虽然沉没，但其所有权未被放弃，仍然是德国的财产；（2）德国不因 1945 年的投降行为而停止存在；（3）德国作为德意志联邦共和国继续存在；（4）"U 859" 号沉船及其货物不是无主物，所有权属于德意志联邦共和国；（5）原告是被带至新加坡的汞金属的所有权人和合法占有人。

（二）被告主张

几名被告主张 U859 号潜艇是无主物。德国于 1945 年与四个战胜国签订了《柏林宣言》，德国当时并无最高政府，四个战胜国在德国行使最高权力，包括之前德国政府拥有的权力，德国不能作为独立国家存在，因此，之前德国政府和后来成立的德国政府并不连续；并且由于新加坡政府同时承认东德和西德两个国家，因此他们都不能代表之前的德国政府，也不能要求获得 U859 号潜艇的所有权。因此 U859 号沉船应该是无主物，被告应该是沉船和汞金属的所有权人。

三、判决结果

本案法官认为本案的关键问题是德国的国家连续性问题，法官经援引有关材料主要形成两种观点。一是尽管德国在 1945 年无条件投降，德国国家从未停止存在，德国国家的财产除非被战胜国夺走，其余的仍是德国国家的财产；二是西德和东德都不是新国家，尽管有两个政权争夺对其领土的控制权，但只有一个德国完好无损地在经历了二战后幸存下来。

德国国家继承人问题上有几种观点：四个战胜国是继承者；尽管德国继续存在，但德意志联邦共和国和德意志民主共和国都不是其权利义务的继承国；德国继续存在并由联邦德国代表。考虑了这些不同观点后，法官得出结论，德国国家现在由联邦政府继续存在，西德作为德国的继承国应该对沉船和汞金属具有所有权，支持原告西蒙的诉讼请求，并驳回几名被告提出的其他诉讼。

四、分析评论

根据法院判决，西德是德国的继承国，西德应继承沉船和船上的货物，确定西德具有沉船所有权的前提是德国并没有放弃沉船所有权。所有权人放弃船舶或货物意为所有权人没有从海上寻回这些沉船或者货物的打算，而一艘所有权没有被放弃的沉船，即使船舶管理权已经不在所有权人手中，所有权人也可能只是暂时不占有沉船，但仍然可以找回船舶所有权。

衡量船长和船员是否放弃沉船，并不是依据他们后来是否改变观点打算找回沉船，而是依据船长和船员离开这艘船时的意图。在布拉德利诉纽瑟姆案中，朱庇特号沉船在苏格兰海域外运木材时遭到德国潜艇袭击，船员们被迫离开，船长和船员在离开后坚信船已经沉没，故而通知了船主。但事实上朱庇特号没有被击沉，法院认为，船长和船员离开沉船的情况不会导致船舶被放弃，该船舶仍然属于原所有权人。船长和船员并不是放弃了这艘船，只是屈服于武力而没有暂时返回的意图，如果再把离开沉船的过错归咎于船长和船员并不合理，离开船舶是一种可以理解的合理行为，不会导致沉船的所有权被放弃。本案中，U859 号潜艇被击沉时，沉船船员并没有打算放弃该沉船，只是迫于指挥官命令和敌军炮火离开，因此 U859 号潜艇的船员并不构成法律上的失职，该沉船并不能认定为被放弃。

本案的另一关键问题是德国的国家连续性问题。法官最终认定应该由联邦德国即西德获得沉没军舰的所有权，该认定忽视了东德的国家地位，体现了冷战格局下新加坡的政治选择。除去政治因素，接管后分立出的东德和西德都应该是德国的继承者，不能因为东德并未对沉船主张权利而认定东德不对沉船和汞金属享有所有权。

案例 19：英国客运蒸汽船"共和国"号

玛莎葡萄园潜水总部公司案

案件索引	玛莎葡萄园潜水总部公司诉身份不明的被弃沉船案（Martha's Vineyard Scuba Headquarters, Inc., Plaintiff, Appellant, v. The Unidentified, Wrecked And Abandoned Steam Vessel, etc., et al., Defendants, Appellees, 833 F. 2d 1059）
案件主题	沉船救捞权的认定、领海外打捞行为管辖及上诉法院管辖权
案件性质	民事案件（海事对物诉讼）
案件标的物	白星远洋轮船公司的客运班轮"共和国"号于 1909 年为沙皇运送黄金途中沉没在距楠塔基特岛以南约 60 英里，玛莎葡萄园岛潜水总部公司在 1981 年发现了其沉没地点。
当事人	玛莎葡萄园岛潜水总部公司（上诉人） 马歇尔顿公司（Marshallton）（诉讼参加人） 中心点坐标内被放弃的身份不明沉船及其属具、索具、装饰和货物（被告）
审判法院	美国联邦第一巡回上诉法院
判决时间	1987 年 11 月 24 日
适用规则	1.《国际海上避碰规则公约》； 2.《美国法典》第 1292 条、第 1603 条； 3. 美国《联邦民事诉讼规则》。
争议点概要	1. 地区法院的判决是否为可上诉的中间判决、上诉法院是否具有管辖权； 2. 马歇尔顿公司是否有资格获得打捞文物的所有权。
结论概要	1. 地区法院命令是中间裁决且为实质性，上诉法院具有管辖权； 2. 根据发现物法中"谁找到，谁保留"的法律原则，救捞者马歇尔顿公司获得打捞文物所有权； 3. 马歇尔顿公司获得文物的行为并未违反地区法院的命令要求。
判决结果	上诉法院确认了诉讼参加人马歇尔顿公司对于打捞文物的所有权，维持地区法院原判。
后续进展	玛莎葡萄园岛潜水总部公司在 1987 年恢复了对"共和国"号沉船的打捞作业后继续搜寻相关资料，以期打捞到船载黄金，并于 2005 年 7 月 20 日至 2006 年开展打捞作业。玛莎公司向法院提起海事对物诉讼，请求法院授予其为"共和国"号沉船的专属救捞权人，并签发初步禁令，禁止除原告外的第三人干预沉船打捞。法院支持了玛莎公司的诉求。

一、案情概要

白星远洋轮船公司的客运班轮"共和国"号蒸汽船（S.S. *Republic*），于 1909 年 1 月从纽约起航，在为沙皇尼古拉二世运送价值 300 万美元黄金的途中遇到大雾，与一艘小型意大利班轮"佛罗里达"号相撞，在美国马萨诸塞州附近海域沉没。此后近一百年间，"共和国"号沉船一直在大西洋海底无人认领。1976 年，打捞者玛莎葡萄园潜水总部公司（Martha's Vineyard Scuba Headquarters Inc.，以下简称"玛莎公司"）开始对这艘沉船展开研究，以期成功打捞这艘沉船。在历经 5 年研究和 2 天半海上搜寻后，玛莎公司于 1981 年 8 月 12 日成功在马萨诸塞州楠塔基特岛（Nantucket Island）以南约 60 英里处发现了疑似"共和国"号沉船，水深约 300 英尺，该地点位于分道航行制（TSS）国际航线上。1983 年 7 月 4 日，玛莎公司经鉴定确认其发现的沉船即"共和国"号。

1982 年 12 月 7 日，玛莎公司在美国马萨诸塞州地区法院提起对物诉讼，主张对沉船及其物品的救捞权和所有权。1983 年，地区法院允许玛莎公司进行打捞，直到 1986 年这艘沉船仍未被打捞。1986 年初，马歇尔顿公司介入诉讼，主张玛莎公司计划 1986 年 7 月才开始打捞的行为属于过度拖延，并要求批准自己进行打捞。1985 年 10 月，马歇尔顿公司与国际水下承包商公司（International Underwater Contractors，Inc.）共同完成了"共和国"号打捞作业的第一阶段，用远程遥控机器人勘测沉船并打捞出部分文物。马歇尔顿公司在干预动议中请求法院允许开始其打捞作业的第二阶段。

1986 年 4 月 16 日，地区法院认定玛莎公司在两个作业季中只去过一次现场，在打捞作业中未勤勉尽责，未取得合理效果，构成拖延打捞，而马歇尔顿公司则已做好全面打捞的准备，估计需要 30 到 40 天，故允许马歇尔顿公司介入，在遵守"任何适用的法律和法规"的条件下进行打捞，并在 6 月 30 日前结束并撤离沉船地点，如果打捞到物品则需要妥善保管并等待进一步命令，在期限届满马歇尔顿公司离开后，玛莎公司可以重新开始打捞作业。马歇尔顿公司于 1986 年 6 月 1 日开始打捞，因无法获得美国海岸警卫队许可，公司委托一艘在巴拿马登记的打捞船"双钻"号（Twin Drill）进行打捞，该船停在从纽约分道航行的出港航道上。

1986 年 6 月 10 日，玛莎公司向法院申请禁止马歇尔顿公司的打捞作业，因为"双钻"号停在分道航行航道上的行为，违反了地区法院裁决中所要求的遵守"任何适用的法律和法规"。地区法院审理后既未要求马歇尔顿公司停止打捞，也未要求"双钻"号离开。随后，"双钻"号根据地区法院 4 月 16 日的要求于 6 月 30 日离开打捞地点。

马歇尔顿公司从沉船中找到了几件文物，1986 年 9 月 5 日，马歇尔顿公司向法院申请获得打捞文物的所有权以及未来在此区域的专属救捞权。1987 年 2 月 23 日，法院发布备忘录和命令，授予马歇尔顿公司所有已打捞文物的所有权，但拒绝授予其专属救捞权；法院同样拒绝玛莎公司依据《国际海上避碰规则公约》^①（COLREGS）认定马歇尔顿公司已放弃打捞文物的主张。法院认为，马歇尔顿公司对于该公约的态度与本案无关，其打捞活动也并未违反该公约，法院没有理由禁止救捞者从其打捞文物中获得回报。

就 1987 年 2 月 23 日命令中有关授予马歇尔顿公司对于打捞文物所有权的部分，玛莎公司提起上诉。

二、上诉主张

上诉人玛莎公司主张诉讼参加人马歇尔顿公司不应被授予打捞文物的所有权，理由如下：马歇尔顿公司的打捞行为违反了《国际海上避碰规则公约》，因为其打捞船"双钻"号在打捞沉船时，停留在分道航行的航道上；马歇尔顿公司获得文物的行为违反地区法院的命令，即要求遵守"任何适用的法律和法规的条件下"；马歇尔顿公司的打捞行为缺乏善意。

三、法院意见

（一）地区法院裁决是可上诉的中间判决，上诉法院对此案件有管辖权

根据《美国法典》第 28 卷第 1292 条 a 款 3 项规定，在海事案件中，对于地区法院作出的有关当事人权利和义务的中间判决可以提起上诉，上诉法院对此类案件具有管辖权^②。法院认为，该条适用于：（1）只能在海事法庭审理的索赔；（2）属于海事管辖范围内，但基于其他理由也可由地区法院管辖的索赔，如果此类索赔属于美国《联邦民事诉讼规则》第 9 条 h 款^③中被确定为联邦海事诉讼的索赔。因此，根据《美国法典》第 28 卷第 1292 条 a 款第 3 项，当地区法院具有海事管辖权时，只要证明被上诉的地区法院命令是中间裁决且为实质性的，即能够最终确定权利和各方对特定问题的责任，上诉法院即具有管辖权。本案中，1987 年 2 月 23 日的命令显然是中间性的，因为其根本问题未得到解决，而且救捞者关于未来救捞权的竞争主张也未得到解决，但是它最终确定了 1986 年 6 月打捞文物的救捞者的权利，因此符合《美国法典》第 28

---

① Convention on the International Regulations for Preventing Collisions at Sea, Oct. 20, 1972, 28 U. S. T. 3459, T. I. A. S. No. 8587 (entered in force on July 15, 1977) (COLREGS).
② 28 U. S. C. § 1292 (a) (3).
③ Fed. R. Civ. P. 9 (h).

卷第 1292 条 a 款第 3 项的规定，上诉法院对本案具有上诉管辖权。

（二）救捞者马歇尔顿公司有权根据法律规定获得打捞文物所有权

1. 法院认为，本案适用发现物法。对于无主或被遗弃的财产，根据发现物法中"谁找到，谁保留"这项古老的法律原则来判断海底打捞财产的所有权。当海底打捞财产满足以下两个条件时，可推定该财产归属于救捞者：（1）该财产明示或推定被放弃；（2）财产已被发现并实际持有[1]。本案中，玛莎公司在地区法院提起诉讼前，没有任何人对沉船的所有权提出主张，诉讼参加人马歇尔顿公司打捞了沉船并将其运送到法院，故法院认定，应适用发现物法确认马歇尔顿公司对文物的所有权。

2. 法院认为，对打捞财产的所有权认定仅基于占有财产是不够的，因为这样可能会导致海盗在公海大肆猖狂，另一个条件是救捞者必须通过合法手段公平获得财产。

3. 法院认为，诉讼参加人马歇尔顿公司获得文物的行为并未违反地区法院的命令要求（即地区法院允许马歇尔顿公司在遵守"任何适用的法律和法规"的条件下进行打捞）。

首先，根据《美国法典》第 33 卷第 1603 条规定[2]，其适用于：a. 公海或与海上航行船舶相连的水域上受美国管辖的所有公共和私人船舶，以及 b. 美国管辖水域上的所有其他船舶[3]。本案中，打捞地点位于在领海外水域，"双钻"号打捞船在巴拿马登记，因此其打捞行为不受美国法律约束，并且"双钻"号打捞船的行为与马歇尔顿公司是否违反《国际海上避碰规则公约》无关。

其次，马歇尔顿公司在"双钻"号打捞船进入分道航行区域前，通知了巴拿马的领事和海事事务局（DCMA）提醒海员和其他可能在分道通行区域受影响的各方，这些努力使得巴拿马领事和海事事务局有理由相信"双钻"号打捞船在分道航行区域的行为会按计划进行，因此"双钻"号打捞船和马歇尔顿公司的行为完全符合美国法律和外国（巴拿马）法律，即使马歇尔顿公司的行为受《国际海上避碰规则公约》约束，该公约也没有理由阻止马歇尔顿公司获得所有权。

最后，打捞人员的善意与否，于本案并没有实质价值，海岸警卫队对打捞船无管

[1] *Klein v. Unidentified Wrecked and Abandoned Sailing Vessel*, 758 F. 2d 1511, 1514 (11th Cir. 1985); *Treasure Salvors III*, 640 F. 2d at 567; *Chance v. Certain Artifacts Found and Salvaged from the Nashville*, 606 F. Supp. 801, 804 (S. D. Ga. 1984), *aff'd mem.*, 775 F. 2d 302 (11th Cir. 1985); *Wiggins v. 1100 Tons, More or Less, of Italian Marble*, 186 F. Supp. 452, 456 (E. D. Va. 1960).

[2] 33 U.S.C. § 1603 (1978).

[3] *United States v. Green*, 671 F. 2d 46, 49 (1st Cir.), *cert. denied*, 457 U. S. 1135, 102 S. Ct. 2962, 73 L. Ed. 2d 1352 (1982); *Lauritzen v. Larsen*, 345 U. S. 571, 585, 73 S. Ct. 921, 929, 97 L. Ed. 1254 (1953).

辖权，而没有它的判定，难以判断马歇尔顿公司的行为是否善意。并且，没有证据证明"双钻"号打捞船在分道通行航道的打捞行为导致任何人或文物受到危害，因此，马歇尔顿公司行为的危害性难以证明。

四、判决结果

上诉法院确认了诉讼参加人马歇尔顿公司对于打捞文物的所有权，维持地区法院原判。马歇尔顿公司未能继续推进打捞工作，而玛莎葡萄园潜水总部公司则恢复了打捞活动。

五、分析评论

本案争议焦点集中在地区法院裁决是否为可上诉的中间判决以及上诉法院是否具有管辖权的认定、救捞者马歇尔顿公司是否具有打捞文物所有权的确认两部分。

对于第一个争议焦点，重点在于对《美国法典》第 28 卷第 1292 条 a 款第 3 项的解读。法条规定，对于地区法院作出的有关当事人权利和义务的中间判决，可以提起上诉并且上诉法院对此类案件具有管辖权。本案中，地区法院确认了文物救捞者的所有权，而对未来救捞权的竞争主张并没有作出判决，符合中间判决的要求。因此，地区法院的判决可认定为是可上诉的中间判决，上诉法院具有管辖权。

第二个争议焦点是整个案件的重点所在。无论是一审判决还是上诉判决，都就救捞者对文物所有权的问题进行了深入讨论。整体思路而言，上诉法院适用发现物法中"谁找到、谁保留"的原则，通过对（1）该财产明示或推定被放弃，以及（2）财产已被发现并实际持有两个标准的判定，认定救捞者马歇尔顿公司获得打捞文物的所有权。但除此之外，法院也对这一原则进行了解释和补充，法院认为打捞文物所有权的认定不能仅仅基于对于财产的占有，占有的手段也需要是合法且公平的，这样才能更好地保护文物和所有者的权益。

此外，在对于马歇尔顿公司打捞活动合法性讨论的过程中，本案中打捞船的身份也较为特殊。"双钻"号打捞船在巴拿马登记，并且在领海外进行打捞，因此其打捞行为并不受美国法律约束，上诉方不能以此为由质疑马歇尔顿公司的打捞活动。

案例 20：英国商船"卢西塔尼亚"号

皮尔斯诉贝米斯案

案件索引	皮尔斯等人诉贝米斯等案（Pierce and Another v. Bemis and Others, 1986 WL 406846）
案件主题	国家对其领海之外发现的沉船是否具有海事所有权
案件性质	民事案件
案件标的物	英国登记的客运邮轮"卢西塔尼亚"号于 1915 年 5 月 7 日被德军的鱼雷击中，沉没在英国和爱尔兰当时的领海之外。本案主要争议对象是"卢西塔尼亚"号沉船上乘客的个人物品和货物。
当事人	皮尔斯等人（原告） 贝米斯等（被告） 案件审理前原告与第一、第二、第四、第五被告达成一致，共同构成争端的一方即"权利申请人"，争端的另一方为第三被告"王室"。
审判法院	英国王座法院
判决时间	1985 年 11 月 29 日
适用规则	1.1820 年《英国王室特权法》； 2.1894 年《商船法》； 3.1906 年《商船法》； 4.1854 年《商船法》； 5. 相关判例法（见正文）。
争议点概要	1."卢西塔尼亚"号及其船载物是否为沉船； 2."卢西塔尼亚"号的船载物是否存在海事所有权； 3. 原告的占有权。
结论概要	1."卢西塔尼亚"号及其船载物是 1894 年《商船法》第九部分项下所规定的沉船； 2. 在英国领土外发现的沉船即使无人认领，其权利也不属于王室，对其处置的规定存在空白； 3. 包括原告在内的权利申请人基于占有和诚实履行管理义务而对船载物享有优先权利。
判决结果	王室对在领海外水域发现的沉船"卢西塔尼亚"号的船载物没有海事所有权，包括原告在内的权利申请人基于占有取得了已打捞船载物的所有权。
后续进展	无

一、案情概要

　　1915 年 5 月 7 日，库纳德（Cunard）轮船公司所有的英国豪华邮轮"卢西塔尼亚"号被德国皇家海军 U 型潜艇发射的一枚鱼雷击中，在距爱尔兰南部海岸 12 英里的地方沉没，诉讼时属于英国和爱尔兰领海外。该船沉没时由利物浦和伦敦战争风险保险协会有限公司（Liverpool and London War Risks Insurance Association Limited，以下简称"利物浦和伦敦保险公司"）承保，船沉后利物浦和伦敦保险公司向库纳德轮船公司支付了沉船的全部损失，从而取得了船舶和其他属于原船舶所有权人的物品。1982 年，原告打捞了这艘船舶中的一些物品，并将这些物品带到英国。由于在案件审理前原告与第一、第二、第四、第五被告达成一致，他们目前共同构成争端的一方当事人，法院称他们为"权利申请人"，争端的另一方为第三被告，法院将其称为"王室"。

双方都承认第一被告和第二被告目前拥有船舶本身的合法权利（包括船体、引擎、属具、索具、配件、装饰和其他在当时属于轮船公司损失的物品），争议主要发生在船上的另外两类财产上，即乘客的个人物品和货物。1982 年被打捞上岸的部分物品来自这些船载物，本案的焦点问题是权利申请人和王室谁对船载物拥有更优先的所有权。

二、各方主张

（一）原告主张

1. "卢西塔尼亚"号及其船载物不是沉船，故不适用 1894 年《商船法》

1894 年《商船法》处置沉船的规定不能适用于本案，因为"卢西塔尼亚"号和它的船载物都不符合沉船的定义，它们既不是船舶残骸、船上投弃物、系有浮标的投海货物，也不是遗弃物。

权利申请人基于两个理由主张"卢西塔尼亚"号不是遗弃物。第一，"卢西塔尼亚"号沉没的情况表明不存在必需的心理要素；第二，"遗弃物"一词只适用于漂浮在水面上的船舶和货物。关于心理要素的问题，权利申请人引用了芬雷（Finlay）法官在布拉德利诉纽森公司案[①]中的表述，被告的船"木星"号（Jupiter）在航行中被敌军潜艇袭击，船长和船员被迫离开船舶。芬雷法官认为，判断一艘船是否被放弃，离开船舶的行为只是特征之一，另一个本质特征是船长和船员离开船舶时的心态。

2. 英国王室对"卢西塔尼亚"号的船载物不存在海事所有权

"卢西塔尼亚"号是在英国领海外被发现的，根据 1894 年《商船法》第 523 条，王室只对在英国领海内发现的无人认领的沉船拥有海事所有权。虽然 1906 年《商船法》第 72 条对 1894 年《商船法》第 518 条进行了扩展，使得在领海外发现沉船并将其带到英国境内时，发现者有义务将沉船交给沉船接管人，但是 1906 年《商船法》对于英

---

① *Bradley v. H. Newsom, Sons and Co.* [1919] A.C. 16.

国王室在沉船上的权利没有进行任何改变或扩展。

3. 原告拥有的占有权可以对抗除真正所有权人以外的所有权人

（二）被告辩称

英国王室对带到英国境内的船载物拥有海事所有权。

三、法院意见

（一）"卢西塔尼亚"号及其船载物是否构成沉船的问题

法院为解释某些词语的含义进行了两项引用。首先，法院引用奇蒂（Chitty）关于1820年《英国王室特权法》（Law of the Prerogatives of the Crown）的论述："沉船是指被抛在土地上的失事船舶的物品，被叫作'船舶残骸''船上投弃物''系有浮标的投海货物'的物品如果被抛在土地上则被视为沉船。鉴于王室的特权，以上所有类型的沉船初步认定属于王室，这些物品也可以通过明示授予和规定的方式归属于另一主体，通常是庄园主。然而，如果仅授予某一主体对沉船的权利，则他主体不能拥有船舶残骸、船上投弃物和系有浮标的投海货物。"

其次，法院引用了伊舍（Esher M.R.）法官在惠顿 2 号汽船案中的判决：

"亨利·康斯特布尔（Henry Constable）爵士案定义了'海中沉船'；'船舶残骸'是当一艘船沉没或灭失时浮在水面上的物品；'船上投弃物'是当一艘船处于沉没危险中时为了减轻船的重量被抛入海中的物品，并且在此之后船仍然沉了；'系有浮标的投海货物'是在船舶灭失时被抛入海中的物品，由于物品会沉入海底，水手为了再找到它们给它们系上浮标、软木塞或其他不会下沉的东西……这些被叫作船舶残骸、船上投弃物和系有浮标的投海货物只要仍然还在海上就不能被称作沉船。"[1]

基于上述定义，法院回到 1894 年《商船法》第 510 条的规定："在本法的本部分中，除非文意另有所指，否则（1）沉船包括船舶残骸、船上投弃物、系有浮标的投海货物和在海岸或潮水中发现的遗弃物：……"

1. "卢西塔尼亚"号及其船载物是否具有成为遗弃物所必需的心理要素

法院分别考虑了权利申请人提出的两点主张。在法律意义上，如果船长和船员在海上

---

[1] The Gas Float Whitton No. 2 (1896), pp. 42, 51.

放弃了一艘船，没有任何返回的意图，也没有希望找回它，那么它就是被放弃的。在天鹰座案 ① 中，威廉·斯科特（William Scott）法官在论述构成遗失物的要件时说道："船长和船员已经在海上弃船，而且没有返回该船的意愿。仅为了从岸上获得帮助而离开船舶，或有再次回到船上的意图，都不是放弃。"因此，判断是否构成遗失物需要考虑心理要素。

就申请人提到的布拉德利案，霍尔丹（Haldane）法官认为"下级法院的判决存有混淆，即对用武力与船只分离和以自由意志的方式放弃船只的混淆。毫无疑问如果放弃船舶是因为船上的人希望当船下沉时自己不被淹死，他们的行为是一种被动机所驱使的行为；正如另一方面，选择和一艘战船一同消亡从而不被俘虏或拯救，也是一种出于意志的行为"。同样的理由适用于本案，当船长、船员和乘客放弃"卢西塔尼亚"号时，是为了挽救自己的生命，并且没有任何返回该船的意图。库纳尔轮船公司就船的实际全损向承保人提出索赔并由承保人进行了支付的事实也可以为此提供证明，所有权人放弃了这艘船。至于船载物的所有权人是否放弃的问题，可以从所有权人在过去的 67 年时间里都没有尝试对船载物进行打捞这一事实推断，所有权人也放弃了他们的财产。

2. 构成遗弃物是否需要保持漂浮状态

法院认为，遗弃物沉入海底后仍然是遗弃物，这一观点得到了许多判例的支持，对这一问题可能会产生疑问是由于受当时科技水平所限，一艘船一旦沉入深水就不太可能被打捞上岸了。

因此，法院认为"卢西塔尼亚"号的船载物是 1894 年《商船法》第九部分项下所规定的沉船，因此可以适用该法第 518 条到第 522 条。

（二）对《商船法》中英国领海外无主沉船相关规定的理解

1894 年《商船法》第 518 条规定："凡任何人在英国境内发现或管理任何沉船，他须，（1）如他是该沉船的所有者，则须通知地区接管人，述明他已发现或管有该沉船，并描述可借以识别该沉船的标记；（2）如果他不是该沉船的所有者，则须尽快将该船交给地区接管人；如果没有正当理由违反这项规定，应当就每项违反行为处以不超过 100 英镑的罚款，此外非所有权人将丧失打捞请求权，并将有义务在沉船所有权人要求的情况下向其付款；如果该沉船无人认领，则应双倍于其价值，以本法规定相同金额的罚款方式予以追缴。"因此，1894 年《商船法》生效时，它只规定了在英国领海内发现或管理沉船的人的义务。

1906 年《商船法》第 72 条规定："1894 年《商船法》第 518 条适用于在英国境外

---

① The Aquila (1798) 1 Ch.Rob. 37, 40.

发现或管有并被带到英国境内的沉船，一如适用于在英国境内发现或管有的沉船。"因此，任何人无论在何处发现并管有其非所有权人的沉船，并将其带入英国境内，都有义务将其交给地区接管人。1894 年《商船法》第 523 条是关于无人认领的沉船的规定："女王陛下及其皇室继承人有权拥有在女王陛下领地内发现的无人认领的沉船，但在女王陛下或其皇室继承人授予其他人沉船权利的区域内发现的除外。"此种例外情况所指的区域主要是有可能发现沉船的前滨土地，而王室已将沉船的权利授予该土地的所有者。

1906 年《商船法》第 72 条的含义是清晰的，可以从立法历史考虑它产生争议的原因。当第 72 条对 1894 年《商船法》第 518 条的适用范围进行了修改时，起草者不可能没有注意到该法的第 523 条未被修改。既然法律对于王室对其领土以内发现的无人认领的财产拥有权利，这一并不出人意料的规则，都进行了明确规定，那么王室对在其领土以外甚至是在他国领海之内发现的无人认领的财产拥有权利更应当被明确地规定在法案里。如果 1906 年王室宣称对所有英国境内无人认领的沉船拥有权利，无论该沉船在何处被发现，那么 1894 年《商船法》第 518 条的适用范围被扩展时，本应可以通过对第 523 条也进行修改，从而将这项权利规定在《商船法》中。

至于王室是否可以对船载物享有海事所有权的问题，法院考查了海事所有权的相关历史，并按时间顺序列出了相关法规和判决，发现从 1854 年到 1906 年，只有在英国领海内被发现的沉船才必须交付给沉船接管人。每项法案都规定，在不能证明海军上将、海军少将、领主或其他人有权获得无人认领的沉船时，王室有权获得该沉船的所有权。因此，在 1854 年《商船法》和 1894 年《商船法》这两部涉及 19 世纪商船运输的法规中，没有证据表明英国政府对在英国领海以外发现的沉船具有任何利益。同样，任何人将在英国海岸上或海岸附近发现的弃船带入外国港口是严重犯罪，但是如果弃船是在英国以外被发现的则不是犯罪。

1854 年《商船法》第 475 条规定了在任何地方发现的沉船，如果船主在一年内没有提出申请，而且也没有海军上将、海军中将或庄园主证明他有权获得沉船，则接管人有权出售沉船，并在向救捞者支付贸易委员会决定的金额后，将余额交付给女王国库。但是由于 1854 年《商船法》第 450 条只规定了在英国发现或管有的沉船有义务交给沉船接管人，随后的条款应当只能处理在英国领海内发现的沉船。但如果第 475 条的真正含义是规定在世界各地发现的沉船，法院将得出结论认为当议会通过 1894 年《商船法》第 523 条时修改了原有法律。得出这一结论的理由是：假设在 1854 年之前，海事高等法院承认王室对无论在何处被发现的无人认领的沉船都拥有海事所有权，

1894 年《商船法》重复了 1854 年法律中所有关于处理在英国境内的无人认领的沉船的规定，原第 471 条和 475 条中关于如何处理沉船的内容现在被规定在 1894 年《商船法》第 525 条中，后者明确表示针对发现在英国境内的沉船。当第 518 条、第 523 条和第 525 条一起解读时，法院认为法律含义是清晰的。因此，法院认为，如果 1854 年法案第 475 条保留了在领海外水域发现的沉船上的任何海事权利，1894 年法案已通过必要的暗示将其予以废除。

1894 年法案通过后的前 12 年，上述解读没有问题，但是 1906 年将沉船移交给沉船接管人的义务被扩展到了在领海外水域发现并被带入英国境内的沉船。法院认为这类"在领土外发现的沉船"如果是无人认领的，其权利也不属于王室，对其处置的规定存在空白。

法院认为，依据科斯曼诉韦斯特案[①] 的判决："在沉船构成遗失物的情况下，首先对其进行占有的救捞者不仅就救捞报酬在船只上拥有海事留置权，而且他们对沉船拥有完整和绝对的占有和控制，不受他人干预，除非其对沉船的管理明显不称职。"在本案中，包括原告在内的权利申请人诚实履行了义务。在王室对财产没有海事所有权的情况下，没有人比权利申请人对该财产有更优先的权利。

四、判决结果

王室对在领海外水域发现的沉船"卢西塔尼亚"号的船载物没有海事所有权，包括原告在内的权利申请人基于占有取得了已经被打捞的船载物的所有权。

五、分析评论

本案涉及如何判断一艘船舶是否被放弃的问题。法院从两方面对该问题进行了分析：首先，成为遗失物需要满足特定的心理要素，即在法律意义上，如果船长和船员在海上放弃了一艘船，没有任何返回的意图，也没有希望找回它，那么它就是被放弃的。法官还特别提到下级法院的判决对因武力与船只分离和以自由意志的方式放弃船只存在混淆。如果放弃船舶是因为船上的人希望当船下沉时不被淹死，他们的行为就是一种被动机所驱使的行为，即满足了构成弃船所需要的心理要素。对于船载物，法院同样通过所有权人在过去很长时间内没有尝试寻回这一事实推断出放弃的意图。其

---

① *Cossman v. West* (1887) 13 App.Cas. 160 , 181.

次，法院还处理了构成遗弃物是否需要保持漂浮状态的问题，说明了这一要求与立法时的科技水平有关。可见，沉船领域的法律规范需结合当时及现在的科学技术水平理解，科学技术水平会影响到对原所有权人是否放弃沉船的判断，如果受到科学技术水平的限制，定位和打捞都几乎不可能会成功，则原所有权人的不作为不能直接被推断为放弃的意图。

从本案中还可以看到英国《商船法》对发现沉船的处置流程的规定及其发展变化。首先，就发现沉船后的初步义务来说，1894 年《商船法》规定了在英国领海内发现或管有沉船者的义务，而 1906 年《商船法》则将这一义务的适用范围扩大到在英国境外发现或管有并被带到英国境内的沉船。其次，在关于无人认领的沉船的处置方面，1894 年《商船法》规定在英国领土内发现的无人认领的沉船归英国王室所有，除非已将部分土地上发现的沉船的权利授予该土地的所有者。就此，在英国领土内发现的无人认领的沉船的所有权问题是清楚无疑的。问题主要出现在，在英国领土外发现的无人认领的沉船所有权是否同样归属于英国王室。法院通过分析立法背景及裁判历史得出结论认为，在这方面法律规定存在空白，相应沉船的所有权不属于王室。因此，根据判例法，在沉船构成遗失物的情况下，首先对其进行占有的救捞者不仅就救捞报酬在船舶上拥有海事留置权，而且他们对沉船拥有完整和绝对的占有和控制，不受他人干预，除非其对沉船的管理明显不称职。

"卢西塔尼亚"号案

案件索引	贝米斯诉"卢西塔尼亚"号案（*F. Gregg BEMIS, Jr., Plaintiff, v. The RMS LUSITANIA, her engines, tackle, apparel, appurtenances, cargo, etc., in rem, Defendant*，884 F. Supp. 1042）
案件主题	沉船及船货和个人物品的所有权问题
案件性质	民事案件（对物诉讼）
案件标的物	位于爱尔兰南部海岸 12 英里的沉船"卢西塔尼亚"号及其引擎、索具、装饰、属具、货物等。
当事人	F. 格雷格·贝米斯（原告） "卢西塔尼亚"号及其引擎、索具、装饰、属具、货物等（被告）
审判法院	美国弗吉尼亚州东区联邦地区法院诺福克分庭
判决时间	1995 年 4 月 18 日
适用规则	相关判例法（见正文）

争议点概要	1. 原告是否可通过产权转让取得"卢西塔尼亚"号的船体、引擎、索具、装饰、属具及货物和全部船上人员的个人物品； 2. 英国法院是否确认了原告对货物和个人物品的权利； 3. 原告是否可基于原所有权人的放弃取得货物和个人物品的所有权； 4. 救捞报酬和专属救捞权。
结论概要	1. 原告对船体、引擎、索具、装饰和属具建立了完整的产权链，但其中不包括船上货物、乘客和船员的个人物品； 2. 英国法院的判决并不涉及尚未打捞的船货和个人物品的权利； 3. 货物和个人物品是被放弃的财产，依据发现物法所有权由证明占有的发现者获得，原告只对已打捞的部分建立了占有，对未打捞部分未建立占有； 4. 原告对水下物品的占有情况、尽责义务的履行情况和打捞活动的持续性不满足提出打捞请求的要求。
判决结果	法院确认原告对船舶、船体、索具和属具拥有所有权，对已经成功打捞的货物和个人物品拥有所有权，对仍在海底的货物和个人物品不具有所有权，并驳回原告要求救捞报酬和禁令救济的请求。
后续进展	贝米斯于 1996 年 8 月 30 日向美国联邦第四巡回上诉法院提起上诉，法院于 1996 年 9 月 17 日作出判决，维持原判。法院的判决意见并未公开，但在《联邦判例汇编》（Federal Reporter）"没有公布意见的判决表"（Table of Decisions Without Reported Opinions）中被提及。

一、案情概要

1967 年 3 月 2 日，利物浦和伦敦保险公司将"卢西塔尼亚"号沉船上的全部权益转让给了约翰·莱特（John F. Light），约定由莱特承担可能与沉船有关的所有责任和费用。1967 年 4 月 16 日，莱特与霍尔特、莱因哈特和温斯顿公司（Holt, Rinehart and Winston，以下简称"HRW 公司"）签订摄影协议。基于该协议，HRW 公司预付给莱特 13 万余美元，莱特以"卢西塔尼亚"号沉船所有打捞物和其他财产权以及他为进行摄影和打捞作业而使用的所有摄影、电视、潜水和海洋设备等有形财产来提供留置和保证担保。摄影协议还约定，为履行该协议或保障 HRW 公司在协议项下权利之目的，在 HRW 公司要求其签署、确认任何转让、抵押、融资声明或其他相关文书时，莱特应配合出具，如果莱特拒绝配合，HRW 公司有权作为莱特的全权代理人代为签署、确认此类文件或证明。

1968 年，莱特将他对"卢西塔尼亚"号的部分利益分两次转移给了麦康伯（Macomber），这项买卖须遵守 HRW 公司基于摄影协议享有的留置权的限制。麦康伯又将其所享有利益的 50% 卖给了原告贝米斯，同年 4 月，莱特同意转让给麦康伯和贝米斯各三分之一摄影协议的收益权。1969 年 7 月 12 日，HRW 公司将自己在摄影协议下的全部权益转移给麦康伯和贝米斯。1971 年，麦康伯和贝米斯分别要求莱特履行摄影协议下签署和移转抵押文件的义务（包括"卢西塔尼亚"号的文件），莱特没有履行构成违约，根据摄影协议约定，麦康伯和贝米斯有权占有和保留"卢西塔尼亚"号沉船以清偿债务。

20 世纪 80 年代中期，麦康伯将他对"卢西塔尼亚"号沉船的全部权益转让给贝米斯。1994 年 2 月 22 日，原告美国公民贝米斯（F. Gregg BEMIS）对该船提起了对物诉讼。1995 年 2 月 22 日，莱特先生的遗孀与贝米斯达成协议，将她个人以及作为莱特先生遗产管理人对"卢西塔尼亚"号沉船的全部权益转移给贝米斯，因此，即便莱特曾经保留了对"卢西塔尼亚"号沉船的一些权益，现在这些权益也全部归属于贝米斯。

二、原告主张

（一）基于产权转让取得所有权

原告贝米斯主张其通过产权转让取得的财产，除了"卢西塔尼亚"号的船体、引擎、索具、装饰和属具外，还包括货物和全部船上人员的个人物品。贝米斯举证说，他的前律师认为，船上货物和个人物品都包含在产权链内。在上述许多交易涉及的文件中，对交易物品的表述都包含了货物。一份日期为 1967 年 3 月 2 日的转让证明中写道，利物浦和伦敦保险公司将该沉船残骸的权利转让给莱特，而在英国法律中，"残骸"一词包含沉船上的全部物品，不论其原始来源如何。此外，库纳德轮船公司和利物浦和伦敦保险公司的转让协议中包含了"货物"一词。

（二）依据英国法院的判决享有船货和个人物品的权利

原告主张，在皮尔斯等人诉贝米斯等人案中，英国高等法院的王座法院判决证实了贝米斯和麦康伯对货物和个人物品的权利。

（三）基于放弃取得船货和个人物品的权利

原告认为，基于原所有权人的放弃，他可以取得货物和个人物品的所有权。

（四）基于救捞法的主张

贝米斯主张其有权获得救捞报酬，并且申请法院确认其专属救捞权并颁发禁令。

三、法院意见

（一）基于产权转让取得所有权

法院认为，原告所建立的产权链下被转移的权利包括"卢西塔尼亚"号沉船的船体、引擎、索具、装饰和属具，但是船上的货物、乘客和船员的个人物品不能包括在内。

从产权链的起始来看，1915 年利物浦和伦敦保险公司向库纳德轮船公司赔偿该沉船的全部损失，从而取得了该沉船全部权益，此时库纳德轮船公司并未转移货物和个人物品的权利。第一项证据是 1967 年 3 月 2 日利物浦和伦敦保险公司给莱特先生的信，信中相关部分说明"公司向所有权人赔偿了全部损失，船舶的权益转移给公司……"这封信从字面意义上表明，交易中不包括货物和个人物品。另外，库纳德轮船公司不是货物和个人物品的所有权人，因此无权将这些权利移转给利物浦和伦敦保险公司。此外，没有证据表明利物浦和伦敦保险公司支付了货物和个人物品的损失，从而取得代位求偿权并基于此主张货物和船上人员的个人物品所有权从货主和乘客转移到该公司。

尽管信中确实包含了"残骸"一词，但是信中也提到，"船舶的权益转移给公司"，因此不能仅以存在"残骸"一词为依据证明转移了货物和个人物品的所有权。法院认为，库纳德轮船公司和"利物浦和伦敦保险公司"之间的原始合同中，不包括货物和船上人员的个人物品，因此"利物浦和伦敦保险公司"无权转移这些物品上的权利给莱特。法院还认为，如果库纳德轮船公司对货物和个人物品没有任何权利，那么后续转让行为是否转让了货物和个人物品的所有权则无关紧要。因此，法院认为，该沉船的船舶、船体、引擎、索具、装饰和属具通过一条清晰的产权链转移给了原告贝米斯，但是货物和个人物品的所有权并没有转移。

（二）依据英国法院的判决享有船载货物和个人物品的权利

法院认为英国法院的意见明确指出，双方当事人明确贝米斯和麦康伯对船舶具有合法所有权，因此在英国法院这不是一个争议问题。英国法院所处理的争议问题是，英国王室是否对贝米斯等人潜水获得的货物和个人物品等被打捞物拥有所有权。法院认为，英国王室对上述物品没有权利，因此，贝米斯等人有优先于任何其他人的权利。法院宣布贝米斯等人是被打捞的物品所有者是基于占有权，而非建立在产权转让之上。

法院认为本案与英国王座法院的判决一致。首先，法院指出，英国诉讼中的当事人各方并没有认同原告贝米斯基于产权转移而取得货物和个人物品的权利。其次，王座法院只是认为王室对于贝米斯和麦康伯作为潜水员从沉船中打捞的物品不享有海事所有权，也没有人具有更优先的权利，而对于尚未打捞的文物归属没有作出任何裁决。法院同意，英国诉讼中的相关物品属于原告贝米斯，此外，根据发现物法，1993 年和1994 年探险活动中打捞的物品也属于原告贝米斯。除了英国法院的判决中所包含的物品外，原告贝米斯如想获得被打捞的货物和个人物品的所有权，则必须通过救捞法或发现物法确立权利。

（三）基于放弃取得船载货物和个人物品的所有权

在决定原告对这些物品是否享有所有权之前，必须确定可适用的法律。在处理沉船问题时可以适用的两种法律理论是发现物法和救捞法，法院认为在本案中均可适用。

传统上，发现物法只适用于从未被任何人拥有的海上财产，然而最近的趋势表明，当发现沉没财产已被其前所有者放弃时，应适用发现物法[1]。确立所有权的关键在于所有者是否放弃了该财产，所有者的放弃可以是明示的，也可以是默示的。从时间推移和所有者不使用中，或许可以推断出放弃的意图[2]。此外，美国联邦第四巡回上诉法院指出，在历史沉船的问题上，提起所有权诉讼的过程中没有所有者主张权利，也可以作出放弃权利的推断[3]。在本案中，没有所有者提出请求，并且该船已经沉没近 80 年，故法院认为货物和个人物品已经被放弃了。

在确认货物和个人物品已被放弃的前提下，法院认为应适用发现物法来决定物品的所有权是否属于原告。根据发现物法，被放弃财产的所有权由证明占有的发现者获得，即"占有财产并对其行使支配权或控制权"[4]。一旦发现者建立了占有，他对财产的权利可以对抗所有者，包括放弃财产的原始所有权人，因为放弃意味着丧失所有者的权利。

1. 已经被打捞的货物和个人物品

除了 1982 年的探险，原告贝米斯只找到了一件物品：一把来自货物中的勺子。法院认为，根据发现物法，这把勺子属于贝米斯。

---

[1] *Moyer v. Wrecked and Abandoned Vessel known as the Andrea Doria*, 836 F.Supp. 1099, 1104–05.

[2] Andrea Doria, 836 F.Supp. at 1105, citing *Wiggins v. 1100 Tons, More or Less, of Italian Marble*, 186 F.Supp. 452, 456 (E.D.Va.1960).

[3] *Columbus-America Discovery Group v. Atlantic Mut. Ins. Co.*, 974 F.2d at 461.

[4] Andrea Doria, 836 F.Supp. at 1106, citing *Treasure Salvors, Inc. v. The Unidentified Wrecked and Abandoned Sailing Vessel*, 640 F.2d 560, 572 (5th Cir.1981).

2. 仍在水下的货物和个人物品

还有一个问题是，原告贝米斯根据发现物法能否取得对其他仍在海底的货物和个人物品的所有权。如上所述，法院认为原所有权人已经放弃了货物和个人物品的所有权，因此应当适用如下规则："个人物品的所有权被放弃之后将不再是任何人的财产，直到有人以取得所有权的意图将其占有，但前提是，这种占有是公平的。"[1] 为了证明授予所有权的正当性，发现物法要求发现者不仅要证明具有获取相关财产的意图，还要证明对该财产的占有，即对该财产的高度控制。

法院认为，对于水下的货物和个人物品，原告贝米斯并没有宣告占有或达到发现物法要求的必要控制程度。没有证据表明原告贝米斯已经支配或者控制了仍在水下的物品，贝米斯至多在 1982 年进行了一次成功的探险，在 1993 年和国家地理学会一起进行了一次摄影，以及在 1994 年进行了一次失败的探险。这不能说明其对仍留在船体或海底的货物和个人物品进行了充分的占有、主导和控制，因此，法院不能确认原告基于发现物法对仍在船体和海底的货物和个人物品的所有权。

（四）基于救捞法的主张

提出救捞主张必须满足三个要素：首先，被救捞的财产必须处于海上危险中，法院通常认定水下沉船处于海上危险的理由是沉船及货物处于永久灭失的风险中[2]；其次，救捞服务必须是自愿的；最后，救捞必须全部或部分成功。救捞者只能从实际被打捞的财产中获得救捞报酬。虽然救捞法和发现物法一样，在确认救捞者对财产具有排他性权利之前，需要救捞者对该财产确立占有，但是在救捞法中占有的重要程度低于其在发现物法中的重要程度[3]。在救捞法中，只有因救捞服务而获得补偿的权利，而不能取得所有权，因此占有这一条件比起在发现物法下更容易满足。占有并不需要是持续性的，只需要在打捞活动的性质和条件允许的情况下进行占有[4]。一般来说，法院如果认为救捞者的努力是持续性的并且有很大的可能取得成功，法院会授予排他性救捞权。

除占有外，法院会考察救捞者是否履行了尽责义务[5]，如果满足了尽责义务，法院会进一步考察打捞是否为持续性的，这一条件和尽责义务之间有细微差别：对持续

---

① *Wiggins v. 1100 Tons, More or Less, of Italian Marble*, 186 F.Supp. at 456.

② *Treasure Salvors, Inc. v. Unidentified Wrecked and Abandoned Sailing Vessel*, 569 F.2d 330, 336–37 (5th Cir.1978).

③ *Hener v. United States*, 525 F.Supp. (S.D.N.Y.1981).

④ *Eads v. Brazelton*, 22 Ark. at 511.

⑤ *Andrea Doria*, 836 F.Supp. at 1107.

性的评价不仅要看救捞者过去所付出的努力，还要考察他现在的意图[①]。例如，安德里亚·多利亚案中法院认为，虽然不利的海上和气候条件阻止了救捞者在夏天继续进行打捞活动，但是通过查看其打捞计划，可以发现救捞者具有在下个夏天继续进行打捞的意图，因此可以确认救捞者的努力是持续性的。

然而，即使依据最宽松的标准来衡量原告贝米斯对水下物品的占有情况、尽责义务的履行情况和打捞活动的持续性，法院也不认为原告已经满足上述条件、达到了所要求的占有程度。法院指出，在过去的 13 年里，贝米斯只参加了三次对沉船的探险活动。第一次是在 1982 年，一队潜水员在贝米斯的指挥下打捞了大约 94 件文物；第二次是直到 11 年后的 1993 年，贝米斯和国家地理学会以及罗伯特·巴拉德（Robert Ballard）教授达成合作协议，历史学家、艺术家、船舶工程师、摄影师和声呐成像专家都参与了该活动，贝米斯只是参加者之一，且对该活动并没有实质性贡献。最近的第三次探险活动发生在 1994 年夏天，却远没有取得预期成功。原告贝米斯自己证实，探险活动只持续了两天，虽然贝米斯在船的侧面放置了一块纪念牌，但实际上并没有打捞到任何物品。因此法院认为原告并没有以追求排他性救捞权为目的占有这些物品，其既没有参与持续性的打捞作业，又没有显示出未来会成功打捞的合理可能性。

法院认为，原告提交的书面证词不具有说服力，证人证言没有事实支撑，原告没有对货物和个人物品确立占有，也没有参与持续的打捞活动。尽管他提交了证据证明他有能力在将来进行这项活动，但法院认为这不足以使得他现在获得排他性救捞权。因此，法院驳回了原告贝米斯对货物和个人物品专属救捞权的请求。

四、判决结果

法院认为，原告对船体、索具和属具建立了明确和完整的产权链，然而并没有基于产权转移取得货物和个人物品的所有权。

对于在先前的探险活动中已打捞上来的货物和个人物品，法院认为，这些物品已被原所有权人放弃，根据发现物法，将这些物品的所有权赋予救捞者。对于仍在海底的货物和个人物品，法院认为，不论是根据发现物法还是根据救捞法，原告都没有建立排他性权利，因此，法院驳回了原告基于产权转让或基于发现物法对仍在海底的货物和个人物品的所有权提出的请求。此外，法院还驳回了原告贝米斯要求救捞报酬和禁令救济的请求。

---

① *Treasure Salvors III*, 640 F.2d at 567.

五、分析评论

本案涉及水下物品所有权的两种取得方式。第一种方式是通过所有权转移取得水下物品的所有权。此种方式的关键点在于是否建立了完整的产权链，以及所有权转移的客体内容。在本案中，原告通过一系列法律行为对船体、引擎、索具、装饰和属具建立了完整的产权链，但所涉及的所有法律行为的客体均不包括船上的货物和乘客和船员的个人物品，因此原告不能通过所有权转移取得这部分水下物品的所有权。

第二种方式是通过对无主物的占有取得水下物品的所有权。此种方式涉及两个逻辑上存在先后顺序的问题：其一是水下物品是否可被认定为无主物，其二是请求人是否对无主物建立了占有。当水下物品并非从未被任何人拥有的无主物时，问题的关键就在于判断原所有权人是否已经放弃了对该财产的所有权，此种放弃可以是明示的也可以是默示的，本案指出如何判断默示放弃，从时间的推移和所有权人的不使用上可以推断出放弃的意图，而对于历史沉船来说，提起所有权诉讼的过程中没有所有者主张权利，也可以作出放弃权利的推断。而只有对上述无主物建立了占有，才能取得该物品的所有权。从本案中可以看出，"占有"不仅要求占有人以取得所有权的意图进行占有，还要求对物品达到高度控制的程度。就水下物品而言，对已经成功打捞的物品，基本上可以确认建立了占有；对未成功打捞的物品，仅对其进行过探险并不能满足"占有"的要求，从而也就无法取得其所有权。

本案还涉及救捞主张，救捞主张只涉及从被打捞的财产中获得救捞报酬的问题，不涉及直接取得物品所有权的问题，因此虽然在确认救捞者对水下物品的排他权利前也需要其建立占有，但对占有的判断标准却宽于取得所有权所需要的占有。具体来说，占有并不需要是持续性的，只需要在打捞活动允许的情况下进行占有。法院如果认为救捞者的努力是持续性的并且有很大可能性取得成功，法院会授予其排他性救捞权。除占有外，法院还会考察救捞者是否履行了尽责义务，如果满足了尽责义务，法院会进一步考察打捞是否为持续性的，这一条件和尽责义务之间有细微的差别：对持续性的评价不仅要看救捞者过去所付出的努力，还要考察他现在的意图。

案例 21：意大利铁路公司客运船"安德里亚·多里亚"号

"安德里亚·多里亚"号案

案件索引	莫耶诉被弃沉船"安德里亚·多里亚"号案（*John F. Moyer, Plaintiff, v. The Wrecked and Abandoned Vessel, Known as the Andrea Doria, Defendant*, 836 F.Supp. 1099）
案件主题	准对物管辖权；因代位求偿取得所有权的保险公司放弃沉船
案件性质	民事案件（海事对物诉讼）
案件标的物	意大利铁路公司的"安德里亚·多里亚"号从事商业客运服务，于 1956 年 7 月 26 日与瑞典班轮发生碰撞后沉没于距离新泽西桑迪胡克以东约 200 英里、马萨诸塞州楠塔基特以南约 50 英里的领海外水域，后由意大利保险集团通过代位求偿权取得沉船所有权。
当事人	约翰·F. 莫耶（原告） 被弃沉船"安德里亚·多里亚"号（被告）
审判法院	美国新泽西州联邦地区法院
判决时间	1993 年 11 月 18 日
适用规则	相关判例法（见正文）
争议点概要	1. 法院的管辖权问题； 2. 沉船及船上物品是否被原所有权人放弃； 3. 沉船打捞物所有权； 4. 授予初步禁令。
结论概要	1. 法院对本案原告和可能介入诉讼的其他申请人拥有属人管辖权，对原告打捞并被带至本区内的物品具有对物管辖权，对领海以外的沉船拥有准对物管辖权； 2. 可推断意大利保险集团放弃了船舶及船内物品； 3. 原告基于对打捞上岸并运至法院的雕带的支配取得其所有权； 4. 原告过去的研究、打捞行动、目前的意图满足发布初步禁令的要求。
判决结果	法院对沉船有准对物管辖权；保险公司放弃了"安德里亚·多里亚"号及其物品；原告对他从沉船中找到的镶嵌画雕带具有所有权；原告有权获得初步禁令，禁止其他救捞者干扰他打捞主船钟、雕带和其他贵重财产的活动。
后续进展	无

一、案情概要

　　"安德里亚·多里亚"号（*Andrea Doria*）于 1956 年 7 月 26 日与瑞典班轮"斯德哥尔摩"号（*Stockholm*）发生碰撞，随后在新泽西桑迪胡克以东约 200 英里、马萨诸塞州楠塔基特以南约 50 英里的领海外水域沉没。该船沉没前归意大利铁路公司（Italia Lines）所有，提供商业客运服务，沉船所造成的损失由意大利保险集团（Societa D'Assicurazione）

支付，意大利保险集团根据代位求偿权获得了沉船的所有权。

该船沉没后，意大利保险集团没有接受救捞者打捞沉船的报价，也从未试图打捞该船。获普利策奖的一系列照片记录了这艘船的沉没过程，沉船位置众所周知，并有详尽记录。随后许多人对沉船进行了公开打捞，意大利保险集团从未对被打捞财产的所有权提出过异议。例如，1964 年，顶级猫探险队（TOP CAT expedition）成功打捞了沉船的同名青铜雕像——16 世纪海军上将安德里亚·多里亚的青铜雕像。1981 年，彼得·金贝尔（Peter Gimbel）打捞到了乘务长的保险箱，保险箱在 42 个外国国家播出的电视直播节目中被打开，发现里面装有数千张意大利里拉纸币。大约从 1966 年开始，陆续有休闲潜水员到访"安德里亚·多里亚"号打捞了数千件物品，他们对打捞物的占有权和所有权从未受到过任何质疑。

原告美国公民约翰·莫耶（John F. Moyer）是一名经验丰富的潜水员，曾对"安德里亚·多里亚"号进行了 56 次潜水活动，从沉船中打捞出包括瓷器、水晶玻璃器皿和黄铜舷窗在内的数百件物品。此外，通过与幸存船员的大量通信和自己的研究，莫耶已经积累了大量关于"安德里亚·多里亚"号的信息。几年前，莫耶开始计划对该沉船进行一次探险活动，目的是从船头找到主船钟，从位于沉船前半部分的头等舱休息室中打捞意大利镶嵌画雕带（frieze）①。1992 年莫耶租用了"瓦湖"号（Wahoo）研究船将探险队带至"安德里亚·多里亚"号，申请法院对沉船进行扣押，并开始在船舯区域进行打捞。

1993 年 6 月 10 日，法院向美国执法人员发出扣押令以扣押该船。1993 年 6 月 24 日，莫耶将海事扣押令的副本放在密封塑料罐中，并用缆绳将其缚在位于作业区附近的"安德里亚·多里亚"号上。此外，莫耶的律师还向每一位在 1993 年夏天计划前往该船探险的租船船长发送了信件和扣押文件的副本，告知他们沉船已经被置于海事扣押令之下，以保护其正在进行的打捞作业，但并不禁止其他船舶和休闲潜水员进入"安德里亚·多里亚"号，也不禁止他们在打捞作业范围以外的区域进行打捞并占有打捞到的物品。1993 年 7 月 30 日，莫耶还通过在该地区发行量较大的报纸刊登扣押令和听证通知，向其他潜在的权利申请人发出了额外通知。

1993 年 7 月 4 日至 10 日，18 名潜水员和 2 名"瓦湖"号船长组成的队伍在"安德里亚·多里亚"号的船舯和前半部分进行了打捞，但是没有找到主船钟，而 7 月下旬的第二次打捞计划因海况恶劣和天气条件被取消了。由于"安德里亚·多里亚"号位于经常遭受恶劣天气影响的海域，只有夏季（从 6 月中旬到 8 月中旬）才能进行打捞作业，莫耶计划在 1994 年夏天继续寻找主船钟。最终，在约 30 次潜水中，莫耶团

---

① 雕带：墙上或建筑物上的横饰带，是一种艺术品。

队从船上的休息室找到了两个巨大的意大利镶嵌画雕带，并一直由莫耶实际占有，没有其他人对莫耶打捞的镶嵌画雕带提出过相反的所有权主张或利益诉求。

二、原告主张

原告要求法院授予初步禁令，禁止竞争性打捞活动，以确保原告可以从"安德里亚·多里亚"号沉船中找到并打捞主船钟和镶嵌画雕带。

三、法院意见

（一）管辖权问题

本案的被诉船舶"安德里亚·多里亚"号位于法院管辖范围以外，在美国领土范围以外的海上打捞作业引起的诉讼属于联邦法院的海事管辖范围[1]。法院对原告和将来可能介入这一诉讼的其他申请人具有属人管辖权，对原告所打捞并被带至本区内的镶嵌画雕带，具有对物管辖权。

法院对位于新泽西州海域以外的沉船，拥有准对物管辖权。传统上，法院要对船舶行使管辖权，需要该船舶或其他物品出现在法院的管辖范围内，但是当涉及打捞沉船时，这一对物的要求就出现了例外情况，允许法院对沉船主张准对物管辖权，法院主张准对物管辖权是基于打捞作业将导致沉船的一些部分被带至领土范围内，从而使法院可以取得对物管辖权的"合理可能性"[2]。

原告已对"安德里亚·多里亚"号进行了可行的打捞作业，使法院的准司法管辖权延伸至该沉船。6 月 10 日沉船被扣押以外，原告两次租船前往该沉船进行探险活动，并打捞到上述雕带，原告的打捞活动很有可能会使沉船的其他部分也落入本法院的领土管辖范围内，法院对失事船舶有准对物管辖权。

（二）船舶及船上物品的放弃问题

对失事沉船可以适用两种法律理论，即发现物法和救捞法，但只有在沉没财产已

---

① *MDM Salvage, Inc. v. The Unidentified, Wrecked and Abandoned Sailing Vessel*, 631 F.Supp. 308, 311 (S.D.Fla.1986), citing *Treasure Salvors, Inc. v. The Unidentified Wrecked and Abandoned Sailing Vessel*, 640 F.2d 560 (5th Cir.1981) (Treasure Salvors Ⅲ).

② *Treasure Salvors, Inc. v. The Unidentified Wrecked and Abandoned Sailing Vessel, "Nuestra Senora De Atocha"*, 546 F.Supp. 919, 929 (S.D.Fla.1981).

经被前所有者放弃时才能适用发现物法 ①。这种放弃必须得到明确和令人信服的证据支持。放弃可以根据间接证据推断，可以从时间推移以及所有者不使用等因素中推断出放弃的意图 ②，沉船的地点和船舶所有权人的行为也是可以考虑的其他因素。

有两个判例涉及通过代位求偿权取得船舶所有权的保险人何时可以被适当地推断为放弃沉船的问题。其一是哥伦布—美洲探索集团诉大西洋互助保险公司案 ③，其二是齐赫诉身份不明的被弃沉船案 ④。在哥伦布—美洲案中，上诉法院认为下级法院认定保险公司放弃了沉船是错误的，因为保险公司与打捞者就沉船定位和打捞沉船中的黄金在进行实际打捞之前进行了近 20 年的谈判，在这些谈判中保险公司从未明确放弃对该船的所有权。鉴于此，认为保险公司放弃了沉船是不恰当的。在齐赫案中，伊利诺伊州地区法院也认为无法从保险公司的行为中推断出放弃的意图。"埃尔金夫人"号于 1860 年在密歇根湖沉没，但它的确切位置直到 1989 年才被发现。法院认为，保险公司保留了损失记录，并且特别指示其代理人不要放弃"埃尔金夫人"号。虽然保险公司在该船沉没后的 130 年内都没有采取任何打捞行为，但由于 20 世纪 80 年代才出现定位和打捞该沉船的技术，因此保险公司在只有很小的机会能够成功打捞的情况下，无需通过尝试打捞来避免被推断出放弃船舶利益的意图。

本案与上述两案中的情况不同，本案中意大利保险集团未能参与"安德里亚·多里亚"号的打捞工作并不能以缺乏定位和打捞沉船的可用技术为借口。沉没时的照片记录了沉船的最后地点，而打捞技术至少从 1964 年顶级猫探险队打捞出雕像时就存在，业余潜水员自 1966 年以来一直在对该船进行打捞作业。而意大利保险集团除了最初发出过打捞的报价要约外，没有与救捞者进行过持续的谈判，虽然它从未明确宣布其放弃所有权权益，但它在面对无数独立的救捞活动时的无所作为即意味着放弃。意大利保险集团从未对从"安德里亚·多里亚"号打捞的财产所有权提出过任何异议，当然，如果打捞出的财产都没有价值，这种不作为可能是合理的，但是打捞上来的物品中包括一尊铜像和乘务长的保险箱。加之保险箱是在国际电视台上打开的，可以表明打捞活动是公开且众所周知的。鉴于以上事实，法院可以得出意大利保险集团已经放弃了"安德里亚·多里亚"号船舶及船内物品的推论。

---

① *Columbus-America Discovery Group v. Atlantic Mut. Ins. Co.*, 974 F.2d 450. 464 (4th Cir.1992), cert. denied,507 U.S. 1000, 113 S.Ct. 1625, 123 L.Ed.2d 183 (1993).

② *Wiggins v. 1100 Tons, More or Less, of Italian Marble*, 186 F.Supp. 452, 456 (E.D.Va.1960).

③ *Columbus-America Discovery Group v. Atlantic Mut. Ins. Co.*.

④ *Co. and Zych v. Unidentified, Wrecked and Abandoned Vessel, Believed to be the SB "Lady Elgin"*, 755 F.Supp. 213 (N.D.Ill.1990).

（三）雕带的所有权问题

被放弃财产的所有权由证明"占有"的发现者取得，其定义为"占有该财产并对其进行支配或控制"[1]。占有也被定义为"发现者既有获得特定财产的意图，又通过对财产的控制实现了这一意图"[2]。仅仅是发现被遗弃的财产这一点不足以取得该财产所有权[3]。

本案与玛莎葡萄园潜水总部公司诉身份不明的被弃沉船案[4]相似，在该案中上诉法院确认了救捞者对其从沉没的远洋班轮上打捞的物品拥有所有权。法院认为，"第一个发现者合法地占有被弃物，取得了对这些物的控制权，并且以获得其所有权为目的将文物带至陆地，因此发现者对取得这些物的所有权具有最优先的权利"[5]。在本案中，原告将"安德里亚·多里亚"号置于海事扣押令之下，对该船进行了合法的打捞活动，并将打捞上岸的雕带送至法院，其对雕带的支配基本上毋庸置疑，因此应当将雕带的所有权授予原告。这一所有权是对世权利，除非真正的所有权人可以推翻其已经放弃雕带的基本假设[6]。

（四）初步禁令的授予问题

本案中原告申请初步禁令的请求有两点特殊之处：首先本案已发出初步命令扣押沉船，准许原告进行打捞；其次，无论是保险公司还是其他竞争救捞者，都没有向法院主张对船只或其物品享有优先救捞权。目前，本法院管辖范围内的竞争救捞者仅有原告一人。

如法院已经发出初步扣押令，而初步禁令的目的是保护打捞作业，发出初步禁令则要求救捞者的工作必须勤勉尽责、持续进行并且有一定的成功前景[7]。这一标准明显不同于适用于授予发现人被弃财产所有权的标准，在发出禁令之前，救捞者不需要实际占有任何东西[8]，占有的持续性要求只需要在打捞作业的"性质和条件"所允许的情况下实现[9]，同时，占有必须是广为人知的，并向正在进行的打捞作业的实际或潜在竞争对手发出告知[10]。当救捞者出于正当理由离开沉船并还打算返回时，占有不会被

---

[1] *Treasure Salvors III*, 640 F.2d at 572.

[2] *Hener v. United States*, 525 F.Supp. 350, 356 (S.D.N.Y.1981).

[3] *Treasure Salvors III*, 640 F.2d at 572.

[4] *Martha's Vineyard Scuba Headquarters, Inc. v. The Unidentified, Wrecked and Abandoned Steam Vessel*, 833 F.2d 1059 (1st Cir.1987).

[5] *Martha's Vineyard*, 833 F.2d at 1065.

[6] *Hener*, 525 F. Supp. at 356.

[7] *Martha's Vineyard*, 833 F.2d at 1061.

[8] *Treasure Salvors*, 640 F.2d at 572.

[9] *Hener*, 525 F.Supp. at 354〔quoting *Eads v. Brazelton*, 22 Ark. 499, 511 (1861)〕.

[10] *Cobb Coin Co., Inc. v. Unidentified, Wrecked and Abandoned Sailing Vessel*, 525 F.Supp. 186, 204 (1981).

剥夺 [①]。

在本案中，原告以其过去的行动证明其具备近期打捞"安德里亚·多里亚"号的能力。原告在开始打捞"安德里亚·多里亚"号之前对其进行了大量的历史研究，包括与幸存船员通信。原告还投入了大量资金和资源进行打捞，比如他租用了"瓦湖"号船舶，雇用了一个由 18 名潜水员组成的团队等。原告还通过照片和视频以及书面叙述对打捞作业进行了记录，以上事实都可以证明原告的工作是勤勉尽责的，并且有一定的成功前景，他打捞上来的雕带即是对此种成功前景的有形和实质性证明。

因此，法院审查的范围仅限于原告的活动是否"持续进行"。这项审查的重点不仅着眼于救捞者过去的努力，而且还着眼于救捞者目前的意图。原告在打捞"安德里亚·多里亚"号时设定了两个目标，即打捞主船钟和雕带。打捞主船钟还未成功并不是由于他的过失或能力不足，而是由于恶劣的海况和天气条件阻止了他的活动，原告已表示他打算在 1994 年继续进行打捞。鉴于以上事实，原告的努力满足"持续进行"的要求，可以为其发布初步禁令。

四、判决结果

法院对失事船只有准对物管辖权；保险公司放弃了"安德里亚·多里亚"号及其物品，原告对他从沉船中找到的镶嵌画雕带有所有权；原告有权获得初步禁令，禁止其他救捞者干扰他打捞主船钟、雕带和其他贵重财产的活动。

五、分析评论

传统上，法院要对船只行使管辖权，需要该船只或其他物品出现在法院的管辖范围以内。而当船舶沉没地点位于美国领海外，涉及打捞沉船时，这一对物的要求出现了例外情况，即允许法院对沉船主张准对物管辖权。准对物管辖权的建立基于打捞作业将导致沉船的一些部分被带至法院所在地国家领土范围内，从而使法院可能取得对物管辖权的"合理可能性"。这一准对物管辖权的行使使得法院能够较早介入到沉船的打捞活动中，以便尽早通过发布扣押令、授予禁令的方式规范竞相打捞行为，从而起到停止纷争的作用。

本案涉及判断船舶及船上物品是否被放弃的问题。根据前文所述案例，放弃可以是明示的，也可以是默示的。而默示放弃则需要法院通过一系列事实推断出原所有权人放弃财产的意图。在本案中，原所有权人是通过代位求偿权取得所有权的保险公司。

---

① *Rickard v. Pringle*, 293 F. Supp. 981, 985 (S.D.N.Y.1968).

根据法院的分析可以看出，单纯的不作为、不打捞不能直接被推断为放弃船舶利益，还需要考虑当时的技术背景及其他客观条件是否使得所有权人有机会进行成功打捞。这一点需要法院进行判断。而在本案中，船舶所在地十分明确，又有多家私人打捞公司对其进行打捞并且成功打捞出具有价值的物品，在这种情况下，原所有权人从未对此表示异议的事实就可以证实其放弃了船舶和船上物品的所有权。

本案还涉及初步禁令的问题，初步禁令的目的是保护打捞作业，发出初步禁令要求救捞者的工作必须勤勉尽责、持续进行并且有一定的成功前景。在判断打捞作业是否勤勉尽责时，需要考虑救捞者为了进行打捞作业所做的准备工作。在这一点上值得注意的是，如果沉船的年份较长，可能构成历史性沉船，则需要重点考虑考古保护因素。成功的前景可以通过目前已经成功打捞上岸的物品来证明。而"持续进行"的审查重点是救捞者过去的努力和目前的意图。

第三节　位于领水

案例 22：英国地下河床内的古沉船

布里格案

案件索引	埃尔维斯诉布里格煤气公司案（Elwes v Brigg Gas Co,（1866）33 Ch.D.56）
案件主题	本案涉及地下河流下覆土地上沉船的归属问题
案件性质	民事案件
案件标的物	旧水道挖出的约 2000 年前的船
当事人	埃尔维斯（原告） 布里格煤气公司（被告）
审判法院	英国高等法院大法官法庭
判决时间	1886 年 6 月 23 日、7 月 6 日
适用规则	租赁合同
争议点概要	该船只的归属问题
结论概要	该船只属于原告
判决结果	原告胜诉
后续进展	无

一、案情概要

1885 年 12 月 7 日，布里格庄园的地主、埃尔维斯家族地产的终身承租人加力·埃尔维斯，起诉了布里格煤气公司。被告曾与布里格庄园的原主人于 1856 年 4 月 5 日签订了一份租赁合同。根据该合同，承租人可以在 99 年间使用出租土地的一部分，出租人以及他的后代拥有合同中保留的以下权利："出租人（及其后代）有权享有该转让土地上或土地中的一切矿产或矿物质，以及水道的所有权，并且出租人（及其后代）可以随时自由进入该土地开启、清洗、修复水道。承租公司可以在此修建一处分界墙；当承租人在该地上建造煤气桶、油气罐、建筑物、棚屋以及其他建筑物之前，应草拟好建造计划和细节，并应经过出租人指定的检验员或中介机构的检查和同意；出租人在建造过程中，应该使用得到检查员或中介机构同意或认可的优质的砖、木材和其他材料。"

租约中还规定：如果承租人每年按时交租金，并遵守合同中的各项要求，就可以占有并使用前述土地以及地上的所有建筑物；并且在 99 年之内，出租人以及任何依托出租人或合同的人都不能通过限制条款的规定，妨碍承租人的这些权利，即在租约到期或将要到期时拆除其所有的营业装修（建筑、装饰物等）、（生产）工具以及其他在转让的土地中或周围的东西。但是构成出租人财产的边界墙、建造物、棚屋、建筑物，不属于承租人。

1886 年 4 月，被告公司在一次挖掘作业过程中，在地面几尺下的安霍尔梅河（Ancholmeh）的泥土里发现了一条橡树制成的 45 英尺长的古船。5 月 1 日，原告向被告主张对船的权利，并要求被告归还该船。被告拒绝原告的请求，并坚持该船属于被告。

二、各方主张

（一）原告主张

无论将该船当成可移动财产或是附着于土地的财产，或者是合同保留条款中的矿物，此船都是原告（出租人）的财产而不是被告公司（承租人）的财产。如果土地被终身或多年转让，承租人对附着于土地的物质就有一种特殊利益；但是如果承租人或其他人在挖掘过程中将其从土地里分离出来，那么承租人的财产和利益便消失了，这些将是出租人遗产的一部分。

地表下的橡木块经过多年演化，已经成为附着于永久不动产的一部分。因此这样的橡树块不是动产，而是遗产的一部分，正如格言所说"附着在土地上的东西都属于土地"[①]。通过租赁合同，被告只能获得 99 年占有土地并获得收益的权利，他没有获得这个物品的所有权。那能说这条古船是年收益的一部分吗？附着于自由保有地产的物品和动产，最终由原地主的继承人继承而不是由执行人或者是管理人获得，这样的物品就好像是"土地里的树根"。

假如该船一直都是动产，出租人就是该船的所有者，因为即使他授权被告公司使用土地 99 年，也并没有授予被告这些利益的意图。正如，如果一个人（原主）把他的桌子卖了，有人正好在抽屉里发现了一些钱，那么这些钱是属于原主而不是发现者的。在本案中，更可取的观点是，因为这条船在被挖出来时，是有可能为营利而展出或出售的，因此这艘船是属于保留条款中的物品。"当一种从地下挖掘到的矿物是可以营利的物质，那么它应当在保留条款之内，除非根据上下文或者交易的特点，法院应对其作出狭义的解释"。如果该船石化了，或者如果物品被发现时已经成为"巨龙骨骼"，显然属于保留条款中的物品。并且如果它既不是动产，也不是租赁合同中保留的物品，它将会是附着在土地上的属于出租人的财产。

（二）被告辩称

被告对格言或者巨龙骨骼的类比没有异议，但它们在本案中不适用。如果将其看成树，那么它更像是"古树"，因为这棵树不具有任何的木材使用价值，因此可以被承租人所有。

即使房主知道这条船的存在，他也不能在出租房屋并将 99 年的土地占有权授予承租人之后，再从该土地上挖出这条船。这个租约不是农业租约，而是双方在签约时就考虑到了出租人将会在这片土地上挖地基并建造建筑物。承租人在挖掘过程中费了很多力气才挖出来这条船，他应该为自己的获利行为而获得回报。

在相关案例中，法官否认了火石是矿物，也否认了可以获利的泥土和沙子是可以保留的矿和矿物。在本案中，矿和矿物的保留不能适用于挖掘时挖出的废土，根据双方租约的意图和含义，承租人在挖掘时一定会将废土挖出来；并且，根据租赁合同，出租人不能禁止承租人抛弃全部挖掘出来的物品。

---

① quicquid plantatur solo，solo credit（whatever is affixed to the soil belongs to the soil）.

三、法院意见

本案事实没有争议。双方在声明中都认可这是一条古老的、大约有两千年历史的船，由橡树制成，长45英尺，它被他的原主放弃或遗失在安霍尔梅河岸上，经过长时间的自然作用已嵌入泥土里。被发现时，它的一端嵌入泥土4英尺、另一端嵌入6英尺；还未石化，仍然保持着木头的性质。

本案中的一个问题是，这条船在未被发现之前，是法律中所承认的矿物或属于它嵌入的土壤的一部分，还是动产。在法官看来，他没有必要去决定这条船的性质。（1）它是一种矿物吗？在Hext v Gill案中，法官迈里士在判决的声明中说道："矿物"包含任何从地表下挖掘出来、以获利为目的的物质。小船显然包含在这个广义的定义之中；但是法官认为除了那些属于自然土壤一部分的物质，其他物质不属于"矿物"。毫无疑问的是，法律认可煤是自然土壤的一部分，无论这块煤是由什么演化而成。在法律中，树变成了煤的具体情形没有办法通过调查得知，只能考虑这种自然演化的结果。但是这条船并没有石化；它一直都不同于自然土壤本身。因此法官认为，它应该不是一种矿物。（2）这条船是它嵌入的土壤的一部分吗？格言"附着在土地上的所有物品都是土地的一部分"是一项绝对的法律原则。例如，如果一个人从另一个人的土地上挖出石头、砖块或其他类似东西，并将它们作为房屋的地基，那么这些石头或者砖块将变成土地主人的财产，甚至即使该人曾经明确表达石头或砖块是他的财产，石头和砖块的归属也不会因为他之前的意图而发生变化。法官不认为这条船是有人故意放在这里的，自然作用导致它陷入土壤中似乎更有说服力。（3）这条船是动产吗？支持它是动产的人认为，即使它嵌在泥土里，它也始终保持着和土壤本身不一样的动产的特征。在不久前的挖掘中，有人发现了一个装有罗马硬币的罐子，那么能说这个罐子或者里面的硬币是土壤的一部分吗？在另一次挖掘中，有人也发现了一个保存完整、精心制作的罗马灯，那么，这盏罗马灯是土壤的一部分吗？但无论结果如何，法官认为实际上没有必要去解决这个问题。

在本案中，实际需要解决的问题是，在出租土地时，原告是否享有该船的所有权。法官认为，无论这条船属于以上三种的哪一类，它都属于原告。如果他是一种矿物，或者土地的一部分，它显然是原主遗产的一部分。如果它是动产，那么这个动产也属于原告。理由是根据1856年的租赁合同，原告享有遗产继承权，以及合法占有权：他不仅占有地面上的物质，而且还占有地表至地心之间所有的物质，因此有权占有这条船。在Reg v Rowe案中，当运河水被抽干时，该案被告人偷走了运河主人掉入运河的铁块，法院最终支持运河公司的观点，认为这一铁块是公司的财产，公司有权占有它。如果被遗留在水下地表上的动产的事实足以说明土地主人有权合法占有该动产，那么在本案中，原告也有权占有这条船。因为这条船嵌在土地里，单纯的发现行为不足以说明被告有占有权。原告的占有权来自租赁合同的授权——遗产继承权，这是合法的对世权，即使原告不知道这条船的存在，也不会影响他的权利。

被告的主张必须基于租约以及签约后他的行为以及所发生的事情。这条船不能仅仅因为转让土地使用权而属于承租人：租赁合同仅仅是转让占有权和收益权的合同。通过该合同，被告约定在移转的土地上修建分界墙，但没有约定去建造煤气窖，建造煤气窖不是合同项下的内容。在合同中，关于建造煤气窖的事项如下：一切建造煤气窖的行为都需要得到出租人代表的事前同意，这项建造计划中包含了在船嵌入的地方挖地基。虽然合同没有允许被告对该处进行挖掘，但允许其按照计划做事，被告挖掘行为是按照计划做事的结果，这也就相当于原告在法律上同意被告的挖掘行为。然而，这些计划中没有提到如何处理挖出来的废土。在这种情况下，双方的合同中应该包含可以去除挖到的东西的意图，但这种允许的范围不应该超过合理程度。双方的这种意图，应该是经过双方深思熟虑后的公平结果，否则就不能说是双方的意图。这条船是无主船，被告发现这条船纯属偶然，而不是深思熟虑的结果；并且，即使租赁合同允许在挖掘中处理泥土或土壤，但这并不意味着允许移动和处理其中的无主财产，因此原告不能任意处理这条船。如果这条船被当作矿物，那么它就是合同中的例外情形；除了这种例外情况，租赁合同中再没有其他意图。如果这条船被当作土壤的一部分，因为它已永久附着在土壤上；或者被当动产，那么这将不是双方的意图。即使这是一个动产，被告也不能仅仅通过他的发现行为，而获得动产财产的所有权。

四、判决结果

无论这条船的性质如何，被告仅凭借其发现船的行为，都不足以证明其享有该船的所有权；即使原告不知道该船的存在，它也属于原告。

五、分析评论

本案是关于地下古船所有权归属问题的案件。原告埃尔维斯家族曾与被告煤气公司签订租赁协议，约定了租赁期间该地产中物品的使用权及所有权的归属。被告在施工过程中，挖掘出了本案争议的古船，该船已嵌入泥土里。该案是平等主体之间的民事纠纷，双方看重的是该古船可能具有的经济价值。

该案的分歧在于承租人是否享有其发现的地下河道中的财产。法院认为，无论这条船的性质如何，该财产都属于原告。如果它是一种矿物，那么它将是合同保留条款中的内容；如果它是土地的一部分，显然，它属于土地的所有者而不是承租人；如果它是动产，根据合同的内容以及双方签订合同时的意图，被告偶然的发现行为，不属于合同中"依计划行事"的行为，因此也不能说明该财产属于被告。法官对合同的解释在本案中起到决定性的作用。法官通过协议文本推测出租赁人同意承租人建造煤气窖的行为，又根据理性以及公平视角分析如何处理协议文本并未提到的施工过程中发现的物品的归属。协议中的任何行为都应是双方深思熟虑及妥协的结果，任意剥夺租赁人权益的推测都是不公平且不合理的。因此，在无明确约定的情况下，该物的所有权应属于土地所有者。

在 1 个世纪以后的海事对物诉讼判决中，仍可以看到大量对历史沉船沉物属性的讨论，其是否可以被认为是自然资源影响到法律保护能否适用？而在立法明确政府所有权之前，许多判决是依据政府对淹没土地内埋藏物的所有权将历史沉船沉物判归政府，使其脱离救捞者之手。

案例 23：沉没在美国内水的英国护卫舰"轻骑兵"号

德克林诉戴维斯案

案件索引	德克林诉戴维斯案（Barent Deklyn and others v. Samuel Davis and others, 1 Hopk. Ch. 135 (1824) April 19, 1824·New York Court of Chancery 1 Hopk. Ch. 135）
案件主题	禁令能否认定遗弃物的所有权（title）
案件性质	民事案件
案件标的物	1781 年沉没的英国护卫舰"轻骑兵"号
当事人	拜伦·德克林等人（被上诉方，原审原告） 塞缪尔·戴维斯等人（上诉方，原审被告）
审判法院	纽约州衡平法院（设立于英国殖民时期）
判决时间	1824 年 4 月 19 日

续表

适用规则	衡平法院就所有权案件颁布禁令的条件仅限于： 1. 所有权不存在争议； 2. 损害不可弥补。
争议点概要	1. 被上诉方声称拥有"轻骑兵"号沉船的所有权和财产权，并请求法院对上诉方下达禁令，上诉方在答复中也声称自己是护卫舰的实际拥有者； 2. 能否通过法院禁令使存在争议的遗弃物所有权从一方转移到另一方。
结论概要	1. 法官下达的强制禁令被解除，按法律规定支付补偿等； 2. 不应发布禁令从而将所有权从一方转移到另一方。
判决结果	此前签发的禁令根据实际案情被解除

一、案情概要

约在 1781 年或 1782 年英国革命战争期间，"轻骑兵"号护卫舰沉没于威彻斯特地区的莫里萨尼亚附近的东河中深约 60 到 70 英尺处。原告是 1823 年 5 月 1 日成立的打捞"轻骑兵"号英国护卫舰协会的成员。原告诉称，"轻骑兵"号已被放弃。1823 年夏天，他们花费巨大的人力和财力成功地定位了该船的确切位置，在该船周围系上固定在浮木上的铁链，将该船从河床中抬升约 10 英尺，从而完全占有了该船，并持续保持占有，因而该船已成为他们的财产。随着冬季来临，他们因天气原因停止了作业，并打算春季再继续打捞。直到 1824 年 3 月 22 日，被告在明知原告享有"轻骑兵"号所有权的情况下，将船舶停泊在沉船上方封锁了原告的浮木，并在其周围圈定一大片水域，使原告无法接近沉船。

原告请求法院发布一份禁令，禁止被告对原告的打捞作业实施进一步干扰；同时，法院应命令被告立即将其停放在东河水域"轻骑兵"号和船上浮木周围的船只等移走，并彻底离开。

一名法官已经签发了上述禁令，并送达给被告。被告戴维斯立即上诉，要求解除禁令。被上诉方则又声称上诉方藐视法庭程序，主要理由是上诉方不服从禁令拒绝移走船只；被上诉方还称，上诉方增加了他们的工作量。

二、上诉主张

（一）上诉方举证

上诉方戴维斯否认"轻骑兵"号一直被当作遗弃物，理由是 1816 年有一家公司成立并占据了该船，还在沉船上进行了作业；1817 年，该公司在船舷上凿了一个洞，进入"轻骑兵"号并从船上拿走了 22 把枪、大量索具和其他物品。

1819 年，上诉方发明了一种从河底提起重物的大功率机器，曾于 1816 年占据"轻骑兵"号的公司提议上诉方参与打捞"轻骑兵"号。为实现这一目标，上诉方在巴尔的摩和纽约的报纸上刊登了他发明制造的打捞"轻骑兵"号沉船的机器图纸，并提出了出售股份筹集资金的方案。花费了大约 11000 美元准备资金后，上诉方于 1822 年 9 月带着他的机器来到了纽约，根据海军专员的命令，这些机器放在海军船坞工厂保管。

由于当时黄热病盛行，纽约市民纷纷逃离，股东们的事务非常混乱，故当时不可能开展打捞活动。这一年 9 月，即在被上诉方成立协会之前，上诉方与一名曾受雇于 1816 年成立的打捞"轻骑兵"号公司的人员，连同几名海军军官和工人一起，前往莫里萨尼亚，确定了"轻骑兵"号的确切位置和情况，并接管了它，同时在邻近的岸上做了标记确定范围，以便下一个季节返回作业。

上诉方认为，在被上诉方联合起来对抗上诉方并主张剥夺他的权利之前，被上诉方便已经知晓这些事实；而且上诉方声称，被上诉方于 1823 年 5 月成立协会时，这些事项已为公众所知晓，因而，被上诉方目的是损害上诉方并剥夺他在这项活动中投入劳动和费用后所获得的利益。

上诉方还称，被上诉方协会中曾有一人邀请 W. A. 巴伦少校加入他们的队伍，但被巴伦少校拒绝了。巴伦少校明确告诉他们，他已经和长期以来从事和关注这项作业的上诉方达成了承诺：并进一步忠告他们，他们妨碍上诉方是不公正的。但被上诉方宣称他们打算趁上诉方不在的时候占有"轻骑兵"号，并采取行动阻止上诉方继续打捞。1823 年 5 月，在被上诉方准备好机器之前，上诉方已向沉船附近土地的所有者莫里斯夫人租借了最近的河岸。之后，被上诉方为相同目的向她申请租借河岸，但上诉方租约在先；上诉方称，如果不使用该河岸，双方都无法进行打捞。

上诉方租赁土地之后，在上诉方和他的工人不在的情况下，被上诉方在"轻骑兵"号上方停泊了一艘单桅帆船，欺诈性地强行占有了该舰，并在随后的一年中持续阻止上诉方打捞"轻骑兵"号，这就是被上诉方在其诉状中提到的占有依据。针对这些行为，上诉方曾向被上诉方德克林（Deklyn）提出抗议，后者则经常承诺，如果他在某一天没有打捞成功，就放弃对"轻骑兵"号的占有。因此，上诉方从未放弃过他们的权利，而且德克林也曾在1823年答应上诉方在来年春天加入上诉方的作业。上诉方同时承认，1824年3月22日，上诉方戴维斯在德克林和他的同伴不在场的情况下，在"轻骑兵"号上方停泊了一艘单桅帆船，用浮筒、机器等围住"轻骑兵"号，从而占据了该舰，并从那时起一直从事打捞作业，直到被禁令限制权利。

总之，上诉方否认被上诉方在1822年秋天后曾和平占有"轻骑兵"号，但承认他们在第二年冬天用铁链将木桩同沉船固定在一起；并坚持认为，被上诉方在成立协会之前就已充分了解上诉方的行动和他在1822年秋天占有沉船的情况；而且，上诉方的行为非常公开，且被广泛宣传，并在几个州出售股份；上诉方花了四年时间，他的协会为此目标已花费了大约12000美元。

在解除禁令动议的程序启动时，G.威尔逊（G. Wilson）先生提出异议，他认为法律准许的三周例外时限尚未到期。法院则强调，即便答辩容易受制于法律规定的例外情形，但允许上诉方在答辩阶段的任意时刻都可以要求法院解除禁令是长期存在的司法实践，法庭也必须遵守，否则禁令及诉讼审判的公正性便容易遭受质疑。

（二）上诉方意见

M.霍普金斯先生（S. M. Hopkins）是上诉方的代理人，他认为：

该诉讼的诉因仅限于侵占。被上诉方诉称，被上诉方以和平手段占有了私人动产，他们在该动产被放弃时通过占有该动产全面获得了财产权，而上诉方随后强行剥夺了他们的产权。

针对侵占行为而颁布禁令几乎不被允许；除了遗失物案件、永久产权受影响的案件等少数案件，法院从未在其他案件中准许颁布禁令[1]。在本案中，即便被上诉方的诉请可以赋予法院管辖权，但是上诉方行使法律上的救济权利并没有任何障碍和困难。

被上诉方的权利应予完全否认。就当下的情形而言，即便是遗失物案件，要求颁布禁令也缺乏依据，更不用说是侵占的情况。

上诉方的占有是事先的、合法的、善意的占有，而被上诉方的占有则是欺诈性的占有。关于所有权以及占有存续的证据，国外民法学家的著作中多有论及，英国的法学著作中占有的内容较少。波蒂尔（Pothier）的《占有论》对这一问题进行了非常详尽的解释。

---

[1] Eden on Inj. 138, 9.; *Stevens v. Beekman*, 1 John. ch. 318.; *Storm v. Mann*, 4 ib. 21.

这项禁令非常不妥，而且一定是法官缺乏充分考虑就匆忙下达的。它不仅是一个对打捞行动的强制禁令，也是一个改变所有权的禁令。如果此类禁令都合情合理，那么该州的任何固定产权都不会有片刻的安全。

威尔逊先生支持该禁令。他认为，除非法院加以干预，否则被上诉方将遭受难以弥补的损失；而且，在随后的一些非法侵占案件中，法院扩大了管辖权，颁布了禁令以防止非法侵占的发生[①]。但他不认为上诉方的答辩状为任何正当的权利主张提供了证明。上诉方戴维斯用非常无力的措辞说，他"占有了""占据了"，他在岸边做了标记，确定了"轻骑兵"号的方位，但没有说上诉方是否曾经采取实际行动以占据沉船。与之相反，被上诉方当事人下潜到"轻骑兵"号船体周围，用铁链缠绕住船，用河面上的木头将"轻骑兵"号固定住，整个冬天都以实际可见的方式对"轻骑兵"号保持着明显的占有，且这种占有一直持续到上诉方侵犯他们权利的那一刻。总之，只有占有的意图是不够的；他必须实际占有该物品、付出人工劳动进行占有[②]。

在一些案件中，基于禁令的性质，当事人甚至被命令去采取实际行动。如果相关因素可以证明，事件当时采取措施具有现实紧迫性，那么当事人确保措施行为合法性的唯一希望就是法院的预防性管辖。在本案中，如果被上诉方没有占有行动，权利将无法实现，上诉方也在答辩状中声称采取实际行动占有沉船是必要的。戴维斯称，他确定了"'轻骑兵'号的确切情况和位置"，然后做了标记并确定了方位。现在"轻骑兵"号躺在水下 60 或 70 英尺处；如果不先下潜找到船体，便无法知晓其确切位置，也无法确定方位。

上诉方代理人霍普金斯先生辩称，对每一件物品都必须采取实际行动占有，是一项武断的原则，也与常识不符。要获得遗失物的所有权，必须有占有的意图和实际占有的行为。但是，一旦以这种方式获得了占有，它就不会再失去，除非所有权人具有"失去或放弃的意图"。波蒂尔在《占有论》中对这一点的论述非常充分，并以民法的条文来支持他的立场；他举出了睡眠、精神错乱等明显的案例来说明所有权人"失去或放弃的意图，不存在放弃占有"[③]。

总之，必须由案件的性质和紧急程度来判断占有行为。上诉方戴维斯在证人面前占有了土地，并在岸边做了标记等。如果只有少数人知道这件事，可能会有效力不足之嫌，但他的准备工作的规模和公开性无疑表明了其决心，而且就道义和实际效果而

---

① Eden on Inj. 138.
② 2 Bl. Com. 156.; 1 Rutherford Inst. 75 to 81.
③ CEuvres de Pothier, 18 vol. of 12mo., Paris edition of 1782, 43. 44. 51, 52. 他引用了 L. 4 Cod. de ac. poss. L. 3. §. 11. L. 25. 27. 又见 L. xli. tit. 2.

言，这些准备工作比在整个冬天用浮标和信号来占有更具效力。

三、法院意见

本案双方的核心争点是所有权。双方都制定了方案并采取措施打捞"轻骑兵"号；但双方都还没有实现这一目标；双方都还没有获得对被弃物的实际或独家占有。在这种情况下，被上诉方提起诉讼，称其占有行为使得他们获得了"轻骑兵"号的所有权；而上诉方在答辩状中坚持认为，他们为实际占有所做的准备工作使他们拥有了优先和上位权利。

本院从以下三个方面对案件争点进行辨析：

1. 法院是否有权管辖本案争议。无论是船只作为案件主体的性质，或者所有权的性质本身，都难以构成本案的衡平法管辖权基础。在与本案相似的案件中，第一次占有就会产生所有权；但一个行为究竟是否构成占有，如同其他占有案件一样，是一个事实问题，取决于占有人的行为和意图。而基于这一事实问题的特质，由法院和陪审团进行调查特别合适；当不同占有行为产生了相互冲突的权利主张时，情况更是如此。在所有类似的案件中，如果发现者或第一占有人对个人物品的所有权提出主张，其权利由法院审理和确定。本案起诉状中陈述的所有案情，是在具有侵占行为的情况下将诉讼提交给法院。常见的恢复原状、赔偿损失等法律救济措施，宜适用于本案审理，也符合正义的要求。这艘沉船的特殊情况，并不构成衡平法管辖权的依据；如果案件是基于管辖权的理由提交给法院，则不经陪审团审判，双方的请求就不能得到适当裁定。被上诉方并没有指控称上诉方无偿付能力、双方之间存在合同、在本案中存在任何欺诈信托或其他衡平法管辖权的理由、对上诉方的补救措施存在任何法律障碍。

2. 禁止侵犯权利的禁令，虽然条件更宽松，但仍局限于所有权不存在争议而且损害不可弥补的情况。因此，此类禁令针对的标的是个人财产，尚无衡平法院通过禁令将遗失物的所有权判给一个占用者而非另一个占用者的案例。就本案而言，双方权利存在争议，任何一方的所有权（如果有的话）都非常不完整；而且被上诉方的起诉状中并未表明，如果标的物归于上诉方，对被上诉方的伤害将不可弥补。

3. 在本案中，法院发布的禁令不仅要求上诉方停止其进一步的打捞行为，而且要移走他们准备用于打捞护卫舰的工具设备，且允许被上诉方和平地进行打捞船只的作业尝试。在这场为获得对被弃船只的实际占有的争议中，虽然不能确定是被上诉方的权利或上诉方的权利更为优先，但禁令的效果可能会改变对该船只的所有权，在不能确定所有权的情况下将权利转给其中一方。用禁令迫使上诉方停止作业，可能会在某种程度上导致上诉方在可能拥有优先权利的情况下，将所有权转移给被上诉方。尽管双方的权利存在争议、尚未得到法院判决且非常不确定，但通过法院禁令将所有权判给其中任何一方，将以决定性的方式确定了合法占有的问题。就此来看，如果在本案中利用禁令将所有权从一方转移到另一方，禁令将会被严重误用，而在本案中，从争议的性质来看，所有权必须交予具有最重要优势的一方。

四、判决结果

禁令并没有得到完全遵守，但该禁令的紧迫性非常特殊；有很多迹象表明上诉方有理由不遵守禁令；故法院根据案情解除该禁令。上诉方必须支付本次申请解除禁令的费用。

五、分析评论

本案的核心问题为，设立于英国殖民时期并保留至美国建国初期的衡平法院，对于所有权案件的管辖范围，以及在所有权案件的审判过程中，衡平法院在何种情况下能够颁布禁令对诉讼当事人的行为施加影响。对此，纽约州衡平法院明确指出，就所有权案件而言，只有当所有权不存在争议且造成的损害不可弥补时，法院才可以颁发禁令，贸然通过颁发禁令的方式影响遗失物的所有权，并不符合类似案件中颁发禁令的情形。

本案的年代十分久远，法院的裁定结果、依据可能已与今时今日大相径庭，但双方代理人所援引的法律依据却可以显示出 19 世纪初期的诉讼特色。例如，被上诉方的律师援引了波蒂尔的《占有论》，即在 19 世纪初期的纽约衡平法院的诉讼当中，律师将学者的著作视为重要的论证依据，这与 20 世纪美国法院审理的沉船案件有很大不同。再如，纽约衡平法院对颁布禁令条件的认定，参照了其他相似案件的情况，并对颁布禁令的可能后果进行了论证，可见美国建国初期的司法审判深受英国影响，判例法特色十分突出。

案例 24：沉没在英国领海的英国皇家战舰"联盟"号与"罗姆尼"号

莫里斯案

案件索引	莫里斯诉莱昂内斯救捞公司案（Morris v. Lyonesse Salvage Co. Ltd.）
案件主题	禁令的适用原则
案件性质	民事诉讼
案件标的物	1707 年 10 月 23 日，在锡利群岛以西的吉尔斯东礁沉没的英国皇家战舰"联盟"号、"海鹰"号、"罗姆尼"号和"火船"号及船载物，武器装备、渔具和补给品，以及随船沉没的船舶公司财产和钱币。
当事人	莫里斯（原告） 莱昂内斯救捞公司（被告）
审判法院	英国海事法院（Admiralty Division）
判决时间	1970 年 6 月 8 日
适用规则	相关判例法（见正文）
争议点概要	是否应当延期审理初步禁令
结论概要	1. 从本案的事实来看，原告已经初步证明其在主要时间内占有沉船； 2. 原告提出侵犯其救捞权的案件，在合理范围内有可能胜诉； 3. 因为原告的所有损害可以得到充分损害赔偿，被告的救捞作业不会危及原告。
判决结果	驳回禁令延期审理的申请，撤销禁令。
后续进展	进行一审诉讼程序，审理实体争议问题。

一、案情概要

1707 年 10 月 23 日，英国皇家战舰"联盟"号（H.M.S. *Association*）、"海鹰"号（H.M.S. *Eagle*）、"罗姆尼"号（H.M.S. *Romney*）和"火船"号（H.M.S. *Firebrand*）四艘军舰在锡利群岛以西的吉尔斯东礁沉没。1966 年 8 月 9 日，英国国防部长以海军部委员会作为所有权继承人的名义，分别与原告莫里斯（R.G. Morris）和罗杰斯罗斯救捞公司签订了两份条款相同的救捞协议，授权他们对该四艘沉船的救捞权。根据救捞协议，国防部长准许救捞者"对该四艘沉船进行潜水活动，并在国防部对沉船拥有所有权期间可以自由从中回收渔具、设备、装备以及其他船载物"。

莫里斯的公司于 1967 年找到了"联盟"号并用浮标标记，在 1967 年、1968 年和 1969 年多次更换该浮标，从沉船中找到了大炮、金币、银币和其他物品。原告于 1969 年 8 月发现了"罗姆尼"号，并从沉船中找到了金币和船铃等物品。此后，原告对"联盟"号和"罗姆尼"号沉船声称具有所有权。

被告莱昂内斯救捞公司（Lyonesse Salvage Company Ltd.）成立于 1969 年 11 月 18 日，其大股东及董事长是同样获得国防部授权的罗杰斯。该公司以救捞承包商的身份开展业务，并声称拥有"联盟"号的多项财产，其中包括一门价值超过 4000 英镑的铜炮。

原告莫里斯主张自己对"联盟"号和"罗姆尼"号沉船及其船载物拥有所有权，并以被告及其高管、雇员、代理人的非法侵入和干预行为阻碍自身合法救捞作业为由提出申诉，要求对方赔偿损失，并向法院提出申请禁令以防止对沉船及其船载物的进一步干预。被告辩称原告对沉船并不享有所有权，罗杰斯有权与合伙一起行使救捞权。

1970 年 5 月 18 日，邓恩法官（Dunn, J.）批准了一项初步禁令，该禁令于 5 月 26 日由梅尔福德·史蒂文森法官（Justice Melford Stevenson）准许延期。之后，莫里斯又提出申请延期审理禁令，即继续执行该初步禁令，以防止被告侵入、干预"联盟"号和"罗姆尼"号沉船的救捞作业。

二、各方主张

（一）协议授权的矛盾

原告称，尽管他对沉船没有所有权，但根据救捞协议他有权禁止除罗杰斯罗斯公司及舰队航空兵潜艇俱乐部之外的任何人打捞沉船及其船载物。被告声称，授权协议从未对沉船及其船载物的占有权有过任何规定，因此原告无权排除第三方从沉船中打捞财物。

原告主张，考虑到国防部同时对罗杰斯罗斯和舰队航空兵潜艇俱乐部两家公司也进行了授权，即使他对这两艘沉船具有权利，这一权利也会受到该两所公司以占有形式表现的并存权利的限制。但对方并未行使此种权利，因此，在原告行使自身权利时，被告构成干扰。被告对此表示，如果原告实际拥有权利，他也将拥有这项对抗第三人侵犯的权利，即便是与国防部的其他权利受让人共同占有。

（二）"联盟"号的权利冲突

原告称自己从 1959 年就雇用了一支专业深海潜水员团队，多年来一直进行研究以确定"联盟"号和"罗姆尼"号的坐标。1967 年 7 月，团队开始在"联盟"号沉船现场潜水，并用一个系在锚上的浮标做标记；1968 年，团队发现沉船，经有经验者判断为"联盟"号。浮标在 1967 年、1968 年和 1969 年被更换过几次，此间莫里斯团队每天都进行一小时以内的打捞工作。1968 年 7 月，该团队打捞到了银盘、大炮、金银币，以及其他一些具有历史和科学价值的物品，花费共计约 9000 英镑。原告称原计划继续进行大规模作业并为之做了大量准备工作。

被告否认原告或其代表在 1969 年对"联盟"号进行了任何打捞作业。他们否认当时存在任何浮标，并声称，即使在 1968 年时原告拥有"联盟"号沉船，但他随后转移到"罗姆尼"号作业，已经脱离了对"联盟"号的占有。因此，被告声称，莫里斯当时并未占有"联盟"号。

（三）"罗姆尼"号的权利冲突

原告声称，他的团队在 1969 年 8 月发现了"罗姆尼"号沉船遗址，并于该季度陆续从中找到了一些物品，包括金戒指、金币和船铃等。莫里斯声称，他打算第二年再对"罗姆尼"号做进一步打捞，并且至少需要五个季度才能完成调查。对此，被告否认原告基于这些行为构成对该艘沉船的占有。

（四）侵权纠纷

原告声称，1966 年 8 月 9 日对罗杰斯罗斯公司的授权协议从结构而言是联合协议，只在被授予者作为蓝海潜水队成员开展业务的情况下才得以授予联合权利。罗杰斯在证言中称，1968 年 11 月，自己和合伙人之间的合伙关系经双方同意解除，但麦克伦南的证言却称仍然存在合伙关系。此外，原告还主张，1969 年罗杰斯及其潜水员使用炸药的行为严重阻碍了他的团队对"联盟"号的作业进程。

莫里斯还拿出刊登于 1970 年 5 月 /6 月《特里同》杂志上的一则广告："康沃尔郡锡利群岛的沉船潜水，保证能见度 50 英尺以上。军舰'联盟'号和'罗姆尼'号于 1707 年在此沉没。在这里你能看到西班牙银圆、大炮……全套装备和船只，加上舒适的住宿条件，详情请致函锡利群岛圣玛丽休镇的莱昂内斯救捞公司。"原告声称，在海底看到西班牙银圆的内容不实，只有进行专业搜寻后才能看到西班牙银圆或其他硬币，并且认为刊登该则广告是对他占有权的侵犯；原告还补充，被告在锡利群岛的圣玛丽有一家纪念品商店出售疑似来自"联盟"号沉船的遗存。原告声称，这些事实意味着被告作为负责人没有任何权利威胁并干预他对"联盟"号和"罗姆尼"号的打捞作业。

被告否认莫里斯的主张，认为该国防部授权协议是多项协议，据此授予他们每一方若干权利，任何一方都有权与其他人一起行使这些权利。公司主要高管声称自己是罗杰斯行使权利的合伙人，就像原告的潜水团队是原告行使权利的合伙人一样。罗杰斯在他的证词中表示，被告的两位董事希隆生和赫斯林曾不时与蓝海潜水队合作，并在 1969 年参与了"联盟"号沉船打捞。他否认自己或他的合伙人对沉船造成了损害，并指出自己的公司直到 1969 年 11 月 18 日才成立，如果他导致或允许公司对沉船造成任何损害，将极大损害他作为救捞者的声誉以及他与国防部的关系，因此他已经竭尽所能确保救捞作业不造成损害。

三、法院意见

（一）邓恩法官的主要观点：

1. 从本案的事实来看，原告已经初步证明其在主要时间内占有沉船。
2. 原告提起了侵犯其救捞权的案件，在合理范围内有可能胜诉。
3. 基于便利性考虑，被告的打捞行为不会危及原告的作业，原因是原告的任何损害可以得到充分的损害赔偿。

（二）禁令适用原则

邓恩法官强调适用禁令给予临时救济时应适用的原则[1]，他首先通过引用高夫法官（Justice Goff）在哈曼图片社案中的指导性表述来论证他的主张：

> 原告必须首先就他所起诉的权利确立强有力、初步证据确凿的案件，原告必须做到至少证明他有可能成功。如果他的确如此行事，或者如果他的权利并无争议，那么他无须证明胜诉绝对可能性或相对可能性，而只需证明他胜诉有基本合理性即可。但即便如此，也应当酌情采取补救办法，法官在行使其自由裁量权时应当考虑到便利的平衡，主导原则是保持现状。

关于侵权主张，在邓恩法官看来，首先取决于 1966 年 8 月 9 日协议的结构，在该协议中权利是否被授予罗杰斯罗斯公司；第二，取决于他们之间的合伙关系是否已经解除；第三，被告是否作为罗杰斯的合伙人、代理人或委托人行事。第一个问题涉及协议结构这一难题。第二个和第三个问题取决于对事实的全面调查。在目前阶段，法官认为原告已经确立了在这些问题上有合理性胜诉的案件。

在考虑方便性的平衡这一重要因素时，法官又参考了哈兹伯里在《英格兰法律》[2]

---

[1] *Harman Pictures N.y.v. Osborne and Others*，（1967）1 W.L.R.723, and *Donmar Productions Ltd. v. Bart and Others*，(1967) 1 W.L.R.740.

[2] Halsbury's Laws of England, vol. 2i,3rd ed. (1957), p. 366, par.766.

第二卷中的一段话：

> 如果对原告权利存在任何疑问，或者，如果对其权利并无争议但其权利遭受侵犯被否认，则法院在厘定是否应当授予初步禁令时，会考虑对各方当事人的便利程度与被告人所受损害的性质之间的平衡。被告人一方面会因禁令而蒙受损害，而他最终却被证明是对的；另一方面，也应当考虑到如果禁令遭到拒绝，但最终证明原告正确时其可能蒙受的损害。因此原告须承担举证责任以证明自身因该禁令遭拒而蒙受的不便，比被告在该禁令获准后所蒙受的不便更大。

尽管罗杰斯和公司是两个独立的法律主体，但考虑到他作为被告的董事长和大股东，法官认为原告可能最后需要证明罗杰斯从国防部获得的权利已经终止，或者他无权通过被告公司行使这些权利。如果继续执行禁令，这些问题将在没有充分调查的情况下，至少是暂时作出对原告有利的裁决，而在此期间，将给被告带来相当大的不便。如果不继续执行禁令，被告将能够使用迄今一直代表罗杰斯作业而原告未提出异议的同一组人员打捞沉船。从实际来看，这种情况将与被告公司成立之前的情况相同，并将在一定程度上保持现状。

对比之下，邓恩法官认为被告的行为不太可能会给原告带来比罗杰斯本人的行动更大的不便，同时国防部对罗杰斯行使其权利没有任何异议，而且罗杰斯也不太可能允许被告的潜水员对沉船造成任何损害而危及其与国防部的关系。法官认为被告的作业没有已经或可能造成任何该等损害。如果事实证明被告无权在沉船上作业，那么根据之后的实体判决原告所受到的任何损害都可以得到充分赔偿。

四、判决结果

邓恩法官认为没有必要认定 1966 年 8 月 9 日协议授予原告的权利是否赋予他足以维持对非法侵入占有权的诉讼。因为处理的问题只是临时救济申请，目前还没有完全调查所有事实，故无法也没有必要得出准确的终局认定。因此，解除禁令，并同意指令迅速审理的申请。

五、分析评论

本案的争议焦点是作为法院临时救济手段的禁令应当依据什么原则加以适用的问

题，强调了"可能的不便利"在衡量公平与效率的法官自由裁量权中作为重要指标的功能。尽管原告被告之间仍然存在很多仍需进一步举证和查明的事实，但就禁令的临时性和救济性的特点来看，无须对待证事实的完整性和准确性有过高要求。

在法官的说理中，强调了"可能的不便利"这一衡量标准不能以单一、固化的角度，而是要考虑原被告双方以及第三方的既得和预期利益与损失，这种利益衡量甚至包括之后诉讼的法律救济结果，追求的是动态、可救济、最大限度的平衡。尽管由于年代过于久远，本案最终的诉讼判决结果已经无法考证，但本案对于临时救济措施的裁量标准的论述在英国判例法体系中是法律原则的奠基石，对后世英国司法发展和其他法系的发展起到了引领和示范作用。应当认识到，这一原则对我国的诉讼制度也有一定的借鉴意义，我国民事诉讼制度中的临时措施和执行制度中也有对"可能的不便利"均衡性的追求，例如执行保全和执行回转制度对财产保全救济程序中权益平衡价值的体现。科学合理地规范财产保全救济程序是规范司法行为、充分发挥财产保全制度的有力保障，同时也是均衡保护各方当事人的合法权益、有效解决民事纠纷，真正破解司法当中的执行难问题、构建和谐社会的重要组成部分。

案例 25：沉没在美国沿岸的挪威三桅货船"克莉西亚"号载意大利大理石

威金斯案

案件索引	威金斯和莫顿诉约 1100 吨意大利大理石所有权案（E. H. WIGGINS and W. Moulton, Libellants, v.1100 TONS, MORE OR LESS, OF ITALIAN MARBLE, 186 F.Supp. 452）
案件主题	动产弃权的认定、被遗弃动产的权利认定
案件性质	民事案件
案件标的物	1894 年沉没在弗吉尼亚州安妮郡沿海的挪威三桅船"克莉西亚"号的大理石
当事人	E. H. 威金斯、W. 莫顿（原告） "克莉克亚"号沉船所载的大理石（被告）
审判法院	美国弗吉尼亚州诺福克市法院
判决时间	1960 年 9 月 12 日
适用规则	1.《弗吉尼亚法典》； 2.《美国法大全续编》弃权部分。

续表

争议点概要	1. "克莉西亚"号沉船上的大理石是否为被弃动产; 2. 两位原告的相关行动,如具体的打捞行为和获得沉船委员会的许可,是否意味着他们拥有已打捞出的 123 吨大理石的所有权。
结论概要	1. 就动产而言,弃权问题是事实问题; 2. 在弗吉尼亚州,一旦动产处于弃权状态,即成为无主物,而非公共财产; 3. 若想成为被弃动产的所有权人,必须提出重新占有该动产的权利主张,采取相应的、具有法律意义的行动; 4. 第一个提出主张、采取行动的人,即成为该动产新的所有权人;对于合法占有该弃置动产的主体或有权占有该动产的第三人而言,他们的权利足以对抗甚至优于前者的权利。
判决结果	1. 两位原告有权出售已打捞出的 123 吨大理石,其余大理石的权利主体待定; 2. 沉船委员会不是"克莉西亚"号及船上货物的权利主体。

一、案情概要

1894 年 1 月 22 日,挪威三桅船"克莉西亚"号从意大利城市热那亚启航,前往美国马里兰州巴尔的摩,当船行至距弗吉尼亚州安妮公主郡海岸约 250 码处时搁浅,船帆顶部一小部分露出水面。

1951 年,原告莫顿开始打听"克莉西亚"号沉船,确认沉船位置和船货性质后,两位原告并没有采取行动。本案另一原告威金斯是"达人"号打捞船的所有者,1960 年出于打捞船载大理石的目的,二原告形成了合伙关系,一起花费 3000 多美元置办打捞设备。7 月 1 日,他们组织了一支 5 人小队下海打捞"克莉西亚"号,并成功占有该船,通过爆破方式打捞运走了 123 吨大理石。这片海域十分危险,1960 年 7 月 29 日前后,飓风导致"达人"号严重受损并搁浅。讨论是否继续打捞时,莫顿认为取回"达人"号花费不菲,而且当时临近飓风季,随后的持续阴冷天气使未来的计划充满不确定性。至 1961 年春季和夏季协商打捞活动时,莫顿仍然认为不确定的风险较多,因而本案启动诉讼程序时,各方仅对已打捞的 123 吨大理石提出了权利主张。

显然,未来任何人都可以参与"克莉西亚"号沉船救捞,进而将产生相应权利。因此,无论本案原告或其他权利主张者,包括罗纳德・W. 贝弗尔(Ronald W. Beavers)和大卫・V. 伯查德(David V. Burchard),都不能主张他们对"克莉西亚"号沉船上的剩余货物享有排他性所有权,因为其打捞计划不确定。贝弗尔和伯查德拥有丰富的潜水经验,1955 年就对"克莉西亚"号沉船产生了兴趣。他们曾联系美国陆军工兵,被告知,由于沉船不属于航行障碍物,工兵对该沉船不享有管辖权。1959 年,他们又求助于弗吉尼亚州安妮公主郡沉船委员会委员 F. 梅森·格玛吉（F. Mason Gamage），并于 1959 年 9 月 10 日收到了格玛吉的回信，信中写道：

> 建议你们在打捞位于弗吉尼亚州安妮公主郡弗斯角的'克莉西亚'号沉船之前，先获得相应的打捞许可……若想获得该许可，必须服从以下条件：对于首次打捞出的物品当中价值不超过 10000 美元的部分，沉船委员会享有 5% 的所有权；超过 10000 美元的部分，沉船委员会享有 2% 的所有权……该许可将授权你在 1959 年 10 月 1 日至 1960 年 10 月 1 日期间实施排他性打捞……在你决定承担相应风险、意图获取打捞许可前 30 天，请联系我。我的办公地址是弗吉尼亚州安妮公主郡诺福克市法院大楼，门牌号 7-3364。

格玛吉长期在"克莉西亚"号沉没海域捕鱼，知晓该船的存在和谣传。1954 年 1 月至 1958 年 1 月间，托马斯·B. 斯坦利（Thomas B. Stanley）担任沉船委员会负责人并委派格玛吉担任安妮公主郡规划主管，沉船委员会成员的职责受弗吉尼亚州法律规制（主要是 1950 年《弗吉尼亚法典》第 62 条第 158 款和第 62 条第 174 款）。然而，格玛吉作为沉船委员会委员否认他就"克莉西亚"号沉船采取过行动，称他没有就该沉船及其船上货物制作过清单，没有采取行动控制该船，也没有雇人守卫该沉船作为可供大众打捞的被弃物。他的信件内容实质是贝弗尔和伯查德的意见。直至 1960 年深秋，本案一位原告的代理人问及"克莉西亚"号相关情况时，他才对该船有了进一步了解。

在本案审理过程中，原告打捞并运走了船上的 123 吨大理石，他们认为自己作为"克莉西亚"号被打捞货物的发现者，可以卖掉部分大理石以补偿打捞费用。

二、原告主张

两位原告主张已打捞出的 123 吨大理石的所有权。

三、法院意见

（一）弗吉尼亚州的历史沉船不属于公共财产

如果根据相关立法沉船委员会具有向贝弗尔和伯查德授予排他性打捞许可的职权，那么两位原告的权利无疑具有优先性。他们被全面告知获得排他性打捞许可的各项条件，并得到积极打捞的建议，进而最终占有"克莉西亚"号沉船及船上货物。但本案实质上涉及各州对沉船的财产权利主张，与海事法中鼓励取回被弃财产、鼓励谁取回谁受益的政策相违背的宪法问题，而且很难达成共识。而分析沉船委员会的法律地位，也很难得出立法和法律的实施赋予了沉船委员会占有所有沉船及其财产权利的结论。1792年，为了应对船只抵御海上风险能力较差、民众偷盗船上财物的情形，弗吉尼亚州制定了相关立法且沿用至今。本院认为，当沉船委员会出于救助或保护船上财产的目的而占有该船时，这项立法赋予了委员会相应权利。如霍华德号案判决书（The Ida L. Howard，D.C.Mass.，12 Fed.Cas. page 1163，No. 6，999）的阐述，在马萨诸塞州的立法中，沉船的财产权归于沉船委员会。

弗吉尼亚州该项立法的最初目的在于设立暂时保护沉船及船货的管理机构，使船舶和货物的所有权人受益，并未赋予沉船委员会作出排他性打捞许可决定的权力。如果一项立法旨在赋予沉船委员会这样的权限，那么这项立法能否在合宪的基础上制定出来令人质疑。在"克莉西亚"号沉没65年至今，沉船委员会从未作出排他性打捞许可决定。因此，它作出此类许可的权威与普通人没有差别。

（二）沉船的权利主张者必须提出权利主张并采取实质行动

贝弗尔和伯查德在救捞活动中展现出的利益关切，与财产占有的各项实质要件相去甚远。两位原告声称，1959年9月同沉船委员会会晤后，为了调查船上货物，他们在1960年5月上旬潜过几次水。他们向法院递交了一份装备清单，并声称他们已经获得了这些装备。其中多数装备属于专业潜水员的常备工具，缺少打捞阶段需要使用的大型设备，一位原告提出他能够从与本案无关的朋友处得到大型设备。两位原告的这些主张与"非洲皇后"号案[①]的原告主张高度相似，该案中审理法院作了如下阐述：

> 救捞者不能仅仅登上打捞船、张贴一份告示，就要求支持他的财产主张。除非该救捞者确实具有实施救捞的意图，并且他也确实采取了填补被弃财产权利空白的实质行动。唯有当他最终决定善意实施实质性救捞并付诸实践时，与其他介入该案的人相比，他的财产主张才会得到支持。

当收到沉船委员会来信时，贝弗尔和伯查德是受雇于泛美世界航空公司的专业潜水员。此后，一位进入政府部门工作，参与导弹锥回收；另一位在佛罗里达从事机械

---

① The African Queen, D.C.Va., 179 F.Supp. 321, 324, 1960 A.M.C. 69.

行业。其中一位主张，他们将申请下一年度"排他性打捞许可"，但显然他们将在1960年实施打捞的说法苍白无力。

历史悠久的被弃沉船的船上货物财产权归谁所有存在争议。依据《救助法》（1958年修订）第158条之规定，马丁·J.莫里斯（Martin J. Norris）认为，"发现"意味着财产从未属于任何人。同"非洲皇后"号案中的情形一般，如果存在切实可信的放弃财产权的行为，那么就应当否认所有权人的存在，而对于救捞中的财产占有者，应当依据"找回意向"原则，在否认所有权人具有找回财产权利的基础上，将占有者视作无主物的"发现者"。其他案例，如"波特亨特"号案①、"巴克柯立昂"号案②、伊兹诉布雷泽尔顿案③等，这些案例的判决也持相似立场，即随着时间流逝，救捞中的财产占有者可以视作无主物的发现者，且他的权利足以对抗原本的财产所有者。

为了强化论证"被弃船舶及财产的权利从未灭失"的观点，莫里斯援引了"阿卡巴"号案④（船上的钢缆已经与船体分离）、"巴克柯立昂"号案（要求取回船舶的意图十分明确）、"波特亨特"号案（船舶所有权人及权利受让人在超过15年的时间里，没有放弃船舶相关权利的意图）等案例。在过去的66年间，"克莉西亚"号的船上货物一直留在原地。尽管本案中"长期无人主张权利"等相关情形，尚未达到"放弃财产"的标准，但根据《美国法典》弃权部分（Corpus Juris Secundum/C.J.S. Abandonment）第4条的规定，这些情形本身在一定程度上也能佐证船舶的所有权人确有放弃船舶的意图。当然，是否构成动产弃权属于事实问题，但就本案而言，依这些情形只能得出唯一推论，即"克莉西亚"号船上货物的原所有权人已弃权。特别是，考虑到所有权人长时间自愿放弃船只及船上货物的所有权，因而有必要适用《美国法典》弃权部分第9条的规定：

> 就动产而言，一旦弃权，就不再是属于任何人的财产，除非有人想重新获取它的占有权或所有权。如此，任何人都有权提出相应的权利主张。如果原所有权人没有提出权利主张，那么第一个采取法律行动、试图成为该动产所有权的民事主体，便有权占有该物。对于合法占有该被弃动产的主体或有权占有该动产的第三人而言，他们的权利足以对抗甚至优于前者的权利。

法官要对船只和货物作出清晰的产权认定，以方便销售货物。由于两位原告成功

---

① The Port Hunter, D.C.Mass.,6 F.Supp. 1009.

② The Bark Cleone, D.C.Cal., 6 F. 517, 524.

③ *Eads v. Brazelton*, 22 Ark. 499.

④ Akaba, 4 Cir., 54 F. 197.

举证，因而法院将作出判决，确认他们对打捞运走的 123 吨大理石享有所有权，两位原告有权出售这 123 吨大理石。

本院认为，沉船委员会从未占有"克莉西亚"号沉船及船上货物，因而沉船委员会不能依据 1950 年《弗吉尼亚法典》第 62~165 条之规定，享有该船及船上货物的相关权利。

四、判决结果

两位原告有权出售已打捞出的 123 吨大理石，其余大理石的权利主体待定。沉船委员会并非"克莉西亚"号沉船及船上货物的权利主体。

五、分析评论

本案的核心焦点在于，"克莉西亚"号沉船上的大理石是否属于弃权的无主财产。如果将这些大理石认定为无主动产，那么根据《美国法典》弃权部分的相关规定，两位原告对已打捞的 123 吨大理石提出了主张、采取了行动，应对其权利予以保障；如果将这些大理石认定为公共财产，即沉船委员会拥有这些大理石的所有权，那么两位原告将依据"行政许可"的法律关系获得这些大理石的相关权利。法院在本案中的审判思路为：

第一，基于弗吉尼亚州的法律，否认大理石为公共财产。美国各州对于弃权动产的所有权权属问题有不同规定。本案中，法院结合《弗吉尼亚法典》的相关规定，认为弗吉尼亚州设立沉船委员会不是为使其成为船只和货物的新所有权人。基于此，船上的大理石并非公共财产，沉船委员会也并非大理石的所有权人。

第二，对弃权要件做扩大解释，确认大理石为无主物。《美国法典》弃权部分将动产的弃权问题视作事实问题，因而弃权的认定存在一定弹性。本案中，法官认为尽管"克莉西亚"号沉船"长期无人提出权利主张"的情形未完全达到"弃权"的标准，但仍可以认定该船及船上货物已被放弃。

第三，对两位原告的主张和行动做客观分析，否认他们拥有整船货物的所有权。民事主体要想成为弃权财产的所有权人，必须提出权利主张、采取实质行动。本案中，法院认为，救捞者不能仅仅登上打捞船、张贴告示，就要求支持他的权利主张，相反，救捞者必须采取具有实质意义的行动。因此，对于已打捞出水的 123 吨大理石而言，可以认为两位原告已实施了实质行动，但对于其余的大理石只能认定权利主体待定。

案例 26：美国伊利运河上未沉没的美国蒸汽拖轮"纽约"号

特鲁曼案／"纽约"号案

案件索引	特鲁曼诉历史沉船"纽约"号蒸汽拖轮案（Trueman v. Historic Steamtug NEW YORK, 120 F.Supp.2d 228）
案件主题	被弃民用沉船所有权认定案件的管辖权、"被弃"沉船的认定标准
案件性质	民事案件（海事对物诉讼）
案件标的物	宾夕法尼亚州雷丁铁路公司于 1896 年建造的"纽约"号被用于在马萨诸塞州波士顿和南卡罗来纳州查尔斯顿的港口间运送煤炭，航海史协会于 1992 年买下"纽约"号并计划拖到俄亥俄州改为博物馆，途中"纽约"号被困并漏油，航海史协会只好放弃船只，退休船舶工程师多鲁斯于 1996 年登上该船并张贴声明所有权的通告。纽约州运河公司于 1998 年与特鲁曼签订合同，由其拖走"纽约"号并获得国家对该船的全部权益。
当事人	史蒂文·特鲁曼（原告） 历史沉船"纽约"号蒸汽拖轮及其引擎、索具、家具、装饰等相关财产（被告） 埃姆雷·多鲁斯和理查德·安德森（权利申请人）
审判法院	美国纽约州北区联邦地区法院
判决时间	2000 年 10 月 23 日
适用规则	1.《被弃沉船法》； 2. 美国纽约州《地方海事诉讼规则 D》。
争议点概要	不同主体依据不同法律主张沉船所有权的冲突
结论概要	1. 本案沉船属于《被弃沉船法》规定的推定所有权属于联邦的第三类沉船，构成"被放弃"且符合列入国家史迹名录的实质要件； 2. 按照《被弃沉船法》，本案沉船所有权由联邦自动转移给纽约州，原告依据与纽约州政府部门的有效合同获得所有权； 3. 当沉船按照《被弃沉船法》归属于联邦政府时，则排除适用发现物法主张身份不明沉船的所有权或救捞权。
判决结果	法院复议后，支持了原告特鲁曼申请复议的请求，也支持了原告特鲁曼关于确立其依据《地方海事诉讼规则 D》对该船的所有权主张，并判决将该船解除扣押归还原告。
后续进展	复议裁决公布后，权利申请人多鲁斯提起上诉被法院驳回。法院指出，除了判决结果对其利益有直接影响外，权利申请人作为非当事方，无权就判决提起上诉，多鲁斯主张的该船所有权问题已经裁判得出结论，根据"一事不再理"原则，多鲁斯亦不存在非当事方上诉的例外情况，故驳回其上诉。

一、案情概要

2000 年 1 月 14 日，原告特鲁曼作为救捞者，对历史沉船"纽约"号及其引擎、索具、家具、装饰等提起对物诉讼，权利申请人多鲁斯和安德森依据发现物法，也对该船主张所有权。2000 年 7 月 10 日，法院裁决对原告特鲁曼的请求无权管辖，后经复议，2000 年 10 月 23 日法院变更其决定为，原告特鲁曼是适格主体，依据《被弃沉船法》对该船享有所有权。

"纽约"号由宾夕法尼亚州雷丁铁路公司于 1896 年建造，后被命名为"卡塔维萨"号，最初被用来在马萨诸塞州波士顿和南卡罗来纳州查尔斯顿港口间运送煤炭。20 世纪 40 年代使用寿命到期后，巴尔的摩一家打捞公司把它从废品堆中回收，用它蒸干停靠在纽约港的货船内部污泥。1992 年，由轮船历史学家成立的桑达斯基航海史协会（"航海史协会"）买下"纽约"号，计划将其拖到俄亥俄州桑达斯基半岛改造为博物馆，在途经伊利运河时，"纽约"号被困在水上并发生漏油，因无力承担清理油污和移走该船的费用，航海史协会只好放弃该船，后来该协会解散。

1996 年 3 月，权利申请人退休船舶工程师多鲁斯（Emre R. Duhlos）登上该船并张贴声明所有权的通告。1996 年 3 月 26 日，权利申请人多鲁斯向法院起诉，主张依据发现物法取得船舶所有权。法院以没有管辖权为由驳回起诉，且后来第二巡回上诉法院维持了该判决。

在该案审理期间，纽约州运河公司（纽约州公路管理局负责维护伊利运河的分支机构）（以下简称"运河公司"）根据《运河法》第 83 条，为了通航清理河道扣押该船。1998 年 4 月 20 日，运河公司与原告签订合同（以下简称"合同"），约定由原告特鲁曼（Steven C. Trueman）将"纽约"号从运河上运走，将国家对该船所享有的权益全部转让给原告作为补偿，并且原告可收取 4500 美元服务费及不超过 5000 美元的拖船费。基于上述约定，原告特鲁曼修理"纽约"号并将其从运河中运走，并称其已花费 15 万美元。

二、原告主张

2000 年 1 月 14 日，原告特鲁曼向法院提起海事诉讼，法院于 5 月 4 日确认其对该船的所有权。2000 年 7 月 10 日，法院以不具有管辖权为由，裁决驳回申请。2000 年 7 月 27 日，原告特鲁曼申请对该裁决进行复议。

三、法院意见

（一）最初判决驳回原告请求的理由

2000 年 1 月 14 日，原告特鲁曼向法院起诉，依据《地方海事诉讼规则 D》（Local Rules of Admiralty and Maritime Claims Rule D）主张对该船享有所有权，7 月 10 日法院判决驳回该所有权请求，同时驳回了权利申请人多鲁斯和安德森（Richard G. Anderson）的请求。主要理由如下：

1. 美国联邦执法局所发通知未满足公示要件

按照《纽约北区地方海事诉讼规则》（Northern District of New York Local Rules of Procedure, for Admiralty and Maritime Claims）第 12 条 c 款，根据美国《联邦民事诉讼规则》海事诉讼补充规则发出的通知应至少公示一次并包含以下内容：（1）扣船日期和事实；（2）事由；（3）诉讼性质；（4）请求数额；（5）主办法警姓名；（6）原告代理律师的姓名和联系地址；（7）权利申请人应在扣船后的 10 日内或在法院指定期限内，向法院书记员提交其权利主张，并在其权利主张提交后 20 日内提交对原告的回复意见。

2000 年 3 月 3 日，美国联邦执法局在奥尔巴尼当地报纸《泰晤士联盟》上刊登本案通知，但刊登内容并未提及原告特鲁曼的信息及地址，尽管存在违规，但法院未因联邦执法局的失误而惩罚原告。

2. 关于海事对物诉讼程序——既不构成船舶优先权也无联邦法依据

海事对物诉讼是以船舶或者其他海上财产为被告提起的诉讼，原告可通过设立船舶优先权或根据联邦法起诉来主张对船舶等海上财产的所有权。本案中，原告特鲁曼未援引联邦法令，因此，法院需确定原告是否可以基于船舶优先权而主张所有权。本案涉及两方面问题：

第一，船舶优先权与扣船。当满足以下四种情况之一时，船舶优先权成立：（1）共同海损；（2）因存在海上危险而提供救助，而不是自愿提供；（3）船员工资追索；（4）海事侵权引起的损害赔偿主张（除了人身伤害之外的海事侵权均属于对物诉讼）。而原告特鲁曼仅提出其为该船花了 15 万美元维修保养费用，并且未提供相关支出凭证，无法证明属于上述任何一种情况，故原告特鲁曼无法据以主张船舶优先权。

第二，法院对于因财产所有权存在危险而请求确认所有权之诉也有管辖权，但是原告的主张并不构成此类诉讼，因为请求确认所有权之诉的前提是原告对该船已经拥有所有权，而不能仅有衡平法上的利益，本案原告特鲁曼尚未取得该船所有权，仅仅是在试图获得所有权，所以也不能据此认定法院对原告特鲁曼有管辖权。

（二）2000 年 10 月 23 日复议准许原告请求的理由

1. 关于复议的标准

根据《纽约北区地方海事诉讼规则》第 7 条第 1 款 g 项，除美国《联邦民事诉讼规则》第 60 条另有规定外，复议需满足"明显错误"的标准，申请复议须"阐明法院判决中存在对关键因素或事实的疏漏，或者存在很可能改变法院在先所做判决的情形"。按照纽约北区法院现行规则，以下三种情形可导致法院决定复议：适用法律错误、有先前无法获得的新证据、需纠正法律错误或结果明显不公正。本案原告主张，2000 年 7 月 10 日判决认定原告未取得对该船的所有权从而导致法院没有管辖权，这是错误的。法院在裁量时，援引了在先判例中的认定标准：如果最初判决所依据的某法律明显错误，则达到复议的标准。

2. 关于依据《地方海事诉讼规则 D》确立管辖权的标准

按照规则补充修订后的《地方海事诉讼规则 D》，对船舶和其他海事财产主张所有权或占有权的对物诉讼适用海事法，该规则适用于任何主张对船舶或其他海事财产享有优先占有权的人，其中，请求确认所有权之诉是独立于占有问题而审理财产所有权的诉讼。该规则还规定，所有与船舶所有权、优先权有关的诉讼，都通过船舶扣押令的方式进行。

请求确认所有权之诉，目的在于确认对船舶的合法所有权或排除船舶所有权可能面临的妨害，原告在提起上诉时，必须明确对船舶享有所有权，仅衡平法上的利益是不够的。2000 年 7 月 10 日的判决认为，由于原告尚未拥有对该船舶的所有权，所以不能根据《地方海事诉讼规则 D》主张确认该船所有权，从而不具备管辖权基础。在这个过程中，法院忽略了一个事实，即原告实际已依据"合同"获得联邦政府转让的该船"任何权益"，包括所有权，具备依据《地方海事诉讼规则 D》对该船提出所有权主张的基础，故本案法院应有管辖权。协议的宽泛措辞将国家对拖轮中可能拥有的"任何利益"转让给原告。

3. 原告主张的实质要件分析

原告主张的主要依据是《被弃沉船法》，其规定美国联邦政府可对三类沉船主张所有权：第一类是埋入某一州所属的水下底土的船舶；第二类是埋入某一州所属的水下底土上覆珊瑚层中的船舶；第三类是在水下土地上且列入国家史迹名录或具备列入实质条件的船舶。根据该条，联邦政府对沉船的所有权自动转移给沉船所在的州，因此，当沉船符合以下两个条件时，沉船所在州对沉船享有所有权：第一个条件是沉船"被放弃"，第二个条件是属于《被弃沉船法》规定的三类船舶之一，法院对这两点进行了阐述：

（1）"纽约"号被放弃的认定

关于《被弃沉船法》规定的"被放弃"一词认定标准，法院在考察美国最高法院及各巡回上诉法院相关判例基础上，归纳出两种认定标准：一是"明确且有说服力"标准，以美国最高法院及海事法院相关判例为代表，按传统海事法规定，需存在可构成放弃的推定，而这种推定的前提是原所有权人有明确的放弃行为，类似于救捞法和发现物法中的"明确放弃"标准，即被原所有权人明确放弃且不存在任何保留或例外，整体来说证明标准较高；二是"优势证据"标准，以部分联邦巡回上诉法院判例为代表，否认"明确放弃"标准，提出如果沉船可查明的、最后的私人所有权人并未对其主张所有权，且相关因素例如所有权人不使用、沉船位置等都可表明其放弃意图时，即构成《被弃沉船法》规定的"被弃"，则仅当沉船最后所有权人对该船主张所有权时，原告主张所有权时才需要证明"明确放弃"。

就本案而言，无论是按照"明确且有说服力"标准还是按照"优势证据"标准，都足以认定该船已构成《被弃沉船法》所要求的被航海史协会放弃。首先，航海史协会将该船闲置了近十年，虽然仅凭这一点并不足以认定"被弃"，但结合航海史协会解散等其他因素，可推断出航海史协会的放弃意图；其次，即便在发生油料泄漏污染环境、所有者如不出现会产生更严重损失的情况下，航海史协会仍未返回该船；最后，在闲置的 10 余年间，即便该船位于容易接近的水体中时，航海史协会也未返回该船，这也支持了航海史协会放弃该船的推论。

（2）"纽约"号在《被弃沉船法》规定中的类别

根据《被弃沉船法》，"纽约"号显然属于该法规定的第三类船舶，对于此类船舶，无论运河公司与原告签订合同时该船是否已经列入国家史迹名录，都不会影响其作为第三类船舶的属性。按照《被弃沉船法》第三类船舶的规定，只要该船满足"有资格被列入国家史迹名录"的条件，原告即可依据《被弃沉船法》主张对该船的所有权。事实上，该船现已被国家作为古迹予以登记，显然可以推定在运河公司与原告签订合同时该船已具备列入国家史迹名录的条件，结合航海史协会放弃该船的行为可得出，合同签订时纽约州对该船已拥有合法所有权，而按照合同约定该船所有权转让给了原告，故法院认为原告对该船享有所有权。

四、判决结果

法院复议后，支持了原告特鲁曼申请复议的请求，也支持了原告特鲁曼关于确立其依据《地方海事诉讼规则 D》对该船的所有权主张，并判决将该船解除扣押归还原告。

五、分析评论

本案涉及的一个焦点问题是，当不同主体依据不同法律主张沉船的所有权时，如何解决这样的"冲突"问题。原告特鲁曼依据《被弃沉船法》主张其对"纽约"号蒸汽拖轮沉船的所有权，而权利申请人依据发现物法主张对该船的所有权，最终法院支持了原告特鲁曼主张，其推理论证过程值得关注。

（一）原告基于《被弃沉船法》请求成立的理由

就原告基于《被弃沉船法》主张该船所有权请求为何成立这个问题，本案判决已经明确：法院最初认为，因原告尚未获得该船的所有权，法院无法管辖，故驳回。后经复议，法院确认原告基于合同从国家和州获得了该船包括所有权在内的全部权益，原告也基本完成了海事程序所需的公告，满足建立管辖权的条件；在实体方面，该船系被航海史协会放弃，按照《被弃沉船法》及关于土地的法律规定，且该船情况符合被列入国家史迹名录的条件，纽约州取得该船的所有权，按照州运河公司与原告的合同约定，原告取得该船的所有权，故原告主张在实体方面也成立。

（二）权利申请人未能根据发现物法获得所有权的理由

权利申请人未能根据发现物法主张对该船所有权，判决并未详细论及原因，但在权利申请人先前对该船提起的对物诉讼判决中[①]，法院认定其对权利申请人不具有海事管辖权，理由是：

第一，海事管辖权的基础为扣押船舶，该船一直未被扣押。1996 年 3 月，权利申请人多鲁斯登上该船并宣告其对该船享有所有权时，该船仍漂在伊利运河上。1996 年 3 月 26 日，权利申请人以该船及纽约州为被告向法院起诉，主张对该船的所有权，依据为海事及身份管辖权，后其两次修改诉讼请求，变更为仅依据身份管辖权主张对该船的所有权。1996 年 10 月，权利申请人申请法院扣押该船并指定其为保管人，法院要求其缴纳 5000 美元保证金，但直至 1997 年 4 月仍未缴纳，故法院判决驳回扣船申请。1997 年 6 月，法院以该船未扣押而不具备海事管辖权基础为由，判决驳回权利申请人的所有权请求。

第二，海事管辖权的专有属性。权利申请人三次修改其请求，第三次甚至不再基于海事管辖权而是基于身份管辖来主张对该船的所有权，这一点也被法院驳回了，且上诉

---

① 　979 F. Supp. 138 (N.D.N.Y. 1997);162 F.3d 63 (2nd Cir. 1998).

法院维持了原判决，主要理由在于，权利申请人依据发现物法主张所有权，发现物法也属于海事案件管辖权的范畴，根据美国《联邦民事诉讼规则》及其海事诉讼补充规则，对船舶主张所有权是海事专属管辖事项而不是身份管辖权事项，所以必须以扣押船舶为前提。

第三，按照海事法的一般原则，无论船舶被其所有权人放弃多长时间，都不会像一般遗失物那样推定为所有权人不明的遗失物。因该船并未丧失船舶属性，故仍应适用海事法的一般规则，不得将该船作为一般的遗失物对待。

（三）发现物法与《被弃沉船法》对沉船所有权认定之比较

通过比较原告与权利申请人先后主张该船所有权的经过，可以发现美国联邦法院处理基于发现物法和《被弃沉船法》两种不同理由主张沉船所有权而产生"冲突"的思路，在符合一定条件的情况下，《被弃沉船法》能够排除发现物法的适用。

在诉讼管辖方面，沉船属于海事诉讼管辖范围，由联邦法院管辖，无论是适用发现物法还是《被弃沉船法》，都属于联邦法院专属海事管辖权范围，依据《被弃沉船法》确定所有权之后，仍属于联邦法院海事管辖范围。深海研究公司案中加利福尼亚州提出，如果州基于《被弃沉船法》主张其对沉船存在所有权，依据美国联邦宪法《第十一修正案》该等对物诉讼是针对该州的，故联邦法院不能行使海事管辖权；法院驳回了加利福尼亚州的申请，因为加利福尼亚州并未提供《被弃沉船法》规定的认定"被弃"所需的优势证据，故不构成美国联邦宪法《第十一修正案》情形，该对物诉讼案件不因《被弃沉船法》而排除联邦法院的海事管辖权[①]。

在实体规则层面，对于所有权人身份不明的沉船，发现者或救捞者可以基于发现物法对沉船提起对物诉讼，并按照程序进行公告、提供安保并申请法院扣押船舶，进而请求法院判决将发现者或救捞者指定为沉船的合法保管人。但是，对于符合《被弃沉船法》规定的三类被弃沉船，其所有权被推定给美国联邦政府，然后由联邦政府再自动转移到沉船所在州，如果救捞者基于与政府的合同法律关系合法取得沉船所有权，则其可作为所有权人提起"请求确认所有权之诉"，该种诉讼需以原告能证明其对沉船享有所有权为前提，这种情况下法院就不会再考虑是否已经公告或扣押船舶的问题。从这个意义上说，当存在救捞者依据《被弃沉船法》获得沉船所有权时，是优先于发现者、救捞者依据发现物法主张的所有权的，实际上排除了发现物法的适用。

---

① Roberto Iraola, The Abandoned Shipwreck Act of 1987, 25 *Whittier L. Rev.* 787 (2004), pp. 804–807.

第四章

所有权未决

第一节　管辖权争议、发回重审

案例 27：沉没在美国领海的木壳双轮客运船 "乔纳森兄弟" 号

深海研究公司案

案件索引	深海研究公司案诉 "乔纳森兄弟" 号案（Deep Sea Research, Inc. v. the Brother Jonathan, her appurtenances, furniture, cargo, etc., 102 F. 3d 379）
案件主题	加利福尼亚州能否依据美国联邦宪法《第十一修正案》享有管辖豁免
案件性质	民事案件（海事对物诉讼）
案件标的物	1865 年沉没的双轮木壳船 "乔纳森兄弟" 号载有价值 200 万美元的黄金和军队工资
当事人	加利福尼亚州（上诉人，原审权利申请人） 深海研究公司（被上诉人，原审原告） "乔纳森兄弟" 号沉船及其配件、陈设物、货物等（原审被告）
审判法院	美国联邦第九巡回上诉法院
判决时间	1996 年 2 月 13 日
适用规则	1. 美国联邦宪法《第十一修正案》； 2. 美国《被弃沉船法》； 3.《加利福尼亚公共资源法典》第 6313 条。
争议点概要	1. 加利福尼亚州认为 "乔纳森兄弟" 号沉船嵌入其土地，且证据足以推定沉船已被弃，基于《被弃沉船法》拥有所有权，《加利福尼亚公共资源法典》第 6313 条规定该州拥有其潮汐和淹没土地上所有被弃沉船的所有权；深海研究公司提起的对物诉讼违反了美国联邦宪法《第十一修正案》赋予州的管辖豁免； 2. 深海研究公司主张作为沉船救捞者，且无其他沉船权利人主张权利，拥有沉船所有权；联邦法院具有专属海事管辖权。
结论概要	1.《被弃沉船法》比州法优先适用，适用《加利福尼亚公共资源法典》第 6313 条的沉船案件属于联邦法院专属海事管辖范畴； 2. 加利福尼亚州没有提出足够的证据证明 "乔纳森兄弟" 号的所有权被放弃，因此适用《被弃沉船法》存在争议；

	3.《被弃沉船法》并没有沉船被放弃的条款，法院依据美国《海事法》只有沉船被明示放弃或者推定所有权被放弃时，才认定沉船被弃。基于保险公司对沉船的索赔和被上诉人深海研究公司争取沉船所有权的行为，法院难以认定沉船被放弃。
判决结果	维持地区法院给予深海研究公司沉船保管人但无所有权的判决。州政府必须提出大量有力证据证明州确实对"乔纳森兄弟"号沉船具有所有权，以便适用美国联邦宪法《第十一修正案》的豁免情况；驳回对沉船未投保部分视为被放弃的请求。

加利福尼亚州诉深海研究公司案

案件索引	加利福尼亚州诉深海研究公司案（California v. Deep Sea Research, Inc., 118 S.Ct. 1464）
案件主题	加利福尼亚州能否依据美国联邦宪法《第十一修正案》享有管辖豁免
案件性质	民事案件
案件标的物	1865 年沉没的双轮木壳船"乔纳森兄弟"号载有价值 200 万美元的黄金和军队工资
当事人	加利福尼亚州（上诉人，原审权利申请人） 深海研究公司（被上诉人，原审原告） "乔纳森兄弟"号沉船及其配件、陈设物、货物等（原审被告）
审判法院	美国联邦最高法院
判决时间	1998 年 4 月 22 日
适用规则	1. 美国联邦宪法《第十一修正案》； 2. 美国《被弃沉船法》； 3.《加利福尼亚公共资源法典》第 6313 条。
争议点概要	加利福尼亚州基于美国联邦宪法《第十一修正案》认为针对本案法院不具有管辖权，深海研究公司认为联邦法院具有专属海事管辖权。
结论概要	1. 美国联邦宪法《第十一修正案》允许联邦内的法院对不属于州所有的物品行使海事对物诉讼的管辖权； 2. 下级法院对美国联邦宪法《第十一修正案》的理解影响了其审判，因此本案需要被退回重新判决沉船是否被放弃，被弃的理解需要结合《被弃沉船法》和海事法的规定，地区法院还需要全面考虑《被弃沉船法》和《加利福尼亚公共资源法典》第 6313 条的适用顺位问题。最高法院不负责审理这部分内容。
判决结果	允许联邦内的法院对不属于州所有的物品行使海事对物诉讼的管辖权
后续进展	无

一、案情概要

"乔纳森兄弟"号是一艘长 220 英尺的木壳双轮轮船，1865 年 7 月在旧金山和温哥华之间行驶时撞到水下礁石，不到一小时就沉没了。乘客和船员全部丧生，船上货物也沉没了，这次事故损失还有时值 200 万美元的黄金和大约 25000 美元的军队工资。船上为数不多可取回的部分是船体的轮子，后来轮子被置于加利福尼亚州新月城的一家酒吧。

海难发生后，五家保险公司赔付了共计 48490 美元的货物损失，其余货物是否被投保并不清楚。在深海研究公司确定船只位置前，沉船及货物可能在 20 世纪 30 年代被发现过，一名渔夫在沉船地点发现了 22 磅黄金，并认定黄金来自 1865 年沉没的"乔纳森兄弟"号，然而他还没来得及找到"乔纳森兄弟"号沉船就去世了。并无证据证明渔夫如何知道沉船来源，也没有证据表明加利福尼亚州或者支付理赔的保险公司试图找到或者取回"乔纳森兄弟"号沉船。深海研究公司找到了"乔纳森兄弟"号沉船并主张所有权。

原告即被上诉人深海研究公司向法院起诉后，上诉人加利福尼亚州作为权利申请人加入诉讼，主张其基于《被弃沉船法》对"乔纳森兄弟"号沉船享有权益①。根据《被弃沉船法》的规定②，位于州淹没土地的沉船属于该州所有。依据上诉人加利福尼亚州的说法，"乔纳森兄弟"号沉船属于该州所有的理由一是该沉船所有权被放弃，二是该沉船沉没在上诉人加利福尼亚州的土地，并且该土地曾被国家登记。加利福尼亚州的另一依据是《加利福尼亚公共资源法典》第 6313 条（以下简称"第 6313 条"）③，规定加利福尼亚州拥有其潮汐和淹没土地上所有被弃沉船的所有权，基于"乔纳森兄弟"号沉没于加利福尼亚州多年的事实，上诉人也可以对"乔纳森兄弟"号主张所有权。

---

① The Abandoned Shipwreck Act（ASA），43 U.S.C. §§ 2101–2106.

② The Abandoned Shipwreck Act（ASA），43 U.S.C. § 2105(a)(3). The United States asserts title to any abandoned shipwreck that is（3）on submerged lands of a State and is included in or determined eligible for inclusion in the National Register.

③ Cal. Pub. Res.Code Ann. § 6313. The title to all abandoned shipwrecks and all archaeological sites and historic resources on or in the tide and submerged lands of California is vested in the state. All abandoned shipwrecks and all submerged archaeological sites and submerged historic resources of the state shall be in the custody and subject to the control of the commission for the benefit of the people of the state of California. The commission may transfer title, custody, or control to other state agencies or recognized scientific or educational organizations, institutions, or individuals by appropriate legal conveyance.

二、各方主张

（一）上诉人主张

加利福尼亚州主张驳回深海研究公司的请求，理由是加利福尼亚州依据《被弃沉船法》对沉船享有所有权，该法规定对沉没在该州土地中的任何被遗弃沉船，都应属于国家和该州所有。根据在先判例，州对淹没在领土下的沉船具有所有权，因此加利福尼亚州政府认为，深海研究公司提起的对"乔纳森兄弟"号沉船的海事对物诉讼，违反了美国联邦宪法《第十一修正案》[①]使加利福尼亚州享有的管辖豁免权。

（二）被上诉人主张

深海研究公司与上诉人加利福尼亚州均对"乔纳森兄弟"号沉船主张权利。深海研究公司是"乔纳森兄弟"号沉船的打捞方，在"乔纳森兄弟"号沉没100多年后在上诉人沿海将其打捞，且该公司是该沉船的唯一救捞者。本案也不涉及"乔纳森兄弟"号沉船的原所有权人主张权利的情况，五家索赔的保险公司也只是针对当年的投保范围对沉船进行索赔，但是对"乔纳森兄弟"号沉船的所有权并无太大兴趣。深海研究公司是沉船的救捞者，在原权利人不明的情况下，以沉船打捞者的身份主张对沉船的所有权。

深海研究公司认为，美国联邦最高法院对所有专属海事案件和海事管辖权案件都具有管辖权，从而可以对抗上诉人加利福尼亚州主张的管辖豁免。而且只有加利福尼亚州作为涉案一方参与到诉讼中来，被上诉人深海研究公司才有可能进一步主张其所有权。

三、法院判决

（一）联邦地区法院的裁判

最初地区法院驳回了深海研究公司的请求，后来深海研究公司成功找到了"乔纳森兄弟"号沉船。"乔纳森兄弟"号沉没于距离新月城海岸4.5海里的地方，水深200

---

① U.S.C.A. Const. Amend. XI. The Judicial power of the United States shall not be construed to extend to any suit in law or equity, commenced or prosecuted against one of the United States by Citizens of another State, or by Citizens or Subjects of any Foreign State.

多英尺，故该案在 1994 年被重新审理。深海研究公司基于占有包括瓷器、香槟和铜钉在内的"乔纳森兄弟"号沉船上的几件物品，主张沉船所有权或救捞报酬，并基于偿付保险公司而获得的代位求偿权主张沉船所有权。

加利福尼亚州对此做出了回应，认为地区法院就深海研究公司对"乔纳森兄弟"号沉船提出的海事对物诉讼缺少管辖权。加利福尼亚州基于《被弃沉船法》和第 6313 条的规定，认为自己对"乔纳森兄弟"号沉船拥有所有权，因此认为深海研究公司提出的诉讼违反美国联邦宪法《第十一修正案》。深海研究公司对两个方面均提出异议，一是认为《被弃沉船法》不能剥夺《美国联邦宪法》第 3 条第 2 款规定的联邦法院拥有的海事管辖权 ①，二是要求地区法院对"乔纳森兄弟"号沉船进行扣押，任命它为"乔纳森兄弟"号沉船的保管人。

地区法院针对这些诉求召开了两次听证会，第一次听证会着重于确认"乔纳森兄弟"号沉船是否沉没于加利福尼亚州的海域，第二次是调查该沉船所有权是否已经被放弃，是否在沉没时嵌入加利福尼亚州的土地、调查该沉船的历史文化重要性和加利福尼亚州提出所有权诉讼请求的有关事项。针对这些未决事项，深海研究公司认同"乔纳森兄弟"号沉船确实在加利福尼亚州的海域内沉没多年。

在听证会结束之后，地区法院认定，州政府不能依据联邦法律对"乔纳森兄弟"号主张所有权，现有证据既无法认定"乔纳森兄弟"号沉船被放弃，也无法认定沉船嵌入加利福尼亚州的海床；第 6313 条作为州内法律不能优先于《被弃沉船法》适用。法院送达了对"乔纳森兄弟"号沉船的查封扣押令，任命深海研究公司作为沉船的唯一保管人。

地区法院表明，目前并没有确定沉船上私人货物或者财产的所有权是否被放弃，并解释说，在诉讼的这段时间，深海研究公司不能要求法院判决支付给深海研究公司任何救捞费用，也不能要求法院因为深海研究公司做出的救捞贡献而授予该公司沉船所有权，地区法院认为目前最重要的工作是由该公司继续完成沉船救捞。

---

① U.S.C.A. Const. Art. III 2, cl. 1. The judicial Power shall extend to all Cases, in Law and Equity, arising under this Constitution, the Laws of the United States, and Treaties made, or which shall be made, under their Authority; ‐‐to all Cases affecting Ambassadors, other public Ministers and Consuls; ‐‐to all Cases of admiralty and maritime Jurisdiction; ‐‐to Controversies to which the United States shall be a Party; ‐‐to Controversies between two or more States; ‐‐between a State and Citizens of another State;‐‐between Citizens of different States; ‐‐between Citizens of the same State claiming Lands under Grants of different States, and between a State, or the Citizens thereof, and foreign States, Citizens or Subjects.

（二）上诉法院的裁判

加利福尼亚州提出上诉，认为加利福尼亚州应该根据美国联邦宪法《第十一修正案》拥有管辖豁免，并列举大量证据证明《被弃沉船法》适用于"乔纳森兄弟"号。加利福尼亚州认为，无论是《被弃沉船法》还是第 6313 条，都足以论证加利福尼亚州对沉船具有所有权，地区法院认定《被弃沉船法》优先适用于第 6313 条值得怀疑。加利福尼亚州认为已有足够证据证明沉船符合《被弃沉船法》中规定的被放弃和嵌入土地的规则。加利福尼亚州还质疑地区法院对被弃的认定标准，即"要求原所有权人以主动放弃所有权的方式认定沉船被放弃"错误。州政府认为目前的证据足以推定"乔纳森兄弟"号沉船的所有权曾被放弃，而不是一定需要原所有权人明确做出放弃沉船所有权的表示。

第九巡回上诉法院维持了地区法院的判决。上诉法院首先认为，《被弃沉船法》比第 6313 条优先适用，沉船若不适用《被弃沉船法》才考虑适用第 6313 条，适用第 6313 条的沉船案件属于联邦法院专属海事管辖的范畴。为了回应上诉人加利福尼亚州基于《被弃沉船法》提出的诉求，上诉法院认为联邦法院有权确定案件是否属于其专属管辖的范围，并且要求加利福尼亚州提出证据证明"乔纳森兄弟"号沉船适用《被弃沉船法》的情况，也就是要求其证明该沉船被放弃并嵌入该州的土地。根据上诉法院的判决，由于《被弃沉船法》是由联邦政府制定的，并将权利赋予各州，在解决不了《被弃沉船法》的适用问题之前，上诉法院无法判决处置州拥有的权利。上诉法院的判决还提到，法院可在不涉及美国联邦宪法《第十一修正案》的前提下，判决沉船是否适用《被弃沉船法》。

针对加利福尼亚州要求适用《被弃沉船法》的请求，上诉法院认为该州并没有提出足够的证据证明"乔纳森兄弟"号的所有权被放弃，因此适用《被弃沉船法》存在争议。由于《被弃沉船法》并没有沉船被放弃的条款，因此需要法院判断沉船是否被放弃。法院对此进行解释，提出在美国《海事法》中，只有沉船被明示放弃或者推定所有权被放弃时，才认定沉船被放弃。上诉法院认为，基于保险公司对沉船的索赔和被上诉人深海研究公司争取沉船所有权的行为，使得法院难以认定该沉船的所有权被放弃。法院同时还驳回了对沉船未投保部分视为被放弃的请求，法院认为，如果把"乔纳森兄弟"号投保和未投保部分分解，将导致问题的分散化，不利于法院解决所有权争议，因此把沉船视为一个整体有利于高效地解决这个案件。

因此，上诉法院不认定"乔纳森兄弟"号沉船的所有权被放弃，若认定沉船所有权被放弃，将导致未投保部分的沉船所有权问题无法继续上诉；上诉法院还提出是否存在某种情况使得整个沉船都能置入《被弃沉船法》的法律适用范围，可否忽视沉船已被投保部分的权益，上诉法院拒绝在案件未审理完毕前对"乔纳森兄弟"号沉船进行登记的司法程序。上诉法院的结论是，州政府必须提出大量有力证据证明上诉人加利福尼亚州确实对"乔纳森兄弟"号沉船具有所有权，以便适用美国联邦宪法《第十一修正案》的豁免情况。

（三）最高法院的裁判

该案管辖权问题最终上诉到联邦最高法院，最高法院判决如下：第一，美国联邦宪法《第十一修正案》允许联邦内的法院对不属于州所有的物品行使海事对物诉讼管辖权。第二，由于下级法院对美国联邦宪法《第十一修正案》的理解影响了审判，因此本案需要被退回重新判决沉船是否被放弃；被弃的理解需要结合《被弃沉船法》和海事法的规定，地区法院还需要全面考虑《被弃沉船法》和第6313条的适用顺位问题。最高法院不负责审理这部分内容。

四、分析评论

"乔纳森兄弟"号沉船作为价值不菲的水下文化遗产，船内的巨额黄金引发打捞机构寻觅，故导致了众多利益纠纷，鉴于涉案双方对于本案的事实并无太大争议，包括船只身份、沉没地点和原所有权人等问题不存在争议，因此本案焦点在于法律适用问题，特别是美国联邦宪法《第十一修正案》规定的管辖豁免与联邦法院专属海事管辖权之间的博弈。

加利福尼亚州主张驳回深海研究公司的请求，理由是其依据《被弃沉船法》对沉船享有所有权，该法规定对沉没在该州土地中的任何被弃沉船，都应属于国家和该州所有，之后加利福尼亚州试图论证沉船被放弃，州对淹没在领土下的被弃沉船拥有所有权，从而根据美国联邦宪法《第十一修正案》的规定主张管辖豁免，防止深海研究公司的权利主张。

深海研究公司作为沉船的救捞者，希望依据救捞法获得沉船利益，就需要对抗加利福尼亚州所提出的管辖豁免，使法院拥有管辖权，保证深海研究公司能从后续诉讼中依照判决获利，故深海研究公司主张美国联邦最高法院对所有的专属海事案件和海事管辖权案件都具有管辖权。

这两者的权力来源都是正当的，美国法涉及这二者博弈的案件也非少数，但是法院到目前为止并没有得出统一结论，也没有在立法上予以明确。该案历经三次审理，地区法院、上诉法院和联邦法院的意见也存在不同之处，地区法院认为无法确认沉船被放弃，需要加利福尼亚州进一步补充证据论证适用《被弃沉船法》的可能性；上诉法院也认为关于本案沉船所有权被放弃的证据不足，加利福尼亚州的主张不具有说服力；最高法院则肯定了联邦法院的管辖权，认为地区法院和上诉法院对宪法的理解有误，应当重新审理。

这些争论说明法官对这个问题也存在争议，需要法院在个案中基于公平正义的要求公正审理。本案之所以优先适用了联邦法院的管辖权，是基于上诉人加利福尼亚州在沉船救助方面毫无作为，只是单纯争夺沉船的所有权，并不符合公平正义的要求；而被上诉人深海研究公司作为沉船的打捞者，在原权利人不明的情况下积极开展救捞工作，理应维护其权利，因此联邦法院最终认定联邦法院对本案具有管辖权。

同时，也可以看出美国海事法院对沉船被放弃的判断非常谨慎，首先会推定沉船未被放弃，然后再通过沉船原权利人是否积极取回沉船等标准来证明其放弃意图，如果判断沉船被放弃才能考虑《被弃沉船法》的适用。可见，沉船的船主继承人、私人救捞者或州主张沉船所有权均非易事。

第二节　联邦法院和州法院判决相异

案例28：沉没在美国沿海的西班牙海盗船"威达"号

海事水下调查公司案

案件索引	海事水下调查公司诉身份不明的被弃沉船案（Maritime Underwater Surveys, Inc. v. Unidentified, Wrecked & Abandoned Sailing Vessel 717 F.2d 6,1983）
案件主题	海事对物诉讼中美国联邦宪法《第十一修正案》的适用
案件性质	民事案件（海事对物诉讼）
案件标的物	1717年沉没在今美国马萨诸塞州附近海域的"威达"号沉船及沉物
当事人	海事水下调查公司（上诉人，原审原告） 美国马萨诸塞州（权利申请人） 一艘身份不明的被弃沉船及其索具、武器和货物（原审被告）

续表

审判法院	美国联邦第一巡回上诉法院
判决时间	1983 年 9 月 9 日
适用规则	1. 美国联邦宪法《第十一修正案》； 2.《淹没土地法》第 1301 条； 3.《马萨诸塞州通用法规》第六章第 180 条。
争议点概要	美国联邦宪法《第十一修正案》能否在本案适用
结论概要	美国联邦宪法《第十一修正案》适用于本案，州对涉案沉船享有主权豁免。
判决结果	上诉法院判决马萨诸塞州胜诉，案件撤销。

马萨诸塞州诉海事水下调查公司案

案件索引	马萨诸塞州诉海事水下调查公司（COMMONWEALTH OF MASSACHUSETTS, Plaintiff v. MARITIME UNDERWATER SURVEYS, INC., Defendant, 1987 AMC 2590）
案件主题	沉船所有权
案件性质	民事案件
案件标的物	1717 年沉没在今美国马萨诸塞州附近海域的"威达"号沉船及沉物
当事人	美国马萨诸塞州（上诉人，原审原告） 海事水下调查公司（原审被告）
审判法院	美国马萨诸塞州高等法院
判决时间	1988 年 9 月 15 日
适用规则	《马萨诸塞州通用法规》第六章第 180 条
争议点概要	马萨诸塞州依据州通用法规主张涉案沉船所有权
结论概要	依据《马萨诸塞州通用法规》无法建立主权豁免，涉案沉船属于联邦海事法中的"被放弃的沉船"，适用发现物法。
判决结果	海事水下调查公司享有涉案沉船的所有权
后续进展	马萨诸塞州向州高等法院主张所有权，州高等法院驳回了马萨诸塞州的诉讼请求。马萨诸塞州随即上诉，州最高法院维持原判。

一、案情概要

涉案沉船位于马萨诸塞州威尔弗里特海滩外一英里的海底，依据《淹没土地法》第 1301 条的规定属于马萨诸塞州所有。原告是一家在特拉华州注册的公司，经过数年档案调查和海上搜索后，原告发现了涉案沉船，初步确定了 1717 年沉没的海盗船"威达"号（Whydah）。

二、各方主张

在发现沉船后的几周内，原告就向法院提出诉讼，要求取得沉船及其索具、武器和货物的所有权，或取得救捞报酬。因原告的请求，地区法院对沉船发出了扣押令，并指定原告为沉船的保管人。

其后，仅有马萨诸塞州加入了本案。马萨诸塞州首先依据《淹没土地法》第1301条和《马萨诸塞州通用法规》第六章第180条主张沉船的所有权，进而援引美国联邦宪法《第十一修正案》赋予州的主权豁免，以法院无管辖权为由请求撤销案件。

三、法院意见

法院首先援引了佛罗里达州诉宝藏打捞者公司案①中确立的规则，即如果没有州的同意，且当州的所有权主张有合理依据时，联邦法院不得对州的所有权主张进行裁决。在本案中，法院经审理查明，马萨诸塞州的主张是合理的。

本案中，依据《淹没土地法》第1301条，涉案沉船位于马萨诸塞州所有的淹没土地，且仍未从海床上移走。根据《马萨诸塞州通用法规》第六章第180条，马萨诸塞州享有对其内陆和沿海水域内所有"水下考古资源"的所有权。综上，马萨诸塞州的主张有合理依据。

同时，虽然本案的被告并非马萨诸塞州，但是从原告提交给法院的书面材料和进行的口头陈述中已承认马萨诸塞州是其取得涉案沉船所有权的主要竞争对手，因此本案是针对州提起的诉讼。法院认为，本案完全符合美国联邦宪法《第十一修正案》的适用条件。

此外，原告援引了科布案②进行抗辩。但法院经审理后认为，科布案不适用于本案，因为马萨诸塞州并未明确放弃其主权豁免。

---

① *Florida Department of State v. Treasure Salvors, Inc.*, 458 U.S. 670, 102 S. Ct. 3304, 73 L. Ed. 2d 1057, 50 U.S.L.W. 5056 (1982).

② *Cobb Coin Company, Inc. v. The Unidentified, Wrecked and Abandoned Sailing Vessel, etc.*, 525 F. Supp. 186 (S.D. Fla. 1981), 549 F. Supp. 540 (S.D. Fla. 1982).

四、判决结果

地区法院支持了马萨诸塞州的请求，本案被撤销。上诉法院维持了地区法院的判决。

五、相关判决

在本案仍在美国马萨诸塞州联邦地区法院审理时，马萨诸塞州另向州高等法院提起诉讼，以《马萨诸塞州通用法规》第六章第 180 条为依据主张涉案沉船的所有权[①]。1983 年 2 月 1 日，州高等法院下达了扣押令，指定海事水下调查公司为涉案沉船的临时保管人。海事水下调查公司虽然就马萨诸塞州对沉船的所有权主张提出了异议，但仍向马萨诸塞州水下考古资源委员会申请了沉船打捞许可证。马萨诸塞州水下考古资源委员会于 1983 年 2 月 25 日发出许可证，准许海事水下调查公司在有限区域内进行发掘，该许可证每年更新一次。获得许可后，海事水下调查公司在许可区域内成功打捞出许多文物。

就涉案沉船所有权问题，州高等法院认为，涉案沉船已近三百年无人问津，而且本案在审理时没有该案当事人以外的其他人主张所有权，因此，属于联邦海事法上所称的"被放弃的沉船"。此种情况下，如果没有马萨诸塞州提出的主权豁免主张，那么本案就应适用发现物法，由最先发现该沉船的海事水下调查公司享有所有权。在本案中，马萨诸塞州主张沉船所有权的依据是《马萨诸塞州通用法规》第六章第 180 条，这无法建立起有效的主权豁免。因为依据《淹没土地法》第 1301 条，马萨诸塞州对其海岸以外的水下土地仅享有所有权，并不享有主权，主权仍专属于美国联邦政府，而且该条授予各州的权利限于沿海 3 海里内的自然资源。因此，本案应适用"发现物法"，海事水下调查公司享有涉案沉船的所有权。

州高等法院作出判决后，马萨诸塞州不服，上诉至州最高法院。州最高法院驳回了马萨诸塞州的上诉，维持原判[②]。

---

① *COMMONWEALTH OF MASSACHUSETTS, v. MARITIME UNDERWATER SURVEYS, INC.*, 1987 AMC 2590.

② *Commonwealth v. Maritime Underwater Surveys, Inc.*, 403 Mass. 501, 531 N.E.2d 549 (1988).

六、分析评论

本案主要涉及海事对物诉讼中美国联邦宪法《第十一修正案》的适用问题。州在海事对物诉讼中援引美国联邦宪法《第十一修正案》必须同时满足三个条件：即诉讼是针对州本身提出的、州对涉案标的（通常为沉船及货物）的所有权是合理的、州未放弃主权豁免，三者缺一不可。在具体的海事对物诉讼中，州要从以上三个方面加以证明才能主张主权豁免，法院在审理中也会逐一进行审查。

本案非常引人关注的是，马萨诸塞州在本案仍在联邦法院审理的同时，还向州法院就同一标的提起所有权诉讼。马萨诸塞州虽然是依据州法在州法院提起诉讼，但是州法院在判决中还适用了联邦法。上述做法是否符合联邦法律一般原则仍待商榷。此外，在本案中，联邦法院和州法院的对相同法律规定的理解、推理逻辑及判决结果大相径庭。

第三节　沉船身份待定

案例 29：沉没在美国领海的推定为"阿姆特尔"号沉船

英寻公司案

案件索引	英寻勘探有限公司诉身份不明沉船案（Fathom Exploration, L.L.C. v. Unidentified Shipwrecked Vessel or Vessels, 857 F.Supp.2d 1269）
案件主题	法院暂时认定沉船身份以继续推进后续程序
案件性质	民事案件（海事对物诉讼）
案件标的物	阿拉巴马州莫比尔海滩上一些身份不明的沉船
当事人	英寻勘探有限公司（原告） "迪克西"号快船申请人（权利申请人） 美国（利益相关主体） 美国阿拉巴马州（利益相关主体） 一艘或多艘身份不明的沉船（被告）
审判法院	美国阿拉巴马州南区联邦地区法院南部分庭
判决时间	2012 年 3 月 12 日

适用规则	《被弃沉船法》
争议点概要	打捞地点附近曾沉没两艘船的所有权人都主张涉案沉船所有权，身份不明沉船是"迪克西"号还是"阿姆特尔"号。
结论概要	位于封锁区内的一号沉船不是"迪克西"号，而是英国船"阿姆特尔"号。
判决结果	1. 位于封锁区内的一号沉船不是"迪克西"号，因此"迪克西"号申请人对该沉船没有请求权或利益； 2. 法院暂时认定一号沉船是英国船"阿姆特尔"号； 3. 责令原告继续勤勉尽责地从事一号沉船相关的档案研究和潜水打捞活动，并将有可能进一步查明船舶身份的任何重要发现立即通知法院及对方律师，不论这些发现是否加强或削弱它是"阿姆特尔"号的假设； 4. 双方当事人应当在 2012 年 4 月 9 日前提交联合状况报告，对被弃处置应当遵循的程序提出联合建议，并按要求提起诉讼和解决被弃处置问题。
后续进展	无

一、案情概要

2004 年，英寻勘探公司针对位于阿拉巴马州莫比尔海滩的数艘沉船提出诉讼请求。英寻勘探公司修改后的诉讼主张认为，它从这些地点打捞出沉船相关物品可以获得救捞报酬，并且应该享有沉船及打捞物的所有权，并请求禁止其他打捞公司在涉案沉船位置 2 海里半径范围内进行搜索或者打捞作业。2007 年 10 月 27 日，法院签署了涉案沉船的扣押令，并要求英寻勘探公司采用公开方式管理沉船，从而形成一个包含这些身份不明沉船的区域。

二、各方主张

与此同时，几个利益相关主体提交了利益声明。美国政府声称这些船只都是内战时期的船只，故这些船只的所有权属于美国政府；阿拉巴马州根据《被弃沉船法》和阿拉巴马州州法，以这些船只属于阿拉巴马州水域的文化资源为由主张所有权。另外还有一方申请人基于"迪克西"号快船队（Clipper Ship Robert H. Dixey）主张对沉船的所有权，该方申请人声称失事船只之一是"迪克西"号，自称是该船船长的后裔和船东继承人。

2005 年 12 月，双方共同请求中止诉讼，以便查明涉案沉船身份，进一步消除争议。但案情争议较大，诉讼继续进行。频繁的恶劣天气、一系列自然和人为灾害导致难以识别沉船，沉船在封锁区的状态并没有改变。

2011 年 7 月 1 日，地区法院签署了一份文件，解除了法院文件中命名为《一号沉船》的禁令。2011 年 6 月，根据收集的档案和文物，英寻勘探公司宣布一号沉船是英国的"阿姆特尔"号（Barque *Amstel*）；阿拉巴马州也赞同这一观点；而"迪克西"号申请人却对这一证明存在异议，认为一号沉船是"迪克西"号。由于没有任何一方发现确凿证据证明该船身份，在沉船的横梁、配件、设备、碟子或钟上也未发现任何直接证据，故无法查明船舶身份。因此，为了解决一号沉船的身份争议，当事人请求法院准许提交书面证据和简报，并由法院判决解决事实问题，以便解决双方关于证据和记录的争议。法院通过了双方的提议，英寻勘探公司和"迪克西"号申请人分别提交证据表明了各自观点的事实情况，法院仔细审查并审议了这些材料。

三、法院意见

（一）"迪克西"号的历史事实

1860 年 8 月 15 日，"迪克西"号满载日常五金用品从纽约前往莫比尔港，于 9 月 14 日晚在飓风来临前一小时到达莫比尔港停靠，迪克西船长（Captain Dixey）采取双倍链条和双锚固定船舶等措施度过风暴。当地 1860 年 9 月 20 日出版的《皮卡尤恩日报》（*Daily Picayune*）对该晚提供了有用细节，该报道写道，"迪克西"号 9 月 14 号从沙洲开始航行，在沙洲和乔克托（Choctaw）灯塔之间抛锚。根据文献描述，乔克托灯塔位于莫比尔海湾（Mobile bay）一端，目的是帮助船只顺利穿过狗河沙洲（Dog River bar）。据此可以推断"迪克西"号停泊在离莫比尔湾口大约 17 英里处。早上 8 点过后，飓风越来越大并向北移动，天气变得极端恶劣，"迪克西"号暴露在莫比尔海湾的开阔浅水中，被强风和海浪不断冲击着。第一个锚链在上午 10 点左右断裂，船员开始切割桅杆和帆来减轻船的重量。后来飓风继续恶化，另一条锚链断裂，大风和海浪将"迪克西"号向南推进了莫比尔海湾的航道，行驶了大约 12 英里。约上午 11 点，"迪克西"号撞击西岸浅滩，船体开始碎裂，随后船体沿着航道向东轻微漂移。在生还的最后一搏中，迪克西船长和 18 名不会游泳的巴哈马船员把自己绑在仅存的索具上。中午，"迪克西"号撞击了最初碰撞位置东南方向 2~3 英里的航道东侧陆地。根据当地报纸描述，"在主航道以东非常浅的水域，'迪克西'号很快就被撞成碎片"，"到 1860 年 9 月 15 日星期六下午三点左右，'迪克西'号的所有残骸都漂回了海湾"。1 个多世纪以来，水手们习惯于将"迪克西"号沉没的地方称为迪克西沙洲（Dixey Bar），以纪念这艘船的悲惨遭遇。2005 年 7 月，美国正式批准将这一荒岛更名为迪克西岛（Dixey Bar），迪克西岛的命名意味着"迪克西"号的失事地点没有疑义。

（二）"阿姆特尔"号的历史事实

"阿姆特尔"号与"迪克西"号的沉没时间和沉没地理位置相近，但在其他细节上截然不同。位于阿姆斯特丹的布瓦瑟曼航运公司（Boissevain）1842 年建造的"阿姆特尔"号于 1860 年被卖给了一家英国公司。后来有报道称一艘名为"阿姆特尔"号的船只约在 1861 年 5 月下旬或 6 月初沉没在莫比尔湾口。"尼亚加拉"号军舰（U.S.S. *Niagara*）1861 年 5 月 29 日在莫比尔海湾下锚停泊，北方联邦军队对莫比尔湾实施了封锁。"尼亚加拉"号船长麦基恩上尉于 1861 年 6 月 5 日在航海日志中写道，"一艘停泊在丹凤岛和沙岛（Sand Islands）之间的大船正在进行可疑驾驶行为，该船与一艘停泊在丹凤岛附近的纵帆船通信"。麦基恩上尉派出了"佛农山"号（U.S.S. *Mount Vernon*）等几艘船检查并截获了可疑船舶。在 1861 年 6 月 6 日给海军部长的一份报告中，麦基恩上尉对这一事件作了如下阐述："过去几天里，甲板上有很多水手的一艘武装帆船在沙洲内侧的莫比尔港反复转换航向。昨天早上，该船停靠在一艘大船的残骸旁，许多人参与了拆解。"并形容这它是"一艘建造坚固、装备齐全的船只，重约 100吨，名为'援助'号（*Aid*），位于莫比尔海滩"。

英寻勘探有限公司试图结合事实和推论回答四个关键问题。首先，如何认定"一艘大船的残骸"是"阿姆特尔"号。之前的日志和报告均没有提到沉船的名字。然而，1861 年 6 月 7 日，《莫比尔注册者和广告商》（*Mobile Register and Advertiser*）刊登的《封锁舰队俘获的纵帆船》文章指出，"属于彼得·罗森克兰茨（Peter Rosenkrantz）被约翰·斯科特（John Scott）雇佣的纵帆船'援助'号负责拆解英国的'阿姆特尔'号，被封锁舰队捕获"。虽然没有其他证据，但同一时期的文献表明，在"援助"号被捕获时，进行打捞作业的船只确实是"阿姆特尔"号。第二，"阿姆特尔"号如何到达沉没地存疑。北方军队舰长称它为"大船"（hulk）或"沉船"（wreck），但没有详细说明它的状况。提交的证据中有一张军官所绘的草图，标题是《1861 年 6 月 5 日美国"尼亚加拉"号蒸汽护卫舰舰队在美国"佛农山"号汽船的协助下在莫比尔截获南方大帆船"援助"号》，描绘了"阿姆特尔"号旁边的北方联邦军舰接近"援助"号的情景。画中的"阿姆特尔"号是倾斜的，桅杆裸露，但船只本身看起来完好无损，没有沉没、倾覆或严重受损，考虑到这艘船距离水面的高度，"阿姆特尔"号很可能是搁浅了。英寻勘探公司合理假设，可能由于航行错误或强水流，"阿姆特尔"号在浅水沙洲上被困搁浅。这与9个月前"迪克西"号在沉没地受到长期暴力撞击被击碎截然不同。第三，"阿姆特尔"号的位置。有关记录并没有最终回答这个问题，仅有几条线索至少可信地符合英寻勘探公司的观点，即"阿姆特尔"号在沙岛灯塔以南、摩根堡以南和以西以及不远的莫比尔湾入口处的外围沙洲搁浅了。第四，在1861年6月5日"援助"号被俘获后，"阿姆特尔"号的命运并不清楚。英寻勘探公司在历史记录中找不到任何与"阿姆特尔"号相关的打捞信息，其假设仅是，"援助"号被俘获后，由于害怕被北方联邦军队俘获，没有其他船只敢再接近"阿姆特尔"号；另外还假设，如果北方军队对"阿姆特尔"号的货物不感兴趣，那么"阿姆特尔"号和船上的货物就会被放弃，在数年内慢慢解体，直到海水将船只和货物都填满，船体消失在水下。

（三）一号沉船符合"阿姆特尔"号而非"迪克西"号的事实

双方文书向法院提出的问题是，在这些历史叙述中，哪些与一号沉船的已知事实最符合。英寻勘探公司声称一号沉船是"阿姆特尔"号，而"迪克西"号申请人则认为沉船是"迪克西"号。

法院认为一号沉船不可能是"迪克西"号，并提出了两个原因，首先也是最重要的是一号沉船的位置与已知的"迪克西"号失事地点相差很大。历史记录表明，"迪克西"号无疑是在现在被称为迪克西岛的地方沉没的。根据"迪克西"号申请人的表述，"历史很清楚，'迪克西'号在1860年就沉没在迪克西岛附近"。法院目前了解的信息是一号沉船是在迪克西岛西南2海里的位置。"迪克西"号申请人并不认为"迪克西"号在150年间有可能移动如此长的距离；相反，他们认为，从那以后，没有任何人在任何地方曾经移动过"迪克西"号沉船。那么一号沉船就不可能是"迪克西"号。

"迪克西"号申请人试图识别一号沉船是"迪克西"号的第二个无法解释的障碍是"迪克西"号的货物状况。根据文件记载，一号沉船的一个显著特征是大部分货物都集中在海底，长约110英尺、宽约25英尺，呈单一紧密组合。船中货物分两堆，包括堆码整齐的木桶、石板、铁路轮轴、道碴和钟表。英寻勘探公司制作的沉船现场图显示了货物的组织、堆放、分类和分组，并且自一号沉船沉没以来所载货物（除了钟）显然未被碰触移动，现场图对货物的描述很明确。而"迪克西"号在莫比尔湾航道上被飓风和海水"撕开"，遭受了长达3个小时的猛烈冲击，航行了14英里且不断在浅水区触底，最后在迪克西岛附近被击得粉碎，所载货物能够以一号沉船现场的船货保存形式存在与逻辑和常识相悖。对于"迪克西"号的货物如何才能像一号沉船的情形一样沉在海底，"迪克西"号申请人没有任何解释或假设。

简而言之，一号沉船与"迪克西"号沉没的地方不在莫比尔湾的同一区域；一号沉船的货物分布情况与"迪克西"号货物的预期状态大有不同。基于这些原因，法院认为，一号沉船不是"迪克西"号，因此，"迪克西"号申请人对该船无任何权利基础。

另一个问题是，"阿姆特尔"号是否可被肯定地认定为一号沉船。一号沉船的情况与"阿姆特尔"号的经历一致。"阿姆特尔"号在西南沙嘴搁浅时的位置与一号沉船的位置很接近。从已知的事实推断，"阿姆特尔"号沉没多年，而且一号沉船完好无损的货物配置与"阿姆特尔"号的货物配置相似。"阿姆特尔"号有可能在1861年5月的最后一次航行中携带着一口1860年在纽约铸造的700磅重的青铜钟。因此，迹象表明"阿姆特尔"号就是一号沉船。

上述说法的确是对英寻勘探公司观点的勉强认可。法院理解当事人各方在试图拼凑一个半世纪前这些船只的故事时面临的巨大挑战。然而，到目前为止，仍有太多未解问题和事实空白，无法最终确定一号沉船是"阿姆特尔"号，特别是考虑到多年来在莫比尔湾沉没的船多达数十甚至数百艘。而且长久以来"阿姆特尔"号在西南沙嘴自生自灭的说法缺乏佐证。它运载着一批贵重货物，却显然没有遭受灾难性损坏，尽管存在诸多原因，但"阿姆特尔"号的位置十分显眼，在其解体入海的漫长岁月里，居然没有人进行救助或将货物运走，这种说法虽然可能，但仍然值得怀疑。墨西哥湾沿岸的强烈风暴也没有对"阿姆特尔"号形成强烈冲击，任其慢慢腐朽，这也很难说通。由于没有确凿证据证明"阿姆特尔"号后来的情况，英寻勘探公司的叙述中假设性和不确定性太大，不能被接受为确定的事实。

（四）后续程序

原告的起诉反映了其针对"阿姆特尔"号的研究工作至今仍在进行。法院乐观地认为，这些调查活动将提供更多线索，可能支持或推翻一号沉船实际上是"阿姆特尔"号的推测。为此目的，法院命令原告第一时间将通过档案研究或海上活动得到的任何可能有助于查明船舶身份的重要发现通知法院和所有其他相关当事人，不论这些发现是否会加强或削弱它是"阿姆特尔"号的假设。不过，法院认为，一号沉船目前可以暂时被视作"阿姆特尔"号。

另外还有一个关键问题是"阿姆特尔"号是否被放弃。根据《被弃沉船法》，美国把被放弃所有权的沉船的所有权转移到沉船所在的州[①]。而且，救捞法不适用于上述被

---

① 　The Abandoned Shipwreck Act, 43 U.S.C. § 2105(c).

放弃的沉船①。即当沉船被放弃且属于列举的三种类别之一时，州根据《被弃沉船法》获得沉船所有权；根据判例法②，如果沉船的所有权符合《被弃沉船法》的标准，则所有权属于本州，不授予救捞报酬。就本案沉船嵌入阿拉巴马州淹没土地的情况而言，一号沉船无疑属于《被弃沉船法》列举的三种类型。因此，英寻勘探公司的救捞权或一号沉船的所有权可能取决于"阿姆特尔"号的所有权是否被放弃。

法院指出，根据判例法③，由于本案沉船是否被放弃未能确定，法院可以通过诉讼时效期间届满、船舶所有者不作为、沉船地点的位置等因素，以明确和令人信服的证据推定沉船的所有权已被放弃。另外，判例法还显示④，当财产在海上沉没时，无论经过多长的时间，传统上仍推定其所有权属于原所有权人。这意味还有很多需要解答的问题。国家是否认为一号沉船属于被弃沉船，从而根据《被弃沉船法》转移了对沉船的所有权？"阿姆特尔"号的原所有权人和保险人的继承人是谁，是否需要通知他们并给他们参与诉讼的机会？国家若主张一号沉船的所有权被放弃，则如何提交必要和有说服力的证据来证明？鉴于法院暂时认定涉案船舶为"阿姆特尔"号，在 2012 年 4 月 9 日之前，法院认为涉案双方还应提交一份联合状况报告，对一号沉船的放弃问题涉及的诉讼和解决程序提出建议，该报告还应涉及通知"阿姆特尔"号的原所有权人和保险人的继承人的问题。

四、判决结果

法院裁定如下：

（一）位于封锁区内的一号沉船不是"迪克西"号，因此"迪克西"号申请人对该沉船没有请求权或利益；

（二）法院暂时认定一号沉船系英国船只"阿姆特尔"号；

（三）责令原告继续勤勉尽责地从事一号沉船相关的档案研究和潜水打捞活动，并将有可能进一步查明船舶身份的任何重要发现立即通知法院及对方律师，不论这些发现是否加强或削弱它是"阿姆特尔"号的假设；

---

① The Abandoned Shipwreck Act, 43 U.S.C. § 2106(a).

② *Northeast Research, LLC v. One Shipwrecked Vessel, her Tackle, Equipment, Appurtenances, Cargo*, 790 F.Supp.2d 56, 63; *Great Lakes Exploration Group, LLC v. Unidentified Wrecked and (For Salvage-Right Purposes), Abandoned Sailing Vessel*, 522 F.3d 682, 688.

③ *Northeast Research, LLC v. One Shipwrecked Vessel, her Tackle, Equipment, Appurtenances, Cargo*, 790 F.Supp.2d 56, 64–65; *R.M.S. Titanic, Incorporated v. The Wrecked and Abandoned Vessel*, 435 F.3 d 521, 532.

④ *Sea Hunt, Inc. v. Unidentified Shipwrecked Vessel or Vessels*, 221 F.3d 634, 6.

（四）双方当事人应当在 2012 年 4 月 9 日前提交联合状况报告，对被弃处置应当遵循的程序提出联合建议（不能达成联合建议的，提出竞争建议），并按要求提起诉讼和解决被弃处置问题。

五、分析评论

本案的疑难问题在于船舶的身份确定，由于沉船所处位置在历史上曾有两次沉船事件，分别为"迪克西"号和"阿姆特尔"号，通过双方当事人对证据的大量罗列，法院还原了两次沉船的经过。首先是"迪克西"号，它经历了强烈的飓风，被撞击碎裂，无法保持完整船体，后来为了纪念"迪克西"号，美国政府将"迪克西"号沉没的地方称为迪克西岛，因此，"迪克西"号的船体状态和沉没的地理位置相对可以确定。而"阿姆特尔"号沉船的情况则不同，证据更少，对细节的推敲也更为模糊，只能通过报告、报纸和图画等信息大致推测出"阿姆特尔"号沉船的情况，它应当是陷入了沙洲，因此其货物状态也更稳定，对比一号沉船现存货物的状态和地理位置，并不符合记载中"迪克西"号的状况，因此法院作出暂时性推定，从而确定沉船的原权利人。

另外，本案还有一个关键问题是身份不明的沉船的所有权是否被放弃，但是这一认定只有在确认了沉船身份之后才能进行，因此沉船的身份确认问题是前置的。在推定沉船为"阿姆特尔"号后，考虑"阿姆特尔"号沉船是否被放弃需要联系沉船的继承人、保险人等可能的利益关系人，还需要考虑诉讼时效、船舶所有者的作为或者不作为行为、沉船地点的位置等因素综合判断，因此，若认定沉船被入弃，根据《被弃沉船法》的规定，沉船将属于州所有，而不能适用救捞法，此时英寻勘探公司救捞权的主张将被驳回。

法院推定该身份不明的沉船是"阿姆特尔"号沉船不一定正确，只是法院结合相关证据情况得出的最优解，因此，后续可能会被新的权利主张者推翻，这也体现了沉船所有权案件的复杂性。由于距离沉船沉没时间过于久远，证据搜集具有复杂性，法院也只能做暂时性推断，并且要求英寻勘探公司继续搜寻相关线索和证据。

第五章
非海事法案件

第一节　宪法案件

案例 30：沉没在澳大利亚领海的荷兰东印度沉船"金龙"号

罗宾逊诉西澳博物馆案

案件索引	罗宾逊诉西澳博物馆案（Robinson v Western Australian Museum，138 CLR 283 (1977)）
案件主题	西澳大利亚州立法有效性问题、沉船文物归属问题
案件性质	宪法案件
案件标的物	Vergulde Draeck（Gilt Dragon "金龙"号）荷兰船
当事人	埃利斯·阿尔弗雷德·罗宾逊（原告） 西澳大利亚博物馆（被告）
审判法院	澳大利亚最高法院
判决时间	1977 年 8 月 31 日
适用规则	1. 联邦或帝国法： 1894 年帝国《商船法》； 1912 年联邦《航行法》； 1973 年联邦《海洋和淹没土地法》； 2. 西澳大利亚州法： 1959~1964 年《博物馆法》； 1969 年《博物馆法》； 1973 年《海洋考古法》。
争议点概要	1. 原告是否有起诉地位； 2. 西澳大利亚州法是否因不符合联邦或帝国法而无效。
结论概要	1. 原告具有起诉地位； 2. 多数法官意见认为西澳大利亚州法无效。
判决结果	原告胜诉
后续进展	无

一、案情概要

荷兰东印度公司（VOC）阿姆斯特丹商会于 1653 年建造的"金龙"号（Vergulde Draeck、Gilt Dragon）在 1656 年前往巴达维亚（雅加达）香料交易总部途中被风吹离航线撞到澳大利亚西海岸兰斯林镇和扬切普镇之间、珀斯以北约 40 英里处的珊瑚礁后立即破裂沉没，沉船距岸最近点约 2.87 英里。船上 193 名工作人员大部分丧生，还载有八盒价值 78600 荷兰盾的银币和价值 106400 荷兰盾的商品，在之后几次营救中发现了八个宝箱，但从未发现过沉船或幸存者的迹象。"金龙号"和巴达维亚沉船的发现推动了澳大利亚联邦制定法律保护历史沉船，打捞工作主要在西澳大利亚博物馆的监督下进行。

1957 年 8 月，原告发现了"金龙"号沉船，并通知了联邦沉船接管部门，称自己作为发现者对该沉船享有一定权益。直到 1963 年 4 月 14 日，他才又一次找到"金龙"号，并又通知了联邦沉船接管部门。这次，他从沉船地点打捞出许多有价值的人工制品和金币，并将这些物品交给了该部门和西澳博物馆董事会。根据 1964 年 12 月 18 日生效的《博物馆法》（修正案），原告不能继续打捞沉船，也不能取回其中的文物。博物馆及董事会都认为自己拥有对沉船的专属控制权，并可以对其进行处置，从而获得其中的文物。因此，博物馆实际控制了这些沉船沉物，并拒绝原告继续占有这些沉船沉物的要求。同时，博物馆及董事会也拒绝向原告偿还他全部或部分的救捞报酬，或以任何方式支付他作为沉船发现者的财产补偿。

二、各方主张

（一）原告主张

原告主张西澳大利亚州 1959~1964 年《博物馆法》、替代该法的 1969 年《博物馆法》以及 1973 年《海洋考古法》中的某些条款不符合 1894 年大英帝国《商船法》、1912 年联邦《航行法》、1973 年联邦《海洋和淹没土地法》的相关规定，以及事实上超越了州立法权限而无效。

（二）被告辩称

坚持州立法有效，并否认原告的诉讼地位。

三、法院意见

（一）原告具有诉讼资格

原告有充分的资格起诉被告，质疑州立法的有效性。被告认为原告在该案中与其他社会成员的地位相同，他没有特殊的利益与理由提起诉讼，不具有原告资格。原告认为，其特殊权益体现在两个方面：该法案是否有效将会决定原告能否继续打捞沉船及其沉物，以及占有已打捞的沉船沉物；将会决定原告能否获得救捞报酬。

法官承认原告的诉讼地位。他认为原告发现沉船，并在相当长的时间内打捞并占有沉船沉物，这已经构成了事实上的占有行为。但《博物馆法》中的相关条款禁止其继续打捞沉船，并要求其将已占有的沉船沉物交给董事会、博物馆，这实际上剥夺了他占有以及继续占有沉船的权利。同时，博物馆及董事会根据该法将不会对其打捞沉船行为进行任何补偿①，因此也剥夺了他获得救捞报酬和补偿的权利。因此该法案的效力与其利益密切相关，原告具有诉讼资格。

（二）西澳大利亚州法案无效

1. 立法内容超越了州立法的管辖范围

肯定意见认为根据《博物馆法》，董事会有权占有位于低潮线以下的沉船及其沉物；根据《海洋考古法》，考古遗址也有可能位于低潮线以下。但西澳大利亚州的管辖范围仅及于西北低潮线以内澳大利亚议会排除在其立法权以外的事项②，海床上和海床中的物品不在州立法权范围内。然而实际上，一州的法案可能会在州管辖范围外运行，其法律是否有效取决于该法案是否旨在促进州的"和平、秩序与善政"。因此需要判断该州立法是否与"和平、秩序与善政"有关。"金龙"号沉船与西澳大利亚殖民历史的重要意义没有关系，西澳博物馆展览沉船沉物也与立法目的无关，这些古代沉物虽然具有历史意义，但仅对航行史有意义，对西澳大利亚殖民史、州历史并无意义。因此，该州立法因为超越了其立法权限而无效。

反对意见认为州立法机构制定法律可以在州外适用。限制州立法机构制定具有域外效力法律的原则来源于殖民地时期，它在性质上很模糊，在运作上不便利。当双方

---

① 1959 Museum Act, s.20B(3): "No compensation was to be paid to any person by reason of the vesting of an historic wreck in the Board."

② 1973, Seas and Submerged Lands Act, s. 15.

法律都可以在同一区域适用时，该原则可以作为避免或缓和两个立法机构间矛盾的办法。但是，若一地区没有立法机构管辖、没有其他可以实施的法律，则不会产生立法冲突，此时适用该原则并无意义。因此，没有必要限制州立法机构在此行使立法权。殖民地时期的立法机构对近海水域有管辖权，如果现在予以限制并不恰当。"金龙"号沉船与社会公共利益有密切联系，荷兰船员意外地驶离航线并发现西澳大利亚海岸的经历构成了现在西澳大利亚的早期历史，保存和展览航海遗迹对西澳大利亚公众有重要意义。因此，足以构成州与近海水域内人、事、物的紧密联系，该立法有效。

2. 州立法与相关法律不一致

与《航行法》的相关条款不一致。1912年《航行法》[①]对沉船沉物的移交机制作出如下程序性规定：任何人在澳大利亚境内发现沉船沉物或在境外发现沉船沉物并将其带回境内，需将该事实通知沉船接管部门，并将其占有的沉物移交给该部门。沉物原主可以在一年之内申报权利，并赔偿救捞报酬和其他费用，以此获得该沉物。如果一年之内没有原主认领，该部门将出售此沉物，赔偿救捞者的救捞报酬；若有剩余财产，则交给联邦收入基金会。《航行法》适用于法案生效后发现的沉船沉物，因此"金龙"号沉船适用该法。该法照顾了救捞者、原主和联邦政府三方利益，但州法案的程序没有平衡三者利益，与《航行法》不符。

与《海洋和淹没土地法》相关条款不一致。联邦政府有权在领海范围内行使一切权利，包括领海内的一切物品。领海内的沉船沉物在联邦政府管辖范围内，联邦有权占有和处分。但在《海洋考古法》[②]中，西澳博物馆代表西澳大利亚州政府有权占有并处置领海中的沉船和海洋考古遗址的财产，与前法规定内容不符。

反对意见认为，《商船法》不适用于本案。澳大利亚早已不是英国的殖民地，该法案不符合当下英国与澳大利亚的关系，而且相关内容与联邦《航行法》《海洋和淹没土地法》不符。

（三）反对意见认为州立法没有影响到原告的特殊利益

从三种不同的原因来看，原告无权获得任何救济。

1. "金龙"号沉船的性质。"金龙"号被发现时是无主船，无主船的含义包括沉船

---

① s303 "No such person, not being the owner, should have kept possession of it. It should have been delivered on demand to the receiver ;"

s305 "The owner then has one year to establish his claim and may have the wreck delivered up to him upon paying salvage and fees and expenses due .

If no owner establishes a claim to the wreck, the receiver should sell it, pay such salvage as the Minister directs or as is prescribed and pay the balance to the Consolidated Revenue Fund of the Commonwealth."

② S.6(1) "The property in and right to possession of all historic ships is vested in the Museum on behalf of the Crown, i.e. the Crown in right of Western Australia".

和它的货物。

2. 原告地位。救捞者成功打捞无主船时，他就有权获得救捞报酬，但原告在 1963~1964 年的救捞行为不是传统救捞者的行为，而更像寻宝人，他反复强调自己作为"金龙"号的发现者应享有获得报酬的权利。

3. "金龙"号沉船的所有权归属。法官认为，原告发现"金龙"号时，她仍然属于荷兰。只有当原主明确放弃了所有权，才可以有效确定该船现在的所有权归属。本案中，没有任何证据能证明该船被原主放弃：它只是意外地漂到未知大陆，即便经过了若干年也并不意味着原主对所有权的放弃。根据以往的海事法院判决，即使原主不享有该沉船的所有权，发现者也不享有该沉船的所有权。在这种情况下，沉船的所有权应归属于国家。谁获得沉船所有权与原告获得救捞报酬无关，因此，原告获得救捞报酬的权利没有受到任何影响。

州立法没有剥夺原告获得救捞报酬和独占沉船的权利，原告不能基于这些权利获得任何救济。原告的诉状中完全没有提到他已经占有了该沉船，他的行为也不能充分证明他获得了"金龙"号沉船的占有权。原告进行打捞的原因不是沉船本身，而是沉船地点发现的人工制品。如果原告没有对"金龙"号沉船的排他性占有权，他就不能指控博物馆根据西澳大利亚州的法律在沉船地点取出物品；他也就没有比其他社会成员更高的权利，他的权利在法律上没有受到任何削减。立法对原告的权利没有任何负面影响，在法律生效后的十二年里，原告没有提起任何物权诉讼或债权诉讼，相反原告似乎一直占有部分或全部文物。而且法案[①]规定，1964 年法案生效前发现的沉船无需交给董事会，因此博物馆或董事会也无需对任何交给他们的历史性沉船进行赔偿。

原告错误地认为自己拥有作为发现者的所有权；他作为救捞者的权利是根据他打捞的财物而拥有的获得救捞报酬的权利，但立法并没有影响这项权利，而这一权利是唯一根据他的诉求被法律所承认的权利，法庭也就无需对法律的有效性进行判断。原告没有充足的诉讼理由来寻求救济。在现阶段，考虑到博物馆对历史沉船和文物的管理，对西澳大利亚州立法的质疑不会导致任何改变，现阶段的立法将这些沉船的占有和所有权归属于代表政府的西澳博物馆。

四、判决结果

原告有诉讼资格，西澳大利亚州法案无效。

---

① 1964，20C；1969s6; 1973s6.

五、分析评论

本案是澳大利亚高级法院于20世纪70年代作出判决的，案件中的原告因无法获得水下遗产的所有权、占有权或救捞报酬而起诉西澳大利亚州，质疑其法律的合法性、有效性。在本案中，原告于1957年、1963年两次告知有关机构，试图确认自己救捞者的合法权益；然而，随着西澳大利亚州后续立法的逐渐确立，原告不仅没能成为合法救捞者，而且不能享受任何救捞报酬或补偿金。在本案中，法官关于原告具有诉讼地位的结论并无大的分歧；而关于州立法机构的权限问题，法官的意见不尽相同。西澳大利亚州法案因缺少超越其领土范围的立法权、与一些联邦法律不相符而无效，但从中不难看出地方政府合法占有文化遗产的立法意图。

正方法官认为"金龙"号沉船具有的海洋史价值与国家历史无关，反方法官则显示出对历史沉船社会价值的不同态度。对历史沉船沉物价值的认识一直影响着沉船权利归属的海事法适用和裁量，而考古学界也至今仍存在着对时代晚近外国沉船的价值认识差异。此外，各法官关于法律问题的分歧反映了他们关于平衡文化遗产公共利益与救捞者个人利益的主张。事实上，仅从本案无法洞悉澳大利亚官方对平衡两者利益的态度，因为本案法官之间的分歧很大，判定州立法无效也仅因一票之差。本案背后是沉船发现者、救捞者与代表公共利益、政府的博物馆之间利益的博弈：一方面需要保护个人的财产权利，另一方面需要保护对地方政府或国家有价值的文化财产。从本案判决结果可见，地方立法机构在制定相应法案时，需要同时考虑两方面的利益，包括沉船救捞者的权益，如适当补偿、提供救济、提供救捞报酬等。

第二节　刑事案件

案例31：意大利渔船打捞带回后被美国博物馆购入的古希腊"青年胜利者"青铜像

意大利诉盖蒂博物馆青年胜利者铜像案

案件索引	意大利诉盖蒂博物馆青年胜利者铜像案（Victorious Youth, Italy v. J. Paul Getty Museum, Court of Cassation, Criminal Sec.3, 2 January 2019 (Ud. 30/11/2018), Judgment n.22）

续表

案件主题	对本国船只打捞出的古代文物的国家所有权、对已运至他国并被出售的非法出口文物的没收
案件性质	刑事案件（没收程序）
案件标的物	盖蒂博物馆的上诉对象为意大利佩萨罗法院 2018 年 6 月 8 日第 35-2016 号命令，该命令拒绝了盖蒂博物馆对 2010 年 2 月 11 日没收令的反对意见。 本案所有权的争议标的是 1964 年由意大利渔船在亚得里亚海域偶然打捞出的古希腊青年胜利者铜像，该铜像在渔船返回意大利法诺港后被运出意大利，经数次转手后于 1977 年被美国盖蒂博物馆从英国购入。
上诉方	J.P. 盖蒂信托基金会（盖蒂博物馆）
审判法院	意大利最高上诉法院第三刑庭
判决时间	2018 年 11 月 30 日
适用规则	1.《意大利文化遗产法》（Law No. 1089 of 1 June 1939, Article 67; Italian Civil Code of 1942, Articles 822 and 826; Legislative Decree No. 42 of 2004 (Code of Cultural Heritage and Landscape), Articles 91 and 174）； 2.《意大利法律冲突法》（Law No. 218 of 1995 (on the Reform of the system of private international law), Articles 16 and 51）； 3.《意大利刑事诉讼法》（Italian Code of Criminal Procedure, Articles 666, 667(4) and 676）。
争议点概要	1. 青年胜利者铜像是否属于意大利公共财产或国家文化遗产； 2. 盖蒂博物馆取得该铜像所有权是否合法； 3. 意大利法院对该铜像的没收令是否合法。
结论概要	1. 青年胜利者铜像是意大利公共财产和国家文化遗产； 2. 盖蒂博物馆并非善意取得该铜像所有权； 3. 意大利法院对铜像的没收令合法。
判决结果	意大利最高上诉法院驳回了盖蒂博物馆的上诉请求，维持了原判，要求盖蒂博物馆返还铜像。
后续进展	意大利或需请求青年胜利者铜像所在地美国法院执行没收令。

一、案情概要

（一）相关犯罪的调查和审理

青年胜利者铜像（Statue of Victorious Youth）是一座真人大小的铜像，创作于公元前 4 世纪至 2 世纪之间，据信为古希腊著名雕刻家利西波斯的作品。该铜像也被意大利人称为"胜利运动员（L'Atleta Vittorioso）""法诺运动员（L'Atleta di Fano）"和"利西波斯运动员（L'Atleta di Lisippo）"铜像，被美国媒体称为"盖蒂铜像（the Getty Bronze）"。1964 年 8 月，在意大利亚得里亚海岸北部法诺（Fano）港作业的悬挂意大利国旗的渔船上的意大利籍渔民在渔网中偶然发现了该铜像。

关于发现铜像的海域是否属于意大利领海，渔船上的水手、船长在不同时间所做的证词并不一致。1977 年 11 月 26 日，商人雷纳托·梅利（Renato Merli）向意大利当局作证时表示，皮拉尼和费里在 1964 年与他商谈购买雕像的事宜时，直接告诉他该铜像是在意大利领海内被打捞出来的[①]。皮拉尼在同年的证词中也承认渔网是在意大利领海内下网的[②]。而在 2006 年、2007 年和 2018 年的采访和证言中，该铜像据称是在意大利领海外被打捞出来的。2007 年，佩萨罗法庭发出的没收令中采信的说法是该铜像是在距科内罗山 43 英里、位于亚得里亚海安科纳港正南方的岬角发现的，距前南斯拉夫海岸约 27 英里，深度约 75 米。

渔船回到法诺后，该铜像被船长和船主卖给了艺术品交易商贾科莫·巴贝蒂（Giacomo Barbetti）。巴贝蒂将该铜像藏在了古比奥（Gubbio）的乔瓦尼·纳尼（Giovanni Nagni）神父家里。1965 年 4 月，意大利当局收到了关于该铜像存在的匿名消息，包括巴贝蒂前往德国寻找买家。意大利执法人员于 1965 年 5 月开始了一项调查，重点调查了巴贝蒂、他的两位兄弟法比奥（Fabio）和皮埃特罗（Pietro），以及纳尼神父。同月，该铜像在古比奥被展示给众多潜在买家；意大利当局突袭了纳尼的家，发现该铜像已经被转移了。据称，彼得罗·巴贝蒂将雕像从神父家搬走，后来将其卖给了米兰一名身份不明的人；还有说法称，贾科莫·巴贝蒂在 1964 年从费里和皮拉尼手中购买铜像几天后就将其卖给了一位艺术品经销商。

1966 年，贾科莫·巴贝蒂及其两名兄弟、纳尼神父被正式指控购买和隐瞒被盗财产，违反意大利 1939 年第 1089 号法律第 67 条的规定。5 月 18 日，一审法院法官裁定四人无罪，理由是没有找到铜像的下落，没有足够的证据来确定潜在的罪行：既无法确定该铜像具有历史和艺术价值，也无法证明该铜像是在哪个海域被发现的。总检察长随后就该无罪判决提起上诉。1967 年 1 月 27 日，意大利佩鲁贾（Perugia）的上诉法院推翻了一审判决，判定巴贝蒂及其亲属收受赃物的罪名成立；纳尼被判协助和教唆罪。随后，四名被告就每一项定罪上诉到了终审法院，即意大利最高法院（最高上诉法院）。该法院于 1968 年 5 月撤销了上诉法院的判决，并下令重新审理此案。1970 年 11 月 8 日，罗马的上诉法院判定四名被告无罪，因为雕像的下落仍然不明，且因无法检查下落不明的文物，没有足够的证据证明潜在罪行成立。在这一阶段的诉讼中，贾

---

① Tribunale Ordinario di Pesaro, Criminal Section, Ufficio del Giudice per le indagini preliminary in funzione di Giudice dell'esecuzione, Ordinanza del 12 può 2009, n.2042/07 R.G.N.R. 3357/07 R.G.I.P.

② 同上。

科莫·巴贝蒂和纳尼都在诉讼中承认，他们购买了这座铜像并将该文物卖给了米兰的一名匿名人士。

（二）盖蒂博物馆收购和意大利强制没收

与此同时，青年胜利者铜像在意大利当局未察觉的情况下被秘密运送出意大利，先后出现在英国和巴西。1971 年 6 月 9 日，成立于 1970 年由德国古董商海因兹·赫泽（Heinz Herzer）控制的阿尔忒弥斯公司（Établissement–Artemis）在一份报告中表示它以 70 万美元的价格从巴西小贩处购买了该铜像。意大利当局于 2010 年 2 月在佩萨罗法庭上提交的证据表明，该公司是临时创建的，具体目的是处理该铜像的出口、修复和后续交易。1972 年，该铜像被赫泽移送至慕尼黑。同年，赫泽将该铜像出售给当时大英博物馆希腊和罗马文物的保管员伯纳德·阿什莫尔（Bernard Ashmole）。据说，阿什莫尔在访问约翰·保罗·盖蒂（John Paul Getty）位于英国的住宅时，直接与他谈论了该铜像。在 1972 年 8 月 31 日寄给赫泽的一封信中，盖蒂向赫泽索要了意大利早先对四名被告刑事审判的有关文件，还要求赫泽提供有关收购该铜像的所有文件。盖蒂的长期私人助理、盖蒂博物馆的司库诺里斯·布兰布利特（Norris Bramblett）签署的一份备忘录显示，盖蒂表示，如果获得财产所有权无可争议并假设能够获得，而且博物馆的律师斯图亚特·皮尔（Stuart Peeler）无异议，他将建议购买这座铜像[1]。根据法庭文件[2]，代表赫泽和阿尔忒弥斯的两名律师维托里奥·格里马尔迪（Vittorio Grimaldi）和詹尼·曼卡（Gianni Manca）在 1972 年 10 月 4 日致函皮尔，表示该铜像于 1971 年 6 月 9 日在巴西被他们的一名客户（Établissement pour la Diffusion et la Connaissance des Oeuvres d'Art，以下简称 DC）从一群意大利卖家手中购买；这一点从阿尔忒弥斯公司指定的潜在销售谈判代表大卫·卡里特（David Carritt）向英国警方的报告中得到佐证，即该铜像购买自位于列支敦士登瓦杜兹的阿尔忒弥斯公司（以下简称 Établissement DC）的一个部门。此外，格里马尔迪和曼卡还报告了意大利对该铜像的有关调查和审判，说明了有关程序始于 1965 年，结束于 1970 年，罗马上诉法院最终判决无罪，而且无罪判决是因为没有确定雕像发现的地点，也没有确定国家对文物的考古或历史价值的性质。

1972 年 12 月 13 日，在赫泽的工作室中，时任纽约大都会艺术博物馆馆长托马斯·霍文（Thomas Hoving）对该铜像进行了首次检查。霍文和盖蒂就双方联合购买

[1]　Tribunale Ordinario di Pesaro, Ufficio del Giudice per le indagini preliminary in funzione di Giudice dell'esecuzione, Ordinanza del 12 può 2009, n. 2042/07 RGNR, 3357/07 RGIP.

[2]　Annex 10 of the Defense Evidentiary Documents of 21 December 2009.

该铜像进行了谈判。在大都会艺术博物馆收购委员会的收购表中，委员会成员迪特里希·冯·博瑟默（Dietrich von Bothmer）表示，他是通过著名的古董商人埃利·博罗夫斯基（Elie Borowski）得知该铜像的存在；后者表示其在该铜像还藏在古比奥牧师住所的浴缸里时即目睹过该铜像。1973 年 11 月 3 日，赫泽宣布，由于未能在各方之间达成一个合意的售价，盖蒂博物馆和大都会博物馆共同收购该铜像的计划已失败。

1973 年，意大利保护艺术遗产的宪兵司令部收到线报，称一尊利西波斯青铜像出现在慕尼黑的赫泽古董店中。在意大利当局的请求下，1973 年 7 月，德国警方在另一场调查中进入了赫泽古董店。赫泽的秘书和律师在场，证实赫泽拥有这座雕像，并声称赫泽拥有证明该铜像作为艺术品流通合法性的文件，但律师拒绝提供任何详细描述铜像的照片图像。1974 年 1 月 9 日，意大利古比奥治安法官以秘密出口罪提起诉讼，并发出国际调查请求，要求扣押该铜像，并对可能参与从意大利秘密出口考古发现文物的嫌疑人赫泽进行审讯，要求赫泽提供铜像的照片文件。巴伐利亚地区法院的检察官驳回了司法协助请求，理由是意大利假定的犯罪（非法出口罪）在德国被视作收受赃物，不属于可引渡犯罪。因此，德国法院认为意大利调查当局要求的整个调查请求不可执行。

在盖蒂去世一年后，在未获得他本人最初要求的相关证明文件的情况下，盖蒂博物馆于 1977 年 8 月 2 日在英国通过卡里特以阿尔茨弥斯公司代理人的身份开具的发票购买了该铜像，价格为 395 万美元。国际刑警组织从 1970 年开始与意大利宪兵队合作追踪该案。1977 年，国际刑警组织通知意大利当局该铜像以上述价格被出售给盖蒂博物馆。11 月 25 日，意大利驻英国大使馆向意大利当局报告，表示阿尔茨弥斯的伦敦画廊的负责人称其律师已为该铜像的转让获得了出口许可证。1978 年 1 月 2 日，意大利宪兵队开始进行调查，将该铜像的照片发送给文化和环境遗产部，以确定是否对其给出过任何出口许可证。1978 年 5 月 23 日，意大利文化和环境遗产部环境、建筑、考古、艺术和历史遗产中央办公室耗时数月得出结论，意大利当局从未颁发该铜像出口许可证。同年，该铜像首次在盖蒂博物馆展出。

1989 年，意大利文化和环境遗产部要求盖蒂博物馆返还该铜像，被拒绝 ①。2006 年，意大利文化部向盖蒂博物馆提交了一份档案，要求将铜像交给意大利。该档案承认，意大利政府对铜像没有有效的所有权主张，但要求盖蒂博物馆本着与意大利文化部合作的精神交还该铜像。盖蒂博物馆拒绝了这一请求，理由是没有任何理由支持遣返与意大利遗产无关的物品。2007 年 4 月，百城（Le Cento Citta）文化协会通过检察

---

① Tribunal of Pesaro, Order of 10 February 2010, No. 2042/07 RGNR, pp. 1, 4–5, 6–8.

官向意大利佩萨罗法庭起诉，以该铜像被盗窃和走私出口为由，请求判令盖蒂博物馆返还该铜像。在这一次诉讼中，根据梅利在 1977 年 11 月 24 日向宪兵队提供的青年胜利者铜像刚打捞出时覆盖了海洋生物的照片，检察官首次有证据可证明被非法秘密运离意大利的打捞物与盖蒂博物馆的青年胜利者铜像相一致。2007 年 9 月，意大利文化部和 J. P. 盖蒂信托基金会（盖蒂博物馆）达成了一项协议，将 40 件文物归还意大利，并建立意大利与盖蒂博物馆之间的文化合作计划；双方同意搁置青年胜利者铜像的归还问题，等待佩萨罗法院作出裁判。2007 年 11 月，佩萨罗法庭以四名嫌疑人均已死亡、案件超过诉讼时效，而且盖蒂博物馆为善意购买人为由驳回了检察官的请求。

在总检察长的支持下，检察官再次起诉。在 2009 年 7 月 12 日，佩萨罗法院的初步调查法官洛雷娜·穆索尼（Lorena Mussoni）签发了对青年胜利者铜像的没收令，其依据是铜像被非法出口至意大利领土外。在 2009 年 6 月 12 日的没收令中，穆索尼法官承认该铜像的发现地点存在争议，但她的裁决部分基于这样一个事实，即根据意大利《刑法》第 4 条第 2 款，意大利的船舶和飞机无论在何处都被视为国家领土，除非根据国际法或外国领土法其不再受意大利管辖；所以打捞该铜像的渔船属于国家领土，根据意大利继承法从一开始意大利就拥有该铜像[①]。2010 年 2 月，穆索尼法官裁定青年胜利者铜像是非法出口的，法庭基于此发布了一项命令，要求立即扣押该铜像并将其归还意大利[②]。没收令是根据《意大利刑事诉讼法》第 666 条、第 667 条和第 676 条，2004 年第 42 号法令第 174 条第 3 款和 1972 年第 15 号总统令第 301 条作出的。穆索尼法官表示："根据第 42/2004 号法令第 174 条第 3 款的规定，财产当前持有人的严重过失以及由此导致的资产持有人与 a 项下的违法行为之间的联系，不允许博物馆作为'与违法行为无关的人'获得所有权。"

盖蒂博物馆对此上诉至意大利最高法院。2011 年 1 月 18 日，意大利最高上诉法院以 2010 年命令中的诉讼资格错误为由将案件发回佩萨罗法庭重新审理。2012 年 5 月 3 日，佩萨罗法庭预审法官毛里齐奥·迪·帕尔马（Maurizio Di Palma）维持了 2010 年的裁定，确认铜像是从意大利非法出口的。盖蒂博物馆对这一命令向最高法院提出上诉，声称适用没收程序（《意大利刑事诉讼法》第 666 条、第 667 条第 4 款和第 676 条参考 p210）是错误的，因为该程序侵犯了其公开听证的权利。2014 年 2 月，意大利最高法院第一刑事庭（Prima sezione penale della Cassazione）决定将此案移交给最高法院第三刑事庭（Terzo sezionee penale della Suprema Corte）。2014 年 6 月 4 日，该庭 2014 年 6

---

① Tribunal of Pesaro, Order of 12 June 2009, No. 2042/07 RGNR.
② Tribunal of Pesaro, Order of 10 February 2010, No. 2042/07 RGNR, p. 31.

月 10 日将案件发回佩萨罗法庭，同意了盖蒂博物馆要求进行公开审理的请求。2014 年 6 月 10 日，意大利最高法院发布第 24356 号命令，要求意大利宪法法院审查《意大利刑事诉讼法》第 666 条、第 667 条第 4 款和第 676 条的合宪性，因为这些条款侵犯了盖蒂博物馆在没收执行程序中公开审理的权利。意大利宪法法院 2015 年 6 月 15 日作出的第 109 号决定，宣布上述条款违宪，将案件发回佩萨罗法庭，要求允许对没收令执行情况进行公开审理。

2018 年 6 月 8 日，佩萨罗法庭再度驳回了盖蒂博物馆的起诉，根据《意大利刑事诉讼法》第 666 条、第 667 条和第 676 条，2004 年第 42 号法令第 174 条第 3 款，以及 1972 年 2 月 15 日第 15 号总统令第 301 条，命令没收青年胜利者铜像，形同再度确认了 2019 年 2 月 10 日穆索尼法官作出的没收令。盖蒂博物馆对此向意大利最高法院提起上诉。

二、上诉主张

（一）青年胜利者铜像归盖蒂博物馆所有

在该案的持续争议中，核心问题主要集中在青年胜利者铜像所有权上。对此，盖蒂博物馆的主张有以下四点：

1. 青年胜利者铜像不属于意大利，也并非在意大利领海中发现

除非意大利能够证明该物品是在意大利领土上发现的，否则确立国家所有权的意大利继承法不适用；美国法律要求声称拥有文化财产的国家必须提供在该国发现文物的证明。出现在悬挂意大利国旗的船上并不意味着物品属于意大利。佩萨罗法院下令没收的依据之一是，悬挂意大利国旗的船舶相当于意大利领土。除了与 1982 年通过的《联合国海洋法公约》相冲突外，这一理论还将导致荒谬的结果，即如果澳大利亚渔船发现了铜像，它将成为澳大利亚的文化财产。

2. 盖蒂博物馆已经善意获得该铜像所有权

盖蒂博物馆认为，意大利最高法院曾认定，因为没有证据表明它是在意大利或意大利水域发现的，因此不能认定其归意大利国家所有；盖蒂博物馆在做出购买决定时，已经明确参考了意大利高等法院的决定，以及意大利知名律师的意见、意大利负责出口的高级官员的声明、德国执法官员的决定和其他类似因素。因此，盖蒂博物馆已经善尽了尽责调查义务，善意取得了对该铜像的所有权。

3. 盖蒂博物馆的所有权主张因长期占有而得到加强

盖蒂博物馆自 1977 年即拥有该青铜像。至少从 1973 年起，它的位置就为意大利所明知。任何对盖蒂家族或其他任何人提出的索赔都应该因长期无争议占有的时效而被阻止。即使不考虑法定的时效期，盖蒂博物馆有权依靠 40 年的展览和研究确定产权。如果意大利的基本立场是一件物品仅因其在该国的曾经存在就成为其国家遗产的一部分，那么该铜像位于美国领土上的时间更长，使得加利福尼亚州更有资格提出这一主张。

4. 所谓的非法出口不是判令没收文物的理由

盖蒂博物馆在该铜像在意大利短暂亮相数年后才首次得知其存在。与大多数国家一样，美国法律没有规定退还非法出口的财产。国际法也没有规定归还物体的义务。该铜像在 1970 年联合国教科文组织《关于禁止和防止非法进出口文化财产和非法转让其所有权的方法的公约》（Convention on the Means of Prohibiting and Preventing the Illicit Import, Export and Transfer of Ownership of Cultural Property，以下简称《1970年公约》）生效前离开了意大利。该公约本身也没有要求归还除了博物馆藏品等传统意义上被盗物品以外的文物。2001 年美国和意大利之间的双边协议规定了在某些情况下的文物扣押和归还，该协议仅适用于原产于意大利的考古材料，而不适用于运经意大利的希腊文物。此外，佩萨罗法庭没有采取渐进式措施，而是断然决定强制没收已善意取得且长期占有的财产，这有违比例原则。

（二）意大利法院没收令的程序不当

在 2018 年向意大利最高法庭上诉时，除了继续强调其善意取得所有权，以及没收该铜像有违比例原则外，盖蒂博物馆的主张主要集中在佩萨罗法庭 2018 年没收令的程序不当性上。这包括：佩萨罗法庭无对本案的管辖权，应适用加利福尼亚法律，在审理过程中未进行交叉询问而仅进行了"参与性公开审理（participatory public hearing）"，未在开庭后立刻宣读判决执行性条款，作为先决条件的犯罪本身尚未判决，而且违反一事不再理原则，等等。

三、法院意见

（一）青年胜利者铜像所有权

关于青年胜利者铜像所有权的问题，意大利最高上诉法院在判决中明确了以下几点：

1. 青年胜利者铜像归意大利所有

根据意大利长达数百年的规范传统，以及根据意大利法律（1909 年第 364 号法律、

1913 年第 363 号皇家法令、1939 年第 1089 号法律、《民法典》第 826 条第 2 款、第 828 条和第 832 条），意大利的文化财产由意大利国家公共所有。根据《意大利民法典》第 826 条第 2 款的规定，在意大利领土内"任何人以任何方式发现的具有历史、考古、古民族、古生物和艺术价值的物品"是意大利的文化遗产，受《意大利宪法》第 9 条特别保护。在个人可以声称享有考古发现或在任何情况下可以被视为文物的物品的合法所有权的例外情况中，其必须提供严格的证明：1）发现物被分配给他作为发现物的奖品；2）国家已将发现物移交给他；3）发现物是在 1909 年第 364 号法律生效之前购买的。

意大利最高上诉法院重申，青年胜利者铜像作为一个艺术品，被意大利渔船发现，并被带入意大利领土，是意大利国家文化遗产的一部分[1]。它特别强调，这"不仅基于该铜像由一艘意大利渔船发现并被吊上了船，从而已经进入了其领土，而且该铜像的文化连续性也证明了这一点。这一文化连续性就将第一个意大利文明和希腊文明通过作为希腊文明延续者的罗马文明联系了起来"[2]。通过回顾古典时代的历史，特别是古希腊对意大利的古老而持久的影响、铜像作者著名雕塑家利西波斯与意大利的联系，以及古希腊的意大利殖民地对希腊历史和文化的影响，它认为可以推断出希腊文明与随后的罗马文明之间的连续性，这说明了该青铜像存在于古佩德索（Pedaso），即现在的马尔凯（Marche）大区。这可以进一步合理地推断，该铜像无论是由从意大利领土驶出的船只运输，还是由从希腊半岛爱奥尼亚海岸出发的船只运输，其目的地都应是意大利半岛上亚得里亚海的某个港口，这进一步证明了该铜像属于意大利的文化遗产；由于该铜像构成了意大利文明形成过程的见证，与意大利有着重要的文化联系，因此，显然有必要对其进行特殊保护，必须通过重新获取国家艺术遗产，来弥补非法出口而所受到侵害[3]。

2. 盖蒂博物馆非善意取得

对于盖蒂博物馆提出的大量可能证明其善意取得的证据，意大利最高上诉法院认为，尽管的确存在两种相反的推定假设，一种是盖蒂博物馆所坚持的其善意取得该铜像的所有权，另一种是本案所针对的没收令中与原始归属推定有关的主张，即除非另有证明，该铜像归意大利国家所有。意大利最高上诉法院认为，鉴于两种相反推定之间不可调和，又鉴于国家保管、保护、增强和使用文化财产的公共利益，因此应优先

---

[1] Court of Cassation, Criminal Sec.3, 2 January 2019 (Ud. 30/11/2018), Judgment n.22, paras. 18.1–18.3.

[2] Court of Cassation, Criminal Sec.3, 2 January 2019 (Ud. 30/11/2018), Judgment n.22, para. 18.2.

[3] Court of Cassation, Criminal Sec.3, 2 January 2019 (Ud. 30/11/2018), Judgment n.22, para. 13.3.

采用国家具有所有权的推定①。另外，根据先例②，文化财产受制于公共财产制度，不受有效占有的影响③。

意大利最高上诉法院赞同没收令中法官的判断，即盖蒂博物馆对实际状况疏于考虑使其不能正当地建立其主观善意④。在没收令中，法官认为盖蒂博物馆在明知该铜像来自意大利，而且明知意大利对文化财产出口有严格规定，该铜像已经成为刑事调查的对象的情况下，其并未联系意大利当局确认该铜像出口的合法性，而仅询问了卖方的法律顾问，后者显然具有缔结交易的利益偏向性，因此盖蒂博物馆未善尽尽责调查义务，不属于善意第三人⑤。盖蒂博物馆在上诉中提及，佩萨罗法院未能考虑美国依赖于专家证人的司法实践。对此，意大利最高上诉法院认为，在没有限制其自由裁量权的立法规定的情况下，意大利法院没有义务适用与诉讼程序无关的外国司法惯例。在评估行使自由裁量权的充分性时，必须考虑的是以这种方式所作选择的内在正确性和逻辑性，而不是依据意大利法律制度中未规定的程序或做法进行衡量⑥。盖蒂博物馆仅依赖于合同相对方或与合同相对方有专业关系的主体提供的信息而建立善意主观确信的说法存在逻辑缺陷⑦。

关于盖蒂博物馆通过长期占有而取得所有权的主张，意大利最高上诉法院认为，这一主张的逻辑在于如果盖蒂博物馆获得了抽象的合法所有权，特别是如果它与财产的原始所有者有关，那么其应该不会受到没收令的影响；但这一假设在法律上是不正确的，因为如上所述，抽象合法所有权的存在是可以进行没收的逻辑前提：如果该铜像从未脱离国家所有，提及没收是没有意义的，因为已经属于国家的东西不能被没收⑧；而且这一主张没有任何正当法益、法律依据或理由作为基础⑨。

3. 强制没收实质合法

2004 年第 42 号法令第 174 条规定，禁止向国外非法出口具有艺术、历史、考古、民族人类学、书目、文献或档案价值的物品或第 11 条第 1 款所列物品。除非该物品属于犯罪以外的人，根据该条第 3 款，法院得命令没收该条第 1 款规定的犯罪所涵盖的物品，并且没收必须按照海关法中关于走私物品的类似措施的规定进行。根据先例，

---

① Court of Cassation, Criminal Sec.3, 2 January 2019 (Ud. 30/11/2018), Judgment n.22, para. 19.3.
② Court of Cassation, Civil Sec. 2, 15 October 2018, n. 25690.
③ Court of Cassation, Criminal Sec.3, 2 January 2019 (Ud. 30/11/2018), Judgment n.22, para. 19.4.
④ Court of Cassation, Criminal Sec.3, 2 January 2019 (Ud. 30/11/2018), Judgment n.22, paras. 20.1–20.2.
⑤ Court of Cassation, Criminal Sec.3, 2 January 2019 (Ud. 30/11/2018), Judgment n.22, paras. 12.3.2–12.4.
⑥ Court of Cassation, Criminal Sec.3, 2 January 2019 (Ud. 30/11/2018), Judgment n.22, para. 20.3.1.
⑦ Court of Cassation, Criminal Sec.3, 2 January 2019 (Ud. 30/11/2018), Judgment n.22, para. 20.3.2.
⑧ Court of Cassation, Criminal Sec.3, 2 January 2019 (Ud. 30/11/2018), Judgment n.22, para. 21.1.
⑨ Court of Cassation, Criminal Sec.3, 2 January 2019 (Ud. 30/11/2018), Judgment n.22, para. 21.2.

没收是强制性的，并不一定取决于被指控的犯罪是否已被定罪[1]。

意大利最高上诉法院强调，就上诉规则而言，鉴于适用没收措施背后的重大利益，必须理解其中的犯罪无关性（extraneousness to the crime）概念。为了实现保护国家主要价值观的目的，这种无关性并非只有在纵容甚至共谋的情况下才成立，而必须被视为与非法出口文物到国外无关；即使只是疏忽或过失，只要导致了这一罪行的产生，或者在任何情况下，从刑事犯罪中有意识地受益了，那么这种无关性就不成立；此外，这种利益可以被与构成犯罪的事实无关的主体所获得，因此，肯定存在于与犯罪本身不相干的文物所有者身上[2]。

2004 年第 42 号法令第 174 条第 3 款规定的没收程序的主要目的不是惩罚犯罪，而是为了实质性地恢复国家根据法律对有关货物所主张的保护和控制利益，这种利益被非法向国家边界外出口损害，因此强制没收具有域外效力[3]。因此，为了恢复文化财产公共所有的原始状况，强制没收不仅不存在不成比例的问题[4]，而且是实现恢复文物公共所有原始状况的唯一手段[5]。

（二）没收令的程序正当性

本案涉及众多关于没收非法出口的文化财产的程序性问题。从确定打捞出水文化遗产归属的角度看，主要的程序性问题有二，即意大利法院的管辖权问题，以及作为青年胜利者铜像实际所在地的美国法律的适用问题。对于这两点，意大利最高上诉法院的主要观点如下。

1. 意大利法院具有司法管辖权

意大利最高上诉法院再次确认这一抗辩不可接受，并进一步指出，在 2014 年第 24356 号命令和 2015 年第 49317 号判决中，意大利最高法院将有关条款的合宪性问题移交了意大利宪法法院，并推翻了佩萨罗法庭在 2012 年 5 月 3 日所做的没收令，而如果意大利司法当局对该案无管辖权，则该案不会在未处理完毕管辖权问题的情况下进入案件实体程序，合宪性问题就不会与案件实体程序产生关联[6]。而且，如果认为该案不属于意大利管辖范围内，宪法法院会以该问题无关为由宣布该问题不可受理，而不

---

[1] Court of Cassation, Criminal Sec.3, 2 January 2019 (Ud. 30/11/2018), Judgment n.22, para. 12.3; Court of Cassation, Criminal Sec. 3, 23 December 2009, n. 49438.

[2] Court of Cassation, Criminal Sec.3, 2 January 2019 (Ud. 30/11/2018), Judgment n.22, para. 12.3.1.

[3] Court of Cassation, Criminal Sec.3, 2 January 2019 (Ud. 30/11/2018), Judgment n.22, paras. 14.1–14.2.

[4] Court of Cassation, Criminal Sec.3, 2 January 2019 (Ud. 30/11/2018), Judgment n.22, paras. 22.2.1–22.2.2.

[5] Court of Cassation, Criminal Sec.3, 2 January 2019 (Ud. 30/11/2018), Judgment n.22, paras. 13.3–13.5.

[6] Court of Cassation, Criminal Sec.3, 2 January 2019 (Ud. 30/11/2018), Judgment n.22, para. 6.2.

是讨论相关实质内容①。因此，就意大利法院的管辖权而言，意大利最高上诉法院和宪法法院审理的该案数起诉讼并不构成独立判决，而是代表单一案件的不同阶段。鉴于这种内部既判力的形成，盖蒂博物馆的管辖权异议不具可受理性。

2. 美国法律不可适用

盖蒂博物馆认为，鉴于盖蒂博物馆持续持有该铜像几十年，应根据 1995 年第 218 号法案第 51 条的规定适用加利福尼亚法律作为规范该铜像与盖蒂博物馆之间所有权关系的法律。对此，在重申了盖蒂博物馆抽象所有权的合法性是强制没收令有效的前提后②，意大利最高上诉法院还表示，1995 年第 218 号法案第 16 条规定，如果适用外国法律将导致与本国公共秩序相抵触的结果，则排除该外国法律的适用③。如果适用加利福尼亚州的法律，则会导致与犯罪具有相关性的主体对盗窃赃物的所有权受到保护，因此其适用必须被排除④。

四、判决结果

意大利最高上诉法院驳回了盖蒂博物馆的所有上诉理由，命令由盖蒂博物馆支付所有诉讼费用。

五、分析评论

青年胜利者铜像被认为由古希腊最伟大的雕塑家利西波斯创作，是存世最完好的古希腊青铜像真品之一，已经成为盖蒂博物馆的标志性藏品。本案案情涉及文物走私和跨国贩卖，收购方为美国著名的文物收藏研究机构，历经意大利国内多轮司法程序，具有重要性和典型性。

对于本案的判决，有评论认为，由于该铜像有可能是在领海外水域被发现，而意大利法院依赖于打捞该铜像的渔船属于意大利领土延伸作为主要论点满足意大利国内法确立对文化遗产国家所有权的条件，这会带来潜在的负面影响：一方面船旗国不一定是文物的来源国或与其具有文化联系，这可能会妨碍其来源国提出所有权主张；另一方面可能会妨碍救捞法的有效性，后者允许商业勘探公司出于商业目的搜索和开发

---

① Court of Cassation, Criminal Sec.3, 2 January 2019 (Ud. 30/11/2018), Judgment n.22, para. 6.3.
② Court of Cassation, Criminal Sec.3, 2 January 2019 (Ud. 30/11/2018), Judgment n.22, para. 16.2.
③ Court of Cassation, Criminal Sec.3, 2 January 2019 (Ud. 30/11/2018), Judgment n.22, para. 16.3.
④ Court of Cassation, Criminal Sec.3, 2 January 2019 (Ud. 30/11/2018), Judgment n.22, para. 16.3.1.

无主的水下财产 ①。

值得注意的是，可能是为了弥补这一潜在负面影响，意大利最高上诉法院在 2019 年的判决中除了重申渔船为船旗国领土延伸这一论点外，还着重强调了意大利区域的第一个文明与古希腊文明通过发源于意大利的罗马文明而产生的文明继承关系，以此证明意大利与该铜像的文化联系，其中采取的论证方法包括列举历史资料，并推论该铜像被打捞地点与希腊马尔凯大区（古佩德索）的贸易航线存在密切联系。

从证据看，盖蒂博物馆对青年胜利者铜像的收购并不具有充分的善意性。通过背景复杂文物交易中间商和数道转手，盖蒂博物馆在明知该铜像来历可疑的情况下购买了该铜像，并做了一定法律准备规避可能的风险。意大利最高上诉法院通过法益论证在最大程度上抬高了"犯罪无关性"门槛，并将盖蒂博物馆的抽象合法所有权作为没收的前置条件，消除了作出强制没收命令的可能法律障碍。

总的来说，意大利最高上诉法院 2019 年公布的青年胜利者铜像案判决有利于水下文化遗产发现者及其船舶的国籍国，可以为文物来源国或有重大文化联系的国家提供一定程度的有利先例，完全不利于文物购买方和私人所有者。但是，由于盖蒂博物馆处于美国领土范围内，其没收令是否能得到最终执行，仍有赖于盖蒂博物馆的自愿或美国司法系统是否支持协助该没收令的执行。

第三节　人权法案件

案例 32：沉没在芬兰领海的荷兰商船"玛丽夫人"号

科伊伍萨里诉芬兰案

案件索引	科伊伍萨里等人诉芬兰政府可受理性问题裁决案（Rauno Koivusaari and others against Finland, Koivusaari v. Finland(application no.20690/06)）
案件主题	芬兰国内法和国际法两个层面关于沉船所有权、救捞权相关问题的认定
案件性质	人权案件

---

① Alessandro Chechi, Raphael Contel, Marc–André Renold, *Case Victorious Youth-Italy v. J. Paul Getty Museum*, Platform ArThemis, Art–Law Centre, University of Geneva, https://plone.unige.ch/art-adr/cases–affaires/victorious–youth–2013–italy–v-j-paul–getty–museum/#_ftn31.

案件标的物	荷兰商船"玛丽夫人"号于 1771 年秋从阿姆斯特丹开往圣彼得堡途中沉没在芬兰西南部群岛，船上载有准备献给俄国叶卡捷琳娜大帝的珍贵艺术品。
当事人	劳诺·科伊伍萨里先生和米卡埃尔·马尔蒂宁先生（原告） 芬兰政府（被告）
审判法院	欧洲人权法院第四审判庭
判决时间	2010 年 2 月 23 日
适用规则	1. 芬兰《宪法》； 2. 芬兰《海事法》； 3. 芬兰《文物法》； 4.《欧洲人权公约》及议定书。
争议点概要	1. 芬兰《文物法》修订使国家获得对百年历史沉船的所有权，是否侵犯原告基于《欧洲人权公约》议定书第 1 条的权利； 2. 芬兰是否违反《欧洲人权公约》第 6 条，未向原告提供公正审判救济程序； 3. 芬兰是否违反《欧洲人权公约》第 14 条构成歧视。
结论概要	1. 原告在请求救捞报酬时，并不具备将其作为"财产"的充分理由，故原告无法获得《欧洲人权公约》议定书第 1 条规定的救济； 2. 原告自始不具备请求救捞报酬的权利基础，《文物法》修订并未实质改变这一推理过程，故被告未违反《欧洲人权公约》第 6 条。
判决结果	不予受理申请人科伊伍萨里和马尔蒂宁对芬兰政府的起诉。

一、案情概要

本案是关于案件可受理性问题的判决，两名芬兰籍救捞者依据《欧洲人权公约》相关规定起诉芬兰政府，认为芬兰国内立法、司法及有关主管部门违反了《欧洲人权公约》，侵犯了申请人作为救捞者的合法权益，最终欧洲人权法院判决认定其对本案不具有可受理性。

（一）基本事实

"玛丽夫人"号荷兰商船于 1771 年秋从阿姆斯特丹开往圣彼得堡途中遭遇风暴而沉没，其沉没地点位于芬兰西南部群岛，船上载有准备献给俄国叶卡捷琳娜大帝的珍贵艺术作品。

两申请人是出生于 1964 年的科伊伍萨里（Rauno Koivusaari）和出生于 1968 年的

马尔蒂宁（Mikael Marttinen），都拥有芬兰国籍。1999 年 6 月 28 日，第一申请人科伊伍萨里带领一支 16 人的潜水队，在水下 41 米处发现该沉船，并按照芬兰《文物法》（第 295/1963 号）的要求通知了芬兰航海博物馆。1999 年 7 月 9 日，两申请人从沉船中打捞出部分物品，并称其打捞是应国家文物局负责人 F 女士的请求。根据当时的《文物法》，未经航海博物馆和 / 或国家文物局许可，不得移动或触碰超过 100 年的沉船及发现自或来自沉船的物品。随后，博物馆和 / 或文物局拒绝批准申请人处置沉船和相关物品。

1999 年 12 月，申请人科伊伍萨里和马尔蒂宁将自己的发现通知当地警方。2000 年 5 月，因无人主张权益，根据芬兰《发现物法》（第 778/1988 号）规定的程序，申请人科伊伍萨里和马尔蒂宁向警方提起权属要求。2002 年 12 月 1 日，新修订的《文物法》生效，其中第 20 条规定，沉船所有权属于国家。

（二）国内法院审理情况

申请人科伊伍萨里和马尔蒂宁在芬兰国内法院就该沉船所有权及救捞报酬提起诉讼，历经三级法院审理，其主张均被驳回，审理过程如下：

1. 图尔库（Turku）海事法院驳回了申请人主张

1999 年 12 月 22 日，两申请人向海事法院（地区法院的组成部门，由三名专业法官和两名航海专家组成审判庭）起诉，请求法院确认：第一，就申请人于 1999 年 7 月 9 日打捞到的该沉船上的三根管子、一个黏土瓶、一个信封及一个锌锭，申请人依照《海事法》（第 674/1994 号）第 16 章享有获得救捞报酬的权利，并有权基于打捞合同约定或作为第一救捞者进行打捞；第二，申请人有权主张被打捞物品的所有权；第三，如法院认定国家为该沉船所有权人，则申请人基于打捞合同或作为第一救捞者，享有救捞该沉船及获得报酬的权利；第四，主张赔偿为本案付出的诉讼费用。

两申请人提出，根据《海事法》第 16 章的规定，即使船舶已脱离危险，只要存在有价值的货物，就有救捞和获得报酬的基础，申请人作为第一个到达现场的救捞者，应享有对该沉船的救捞权。虽然 2002 年修订后《文物法》第 20 条规定沉船所有权归属国家，但修订前的规定是沉船所有权归救捞者。修订后《文物法》对百年沉船所有权的归属没有明确规定，应按照上述一般原则处理，故 1999 年 7 月打捞时，申请人已基于修订前的《文物法》第 20 条取得了沉船所有权。

国家则主张，沉船打捞原本就是专属于国家的权力，2002 年修订《文物法》只是澄清了这一点，打捞与否需要根据《文物法》确定，救捞报酬则根据打捞合同或者在没有合同的情况下根据《海事法》予以确定。国家主张其与申请人之间不存在打捞合同，F女士作为研究员没有权力签署此类合同，并指出该沉船自被发现起就属于文物，申请人不得随意打捞或处置。

2004年6月16日，海事法院判决认为，《文物法》及其修正案应被认为是特别法，从而排除适用《海事法》有关救捞的规定，申请人无法按照《海事法》被认定为第一救捞者。法院还指出，即使申请人是第一救捞者，国家在任何情况下都有权禁止任何救捞行为，因此可以拒绝支付救捞报酬。

2. 图尔库上诉法院驳回了申请人的上诉

一审判决后，申请人科伊伍萨里和马尔蒂宁以其在海事法院相同的理由提起上诉，主张也与一审相同。国家提出反诉，请求上诉法院认定《文物法》作为特殊法、后法应优先于《海事法》予以适用，故海事法院缺乏对案件的管辖权，请求上诉法院裁定驳回上诉。2005年3月23日，上诉法院驳回上诉，但免除申请人承担国家的诉讼费。

对于国家主张《海事法》第16章仅适用于遇险船舶，故海事法院无管辖权，上诉法院亦不予支持，因为《文物法》和《海事法》都属于特殊法，《文物法》并未禁止《海事法》的适用，不存在互相取代的问题，二者对本案均适用。

关于申请人主张其实际占有而取得该沉船所有权，上诉法院认为，根据《文物法》第1条的规定，未经国家文物局许可，禁止任何人对文物采取任何措施，该条的立法意图是防止发现者取得实际占有权，因此申请人的主张不成立，应按照《文物法》第20条认定沉船所有权人为国家。

关于申请人主张其与国家文物局/航海博物馆之间存在打捞合同，上诉法院认为，现有证据并不足以支持。当前两份证人证言都表明，国家文物局/航海博物馆人员明显不具备签署打捞合同或支付救捞报酬的能力与职权。它与申请人的往来行为中涉及一笔探查确定沉船位置的费用，这不是申请人救捞沉船的报酬。从国家文物局/航海博物馆对此问题的相关内部讨论文件中，也无法得出与申请人建立打捞合同关系的意向。

上诉法院还肯定了国家有权禁止打捞该沉船，这个问题主要涉及《海事法》第16章第1条第2款的规定，即所有权人有权拒绝对沉船进行打捞。法院认为，仅当存在必须进行救助的危险时，救捞者才可能违背所有权人的意志进行打捞，而该沉船已沉没230多年，并处于水下42米深的位置，既不危及航行也不存在自身危险，故不存在需要违背国家意志进行打捞的正当理由。而且实际上，未经国家许可，救捞者不得长期停留在该沉船区域实施打捞活动。综上，国家有权不予许可申请人打捞该沉船。

3. 最高法院拒绝了申请人科伊伍萨里和马尔蒂宁的上诉

上诉法院驳回后，申请人科伊伍萨里和马尔蒂宁又以在地区法院和上诉法院相同的理由，向芬兰最高法院提起上诉。因认为最高法院一定会确认修订后的《文物法》生效，从而驳回其关于沉船所有权的主张，故其请求中去掉了关于所有权的主张。2004 年 11 月 24 日，最高法院拒绝了申请人的上诉请求。

（三）芬兰国内立法与实践

1. 芬兰《宪法》

芬兰《宪法》第 15 条规定，任何人的财产都应当受到保护。为了公共利益、并在给予充分补偿的情况下，征收财产的办法由修正案规定。第 106 条规定，法院审理案件时，如遇所适用法律与宪法相抵触，应以宪法规定为准。最高法院判例中，存在《建筑物保护法》规定与宪法抵触的情形，法院认定以宪法为准。

2.《文物法》

《文物法》第 1 条规定，将不可移动文物作为芬兰历史遗迹予以保护。未取得本法规定的许可，任何人不得对文物进行挖掘、掩埋、改动、损坏、移除或采取其他未经授权的措施。第 10 条规定，国家文物局有权对不可移动文物进行检查和修复，也可以委托他人进行检查和修复。第 16 条和第 17 条规定，发现推定有 100 年以上历史的任何可移动文物，均应向国家文物局报告，由国家文物局赎回。附着于不可移动文物上的可移动文物归国家所有，不适用赎回，但国家文物局有权对发现者予以适当奖励。

1999 年该沉船被发现时，即修订前的《文物法》第 20 条规定：

在海上或者内河发现的、推定历史一百年以上的沉船或残骸，受本法保护。如涉及不可移动文物，则适用本法关于不可移动文物的有关规定。

前款所述沉船或明显来源于沉船的物品归属于国家则不适用赎回，其他可移动文物适用本法关于可移动文物的规定。

任何人发现沉船或本条规定的物品，均有义务向国家文物局报告。

本案审理过程中，2002 年 11 月 15 日，芬兰议会对《文物法》进行修订，修订后第 20 条明确规定有 100 年以上历史的沉船的所有权归属于国家，修订后的第 20 条如下：

在海上或者内河发现的、推定历史一百年以上的沉船或残骸，受本法保护。如涉及不可移动文物，则适用本法关于不可移动文物的有关规定。

如第一款所规定沉船或部分残骸，从其表面客观情况可明显推断其已被所有权人放弃，则该沉船或部分残骸归属于国家。

前款所述沉船或明显来源于沉船的物品归属于国家则不适用赎回，其他可移动文物适用本法关于可移动文物的规定。

任何人发现沉船或本条规定的物品，均有义务向国家文物局报告，不得拖延。

修订后的《文物法》于 2002 年 12 月 1 日生效，且有溯及力，即该修正案适用于生效前已作为历史遗迹保护、根据表面客观情况判断已被所有权人放弃的沉船及部分残骸。在关于修订该条的筹备工作文件中，也对受保护沉船或部分残骸归属问题进行了阐述：

自《文物法》颁布以来，技术进步促进了水下历史沉船的定位和发掘。在未来几年内，通过侧扫声呐定位的芬兰领海内沉船数量很可能会增加。……1999 年在瑙沃（Nauvo）群岛附近发现的 1771 年沉没的"玛丽夫人"号，有人认为根据现行法律，无法确定其所有权，因现行立法并未明确规定作为古代遗存的沉船归国家所有。《文物法》对这一问题的适用并不存在判例法，法律文献也未涉及这一问题。……瑞典和挪威的法律明确规定沉船作为古代遗存的所有权属于国家。现行芬兰《文物法》立法筹备工作文件表明，年代久远的文物不再被视为私人财产。古迹遗存被认为主要具有古迹价值和／或历史价值，也是考古学研究的重要对象，但其本身不再具有使用价值。有鉴于此，可知立法者意图应该是规定历史沉船属于国家所有，尽管这种意图没有被公开表达。

3.《海事法》

《海事法》第 16 章第 1 条规定，从事或协助进行救助遇难船舶或处于危险之中的船舶及其所载货物，或与这些船舶或货物救助有关的活动的任何人，均有权获得救捞报酬。但是，不顾船长明确合理拒绝而仍参与救助的，则无权主张救捞报酬。

二、申请人主张

申请人科伊伍萨里和马尔蒂宁主张及依据为：

第一，根据《欧洲人权公约》议定书第 1 条，自然人和法人有权和平利用自己的财产。除为公共利益和依照法律或国际法一般原则规定的条件外，对任何人的财产不得剥夺。申请人认为，《文物法》修订使国家获得沉船所有权，国家以保护考古文物为由滥用所有权人拒绝打捞沉船的权利，并拒绝给予申请人合理的救捞报酬，违反了《欧洲人权公约》议定书第 1 条规定。按照《欧洲人权公约》第 13 条，在依照公约规定所享有的权利和自由受到侵犯时，任何人有权向有关国家机构请求有效的救济，即使上述侵权行为是由担任公职的人所实施的，故申请人认为其有权就其救捞行为获得补偿。

第二，根据《欧洲人权公约》第 6 条，在决定某人的公民权利和义务或者在决定对某人确定刑事罪名时，任何人有理由在合理时间内受到依法设立的法院公平、公开审讯。申请人主张，国家通过临时修订《文物法》使国家获得沉船所有权这一行为，从根本上阻碍了申请人通过司法程序证明其对沉船的所有权，从而使其无法实现接受独立、公平、公开的法院审讯即被剥夺了对沉船的所有权。此外，申请人还主张其向国家文物局和 / 或航海博物馆提出的仲裁程序不能满足第 6 条规定的公平、公正地审理和处理申请人的申诉和陈述的要求，仲裁结果是武断和没有理由的。

第三，根据《欧洲人权公约》第 14 条及第十二议定书第 1 条关于禁止歧视的规定，芬兰立法机构和 / 或其他有关部门构成了对申请人的歧视。其原因在于，修订后的《文物法》将申请人自付费用开展打捞所发现的利益赋予了航海博物馆，但是对申请人付出的费用不予补偿；而且，按照修订后的法律，芬兰政府还认定航海博物馆有权在申请人科伊伍萨里和马尔蒂宁不参与的情况下取回沉船沉物及有关物品，或者与其他方共同打捞沉船沉物及有关物品，未予以申请人优先作为共同救捞者的权利，该措施对申请人科伊伍萨里和马尔蒂宁存在歧视。

三、法院意见

欧洲人权法院主要论证了以下问题：

（一）芬兰是否违反《欧洲人权公约》议定书第 1 条

1. 申请人科伊伍萨里和马尔蒂宁并未用尽当地救济，故不予受理

芬兰政府提出，申请人科伊伍萨里和马尔蒂宁在国内向最高法院上诉时，已明确放弃对沉船主张所有权。根据欧洲人权法院判例，如果对一项国内救济措施的效力存有疑义，须通过国内审判寻求救济。因申请人科伊伍萨里和马尔蒂宁尚未用尽国内救济，故依据《欧洲人权公约》第 35 条第 1 款和第 4 款，欧洲人权法院应不予受理。

申请人提出，因修订后的《文物法》规定沉船归属于国家且该条款具有溯及力，即便申请人就所有权问题向最高法院上诉，最高法院也不可能作出与修订后的《文物法》相反的裁决，申请人实质上已无法通过国内程序寻求所有权方面的救济。

欧洲人权法院认为，《文物法》的修订并不影响申请人就所有权问题向最高法院上诉。最高法院的审判程序及可能结果的规定都是明确的，从实体上说，如果修订后的《文物法》违背《宪法》第 106 条，最高法院仍然可能作出推翻《文物法》规定的裁判。申请人仍然可能通过向最高法院上诉得到救济，故申请人存在《欧洲人权公约》第 35 条规定的未能用尽国内救济情形，不满足欧洲人权法院受理条件。

2. 驳回申请人科伊伍萨里和马尔蒂宁关于救捞报酬权的请求

芬兰政府主张，因申请人科伊伍萨里和马尔蒂宁未取得对该沉船或部分残骸的所有权，故其不具备《欧洲人权公约》议定书第 1 条规定的所有权基础，且该条也不是关于取得所有权的规定，就本案而言，是否具备救捞报酬权，关键在于申请人是否就该沉船具有获得收益的正当、合理预期。正如国内审判中被法院反复确认的，按照《海事法》第 16 章规定，申请人不满足未经所有权人同意即开展救捞并获得报酬的条件，故不具备获得救捞报酬的合理预期，所以无法以救捞报酬权为由主张芬兰侵害其根据《欧洲人权公约》议定书第 1 条享有的权利。

申请人科伊伍萨里和马尔蒂宁认为，其享有《欧洲人权公约》议定书第 1 条规定的权利，其主张并不是因为占有沉船或沉船残骸，而是基于其作为第一救捞者的权利。在《文物法》修订前，按照国内法判例，第一救捞者在发现沉船时即享有优先救捞权。实现方式包括与国家建立合同关系获得报酬，或者国家自行或邀请第三方继续打捞，但给予第一救捞者以补偿，因此，申请人作为第一救捞者，享有救捞报酬的合理预期。未能实际享有这项权利是因为审判过程中《文物法》发生了修订，给予国家作为所有权人禁止打捞的可能性，但申请人认为应充分考虑的是，在其发现沉船时，国家尚不具备禁止打捞的权利。

欧洲人权法院认为，申请人科伊伍萨里和马尔蒂宁所主张的救捞报酬，不满足《欧洲人权公约》议定书第 1 条规定的"财产所有权"标准，故申请人此项主张无法受理。法院指出，虽然在某些情况下，"财产"包括对取得财产的合理预期，但这里指的是国内法意义上比较确定可取得的财产，需附条件取得且条件尚未实现的情况下，如果还存在关于国内法的解释和适用方面的争议，且申请者的申请曾被国内法院驳回，则无法认为存在取得财产的合理预期。就本案而言，申请人对涉案沉船及残骸的救捞报酬权就存在上述情况，故而很难说是合理预期。

法院认为，"合理预期"本身并不构成一项专有财产权益，对于是否构成《欧洲人权公约》议定书第 1 条规定的"财产所有权"，需结合国内法认定"财产"的要件来判断。就本案而言，焦点在于申请人是否满足《海事法》第十六章第 1 条规定的获得救捞报酬条件。尽管国内法院审理过程中，上诉法院认为，救捞者在满足特定条件的情况下，可违背所有权人意愿进行救捞并有权获得报酬，从而部分推翻了海事法院的认定，但从结论来说，因申请人实际未满足上述特定条件，欧洲人权法院认为国内法院作出上述裁判的过程并无不当，故同意国内法院的认定。

综上两方面考虑，欧洲人权法院认定申请人科伊伍萨里和马尔蒂宁在请求救捞报酬时，并不具备将其作为"财产"的充分理由，故无法获得《欧洲人权公约》议定书第 1 条规定的救济。因此，根据《欧洲人权公约》第 35 条第 3 款和第 4 款的规定，驳回申请人根据《欧洲人权公约》议定书第 1 条提出的请求。

（二）芬兰是否违反《欧洲人权公约》第 6 条

申请人的另一项请求是，芬兰立法机构修订《文物法》第 20 条并使之具有追溯力的行为，剥夺了原本属于申请人的实体权利及通过法院程序获得救济的权利，违反了《欧洲人权公约》第 6 条。《欧洲人权公约》第 6 条规定，"在确定其民事权利和义务时……任何人均有权获得公平的……由（某个）法庭进行的……审判。"欧洲人权法院从《欧洲人权公约》第 6 条的可适用性及是否被遵守两方面进行论证。

1.《欧洲人权公约》第 6 条的可适用性

欧洲人权法院肯定了《欧洲人权公约》第 6 条适用于本案。法院认为，判断该条是否适用需要考虑两方面：第一，是否存在一项国内法上的、基于某项权利的争议，对此法院认为，按照判例只有实质的严重争议才适用该条款，所涉及的国内法上的审判应是对争议有实质决定作用的审判，而不是轻微的、间接影响性的，争议所涉权利应为国内法所承认的权利，但无须是公约规定的权利；第二，该项权利是否属于"民事"权利，其判断不仅依据国内法对民事权利的定义，而且也不受当事方地位、争议解决立法及有管辖权机构等因素影响，就本案而言，案件所涉的是一项财产利益，虽然申请人不存在《欧洲人权公约》议定书第 1 条所要求的"财产所有权"，但案件处理结果对申请人的财产权益产生了不可否认的影响，也足以达到适用《欧洲人权公约》第 6 条第 1 款的要求。

2. 是否违反《欧洲人权公约》第 6 条的问题

申请人提出，鉴于芬兰国内法院将修订后的《文物法》适用于本案，国家将毫无疑问被确认为所有权人，而申请人科伊伍萨里和马尔蒂宁在丧失所有权人地位的情况下，根本无法依据芬兰《宪法》第 15 条主张《文物法》修正案违宪，所以申请人基于《欧洲人权公约》第 6 条享有的权利被侵犯了。申请人还提到，在国内诉讼审理过程中，在海事法院一审时，本来法院的临时判决已很大程度表明会支持申请人的主张而判国家败诉，完全是因为《文物法》修正案才导致这个结果的改变；在上诉法院审理中，法院也依据修订后的《文物法》确定国家对沉船享有所有权，否则国家根本无法取得所有权。

欧洲人权法院认为，国家主张《文物法》修正案对诉讼的结果并无实质影响，案件在海事法院阶段时《文物法》已修订，各方均有机会充分表达自己的意见，修法筹备文件中提到本案，也不能以此认定修订目的在于影响个案审理结果。《文物法》的修订目的是对当时大量历史沉船实际由国家行使所有权进行明确规定，而且其未修改救捞报酬方面的规定，因此对案件结果本身没有影响。欧洲人权法院审理的另一相似案件中认定，国内法院判定立法修正案有溯及力并不违反《欧洲人权公约》第 6 条规定。

欧洲人权法院认为，《欧洲人权公约》第 6 条旨在禁止立法机构以影响司法裁决为目的而干预司法机构的行为，对于该等行为的认定，需对国内审判程序、各方利益和态度等进行综合考量。2002 年《文物法》修订前，对历史久远的沉船所有权问题并无明确规定，修订后的《文物法》明确了历史沉船归国家所有，这对救捞报酬带来的影响是国家可以禁止打捞沉船，从而导致救捞者无法获得救捞报酬，所以需要考量这一点是否对诉讼结果产生了实质影响。就本案而言，即便按照《海事法》，仅当存在现实危险时，申请人方可未经国家同意而实施救捞并获得报酬，本案沉船并不存在这样的危险，且未取得国家同意，故申请人不具备请求救捞报酬的权利基础，《文物法》修订并未实质改变这一推理过程。故申请人主张其未获得公正审判的主张缺乏依据而不能成立，根据《欧洲人权公约》第 35 条第 3 款和第 4 款，驳回申请人基于《欧洲人权公约》第 6 条第 1 款提出的主张。

（三）申请人的其他主张

对于申请人科伊伍萨里和马尔蒂宁根据《欧洲人权公约》第 14 条及第二议定书第 12 条关于禁止歧视的规定，主张芬兰国家文物局 / 航海博物馆等有关部门构成了对申请人的歧视，法院予以驳回。因为芬兰国家文物局 / 航海博物馆并不存在对申请人的任何民事权利进行裁判的情况，故不符合《欧洲人权公约》第 35 条第 3 款和第 4 款规定，应予驳回。

四、判决结果

不予受理申请人科伊伍萨里和马尔蒂宁对芬兰政府的起诉。

五、分析评论

本案判决体现出与沉船有关的两方面司法实践，一是芬兰国内法院处理沉船打捞问题的实践及相关国内立法；二是欧洲人权法院的司法实践，关于芬兰国内案件审理过程中发生的《文物法》修订并溯及适用于申请人，是否侵犯申请人依据《欧洲人权公约》第 6 条及议定书第 1 条享有的权利。

对于芬兰关于沉船的立法，在历史沉船所有权判断问题上，修订后的《文物法》明确将"根据表面客观情况可推断被所有权人放弃的"具有 100 年以上历史的沉船的所有权人确定为国家，其中涉及的判断标准与美国《被弃沉船法》中的标准存在差异。美国联邦最高法院及各巡回上诉法院对"被弃"的认定存在两种标准：一是"明确且有说服力"标准，以联邦最高法院及海事法院相关判例为代表，按照传统海事法的规定，需要存在可构成放弃的推定，而这种推定的前提是原所有权人有明确的放弃行为，类似于在适用《救助法》及发现物法时的"明确放弃"标准，即被原所有权人明确放弃且不存在任何保留或例外，整体来说证明标准较高；二是"优势证据推定"标准，以部分联邦巡回上诉法院判例为代表的判例中，否认"明确放弃"标准，而是提出，如果沉船可查明的最后的私人所有权人并未对沉船主张所有权，且相关因素例如所有权人不使用、沉船位置等都表明其放弃的意图时，即构成美国《被弃沉船法》规定的"被弃"，仅当沉船最后的私人所有权人对该沉船主张所有权时，原告主张所有权时才需要证明"明确放弃"。芬兰《文物法》第 20 条的规定，与美国的"优势证据推定"标准更加相近。

从本案法院关于《欧洲人权公约》第 6 条及议定书第 1 条所涉主张的认定过程看，法院会通过全面衡量国内法及欧洲人权法院相关判例，进行比较谨慎的判断。就《欧洲人权公约》议定书第 1 条而言，法院结合芬兰国内法及国内审判情况，认定申请人未能用尽国内救济，且不具备《欧洲人权公约》议定书第 1 条规定所涉的财产权基础，故无法受理其基于《欧洲人权公约》议定书第 1 条所提出的主张。在判断申请人基于《欧洲人权公约》第 6 条提出其获得公正审判权利是否被侵犯这一主张的可受理性时，法院先考察该条的可适用性，确认可能适用后再考察是否涉及违反的问题，在这一过程中，欧洲人权法院主要侧重考量芬兰国内《文物法》修订对案件结果公正性的影响，涉及实体法分析时参考芬兰国内法院援引其国内法的认定，欧洲人权法院并未审理这些国内法层面的实体问题。

第四节　外国法院判决

案例 33：沉没在哥伦比亚领海的西班牙大帆船"圣何塞"号

"圣何塞"号案

案件索引	无敌舰队海上搜寻公司诉哥伦比亚共和国案（*Sea Search Armada, Plaintiff, v. The Republic of Colombia, Defendant*, Civil Action No. 10–2083 (JEB)）
案件主题	诉讼时效、外国法院判决的承认执行
案件性质	民事案件
案件标的物	18 世纪初沉没于哥伦比亚领海内的西班牙大帆船"圣何塞"号
当事人	无敌舰队海上搜寻公司（原告） 哥伦比亚共和国（被告）
审判法院	美国哥伦比亚特区法院
判决时间	2011 年 10 月 24 日
适用规则	1. 美国《联邦民事诉讼规则》； 2.《统一外国法院金钱判决承认法》。
争议点概要	1. 原告的诉讼是否已经失效； 2. 哥伦比亚最高法院的判决是否可以承认和执行。
结论概要	1. 原告的诉讼请求已经过了时效； 2. 哥伦比亚最高法院的判决不能得到承认。
判决结果	驳回原告的起诉
后续进展	2013 年 4 月 8 日，美国的巡回上诉法院判决维持哥伦比亚特权法院的一审判决。此前，2013 年 3 月 29 日，原告还向设在华盛顿的美洲人权委员会提起诉讼，认为哥伦比亚政府侵犯了该公司在《美洲人权公约》第 21 条和第 25 条中享有的权利。2022 年，原告向常设仲裁庭（PCA）提起诉讼。

一、案情概要

"圣何塞"号（*San José*）沉船于 1708 年满载从拉丁美洲殖民地搜刮来的黄金等财物，在返回西班牙的路上遇到英国舰队的截击，沉没在了哥伦比亚海域。当时西班牙与英国正发生王朝继承战争，西班牙国王菲利普五世等待这批财富用于战争，"圣何塞"号上的黄金等财物估计价值 40 亿到 170 亿美元。

原告是一家搜寻西班牙无敌舰队沉船的美国公司，于 1984 年 9 月与哥伦比亚政府签订了一份协议，在哥伦比亚领海寻找古代沉船。根据该协议的规定，原告将获得所发现沉船上宝藏价值的 50% 作为回报。后来，原告应哥伦比亚政府的请求，在哥伦比亚领海找到了"圣何塞"号沉船。哥伦比亚后来拒绝原告对该沉船遗址进行打捞，哥伦比亚议会也随后通过一项法律，将该沉船遗址上的所有财物都赋予哥伦比亚，取消了原告的权利。根据新的法律，原告只能获得沉船遗址上财物的 5%，而且还需要按照收入的 45% 交税。1989 年，原告在哥伦比亚宪法法院提起诉讼，请求哥伦比亚宪法法院宣布哥伦比亚议会通过的法律违反哥伦比亚宪法。哥伦比亚宪法法院在 1994 年 3 月裁决原告胜诉，但哥伦比亚政府拒绝执行该裁决，仍然拒绝原告靠近沉船地点进行打捞。哥伦比亚的巴兰基亚（Baranquilla）巡回上诉法院也判决，原告和哥伦比亚各自拥有该沉船上财物的 50%。2007 年 7 月 5 日，哥伦比亚最高法院判决维持该巡回上诉法院的判决，但哥伦比亚政府仍然拒绝原告打捞作业。

二、各方主张

2010 年 12 月 7 日，原告向美国哥伦比亚特区法院起诉哥伦比亚政府，认为哥伦比亚政府违反了双方签订的合同，还要求执行哥伦比亚最高法院的裁决，认为原告有权得到该沉船上的一半财物。

哥伦比亚政府则请求法院驳回这些诉讼请求。

三、法院意见

（一）法律标准

《联邦民事诉讼规则》第 12 条 b 款第 6 项规定，如果原告的请求没有阐述可以获得救济的内容，则应驳回诉讼。如果被告依据该项规定对原告申诉的充分性提出疑问，那么原告在诉讼中描述的事实就必须推定是真实的，而且应当作出有利于原告的解释。尽管通知请求规则不是为了给原告施加繁重的证明责任，而且也不要求详细的事实描述，但原告的申诉必须含有充分的事实描述、被认为是真实的并阐述至少从表面来看是合法的请求。原告必须向法院提交事实证据，以便法院可以对被告需要为据称的处理不当承担责任进行合理的推断。虽然在几乎不可能获得救济的情况下原告仍然可以依据该规则提起诉讼，但原告所说的事实必须足以证明存在一项可以获得救济的权利，而不仅仅是推测。

（二）分析

哥伦比亚辩称，法院应驳回这一诉讼，因为：首先，法院缺乏属事管辖权，因为哥伦比亚按照《外国主权豁免法》的规定免受管辖；其次，法院缺乏属人管辖权，因为按照《联邦民事诉讼规则》第 12 条 b 款第 1 项和第 5 项的规定，由于传票送达不充分，该案件应予驳回；最后，按照《联邦民事诉讼规则》第 12 条 b 款第 6 项的规定，由于原告没有阐明可以获得救济的请求，应该予以驳回。被告还辩称，原告的前两项请求不应得到支持，因为诉讼时效已过，而第三项请求则按照《统一外国法院金钱判决承认法》的规定，无法被识别。本法院同意，第三项请求显然有利于被告，因此没有必要对被告是否享有管辖豁免或传票送达是否充分进行判断。

1. 诉讼时效

（1）违反合同

如果依据《外国主权豁免法》提起的诉讼产生了管辖权问题，那么对该诉讼就适用法院地的诉讼时效制度。在美国哥伦比亚地区，违反合同的诉讼时效是三年，从发生违约之时起算。根据原告的说法，哥伦比亚政府最晚从 1984 年就违反了合同。因此，如果在 1987 年之后对哥伦比亚政府提起诉讼，则过了时效。由于原告没有在 1987 年之前提起诉讼，而是在 2010 年才提起诉讼，已经超过了诉讼时效 20 多年，因此原告的起诉不满足时效要求。原告诉称，它的诉讼时效的起算应该从 2007 年开始，因为 2007 年哥伦比亚最高法院判决哥伦比亚政府和原告各拥有该沉船上财物的 50%。原告引用了本地区的发现规则，规定如果原告不知道或者不应当知道由于被告的错误行为产生了损害，时效就应该中止计算。但是，在本案中，发现规则并没有改变结果，因为原告显然早在 1984 年就知道被告的违约行为，当时哥伦比亚议会颁布了法律，几乎取消了原告的所有权利。因此，肯定过了时效。即便诉讼时效应当从哥伦比亚最高法院 2007 年 7 月 5 日的判决开始起算，也已经过了时效，因为满 3 年的话就应该是 2010 年 7 月 5 日，但本案原告是在 2010 年 12 月 7 日才提起的诉讼。

（2）转换

原告的第二项请求，即认为哥伦比亚政府改变了与原告的关系，在提起时也过了诉讼时效。在本案中，按照原告的说法，被告哥伦比亚政府想要非法获得财产，那么这种改变行为当时就立即发生了。由于哥伦比亚政府在 1984 年就首次产生了想要独吞财物的想法，原告提出的转换的请求在当时就发生了。因此，与转换有关的诉讼时效也在 1987 年就终止了。由于原告直到 2010 年才提起诉讼，因此显然过了诉讼时效。即便如原告所说，被告据称拒绝遵守哥伦比亚最高法院的判决才是转换的开始，原告也没有提出任何要求法院判断时效的具体时间。唯一有关的时间只能是 2007 年 7 月 5 日哥伦比亚最高法院作出判决的时间。但是，即便从这个日期起算，原告的起诉也已经过了诉讼时效。

2. 哥伦比亚特区《统一外国法院金钱判决承认法》

原告的第三项请求是，要求本法院承认哥伦比亚最高法院作出的判决，原告和被告各自拥有该沉船财物的 50%，约 170 亿美元，作为赔偿。原告提起这一请求的依据是哥伦比亚特区《统一外国法院金钱判决承认法》（UFMJRA），它规定外国金钱判决应像在有权得到充分信任和信誉的各州判决那样得到执行。由于该法适用于外国金钱判决，也就是给予或否定特定金钱数额的外国判决，因此不能用来执行非金钱的判决。虽然哥伦比亚特区法院尚未有机会解释该法，但该法的用语表明，只能执行赋予或拒绝一定数额金钱的判决。而且，曾解释过类似法律的其他法院也认为，非金钱的判决在这种法律中不能得到执行。

原告诉称，哥伦比亚最高法院认为，原告和哥伦比亚政府应拥有该沉船价值一半的财物，大约在 40 亿美元到 170 亿美元。虽然原告提到了哥伦比亚最高法院的判决，但法院没有看到这一判决，连英文翻译也没有提供给本法院。原告只是想让本法院判决其有权得到几十上百亿美元，本法院甚至连这一请求的依据也没有看到。尽管如此，原告提到的哥伦比亚最高法院的判决甚至连《统一外国法院金钱判决承认法》中的金钱判决都不算。原告说，哥伦比亚法院只是决定了原告可以得到的该沉船上财物的份额，它并没有下令原告有权得到特定数额的金钱。美国的法院已经说过，《统一外国法院金钱判决承认法》中的金钱判决必须是具体数额的金钱。在本案中，哥伦比亚最高法院并没有裁决原告拥有金钱，更不用说是具体数额的金钱。原告说，哥伦比亚最高法院认为，原告和被告拥有该沉船上的财物相同份额，这样的判决不能被视为金钱判决，它只是判决如果该沉船被打捞后船载财物应当如何分配。而且，原告说，该沉船上的财物价值在 40 亿至 170 亿美元只是自己的估值，没有任何证据表明哥伦比亚最高法院也是这么精确认为的。实际上，即便哥伦比亚的法院接受这一估值，原告也只能得到该估值的一半，大约是 20 亿至 85 亿美元，其中的差距达 65 亿美元之巨，这显然不能说是一个具体的金钱判决。因此，法院认为，哥伦比亚最高法院的判决不是《统一外国法院金钱判决承认法》中的金钱判决，因此第三项诉讼请求必须被驳回。

四、判决结果

判决驳回原告的起诉。

五、分析评论

本案是美国一家海洋寻宝公司与哥伦比亚政府之间旷日持久的沉船搜寻和打捞纠纷中的一场诉讼。由于"圣何塞"号沉船载有的大量财富，吸引了许多探险公司的目光。同时，它也是一艘与"梅赛德斯"号类似的西班牙大帆船，吸引了许多国家的目光。由于该沉船的位置在今天的哥伦比亚的领海内，故哥伦比亚政府视其为巨大的国家财富，意图独自占有该沉船和船上财物。西班牙政府也主张该沉船及船上财物的所有权，认为该沉船是西班牙的军舰。对沉没船货提出所有权要求的还有秘鲁和玻利维亚两国，它们认为该沉船上的黄金等财物是当时的西班牙殖民者从玻利维亚和秘鲁的印第安人部落中搜刮而来的。哥伦比亚地处南美洲加勒比交通要道，是古代西班牙等殖民地船队活跃的主要地区，位于其沿海的很多沉船在沉没时正值拉美反抗西班牙殖民的独立战争（Wars of Independence）期间，是哥伦比亚 1830 年《宪法》予以没收的敌产，而且《哥伦比亚与西班牙和平友好条约》（Treaty of Peace and Friendship between Colombia and Spain）也规定了独立战争后相关财产的所有权和去殖民化的结果。实际上，哥伦比亚一直拒绝成为《联合国海洋法公约》和《保护水下文化遗产公约》缔约国，均与沉船有关。

由于能力有限，哥伦比亚政府想要依托外国探险公司找到这艘沉船的位置。但找到沉船位置后，哥伦比亚政府显然是想反悔，不允许外国探险公司进行打捞，或者即便允许打捞也要求把沉船上的财物全部归于哥伦比亚政府。而且，哥伦比亚以国家议会通过法律的形式作出这一决定，试图推翻之前哥伦比亚政府机构与原告签订的寻找和打捞协议。虽然哥伦比亚宪法法院裁决这一法律违宪，但哥伦比亚政府依然不打算履行与原告签订的协议，因此才引发了这一案件。

在走投无路的情况下，原告在美国法院起诉哥伦比亚政府，试图获得应当在合同中获得的权利。然而，美国哥伦比亚特区法院以原告的起诉已经过了诉讼时效和哥伦比亚最高法院的判决不是金钱判决为由驳回了原告的起诉。因此，原告的"维权"之路看来已经被堵住了。原告对美国哥伦比亚特区法院的这一判决不服，随后提起了上诉。但是，2013 年 4 月 8 日，美国的巡回上诉法院判决维持哥伦比亚特权法院的一审判决。此前，2013 年 3 月 29 日，原告还向设在华盛顿的美洲人权委员会提起诉讼，认为哥伦比亚政府侵犯了该公司在《美洲人权公约》第 21 条和第 25 条中享有的权利。原告还在 2016 年声称，将向美国贸易代表投诉哥伦比亚，认为哥伦比亚政府违反了《美国与哥伦比亚贸易促进协定》中的投资规则，因为哥伦比亚政府非法攫取了投资者的财产，在没有充分赔偿的情况下非法破坏了他们的投资价值。

与此同时，哥伦比亚国内关于该沉船及其船载物到底应如何处置一直存在争论。2014 年，哥伦比亚宪法法院裁决，该沉船是与哥伦比亚文化、历史、考古或淹没的文化遗产有关的集体权利和集体利益，根据宪法的规定，是国家保护的资产，属于国家，哥伦比亚国家文化遗产委员会作出的该沉船属于水下文化遗产的认定，正式否定了商业开发该沉船的做法。在多重因素的影响下，哥伦比亚国内逐渐有越来越多的声音反对与外国探险公司合作探险打捞该沉船，主张对该沉船作为水下文化遗产予以保护。2019 年 12 月 27 日，哥伦比亚副总统宣布该沉船是哥伦比亚的水下文化遗产。2020 年 1 月 23 日，哥伦比亚文化部部长也宣布，该沉船是哥伦比亚的水下文化遗产。同时，"圣何塞"号沉船被发现也引起了联合国教科文组织的关注。联合国教科文组织呼吁哥伦比亚不要对该沉船进行商业性开发，而是当作水下文化遗产予以保护。2018 年 12 月，哥伦比亚政府宣布与西班牙政府达成了关于该沉船的合作意向。2019 年 10 月 18 日，两国达成合意，均认为商业开发该沉船并非可行选项。目前，哥伦比亚国内对如何保护这一水下文化遗产仍在争论，哥伦比亚仍然需要解决与外国探险公司的法律纠纷。

第六章
水下文化遗产保护与海事法适用的应对

水下文化遗产补充、丰富了陆地文化遗产，既是海上丝绸之路的历史见证，也是人类文化不可或缺的组成部分，使其成为通过"一带一路"倡议构建人类命运共同体的重要组成部分。我国自汉唐开辟了海上丝绸之路，大量产自中国的器物经南海运往印度洋沿岸后销往欧洲等地，我国先民也在周边海域的历史贸易港口交易他国物品，这些沉没于水下的文物与中国有关。15~19世纪欧洲国家主导下以东方珍奇为目的的殖民贸易，不仅最为广泛、频繁地形成了水下文化遗产，也是影响后来国际格局及现今水下文化遗产规则的重要原因。我国管辖海域就沉有大量多种来源的贸易类沉船船货及国家船舶，价值和权源的构成非常复杂。中西水下文化遗产的分布情况、时代和属性存在根本差异，而水下文化遗产国际法规则和实践以西方海洋大国权利为主导，不利于中国水下文化遗产保护和国际合作项目开展。

随着第二次世界大战后海洋探测技术的发展，水下文化遗产逐渐进入救捞法、发现物法的范畴，也对传统海事法原则形成了挑战。许多历史沉船海事裁判不仅显示出公法、私法及与国内法之间的冲突，还越发呈现出法院与救捞者、政府与救捞者、政府与法院之间的行政立法与司法冲突及演进。美国海事法院逐渐形成了采用符合考古义务的作业方法作为获取救捞报酬的前提、船旗国未明示放弃的国家船舶不可救捞的争议处理方式等，禁止、限制传统海事法原则适用于水下文化遗产的判例积累使打捞水下文化遗产面临无所获利的风险。许多国家通过立法确立了对军事沉船、商船的国家保护程序，将国家拟制为重要水下文化遗产的所有权人，进一步排除了救捞法和发现物法的适用，环境保护法中原址划区的对象也扩展到其他水下文化遗产，并扩展到领海外的国家管辖海域。但保护对象和措施以本国利益为要，例如，扩大化解释殖民贸易沉船的国家属性，继而获得船载物所有权，导致了沿海国与船旗国对国家沉船的权利冲突十分尖锐。

《联合国海洋法公约》（UN Convention on the Law of the Sea）未明确水下文化遗产权利层级导致规则混乱被广为诟病，而该公约谈判时已经意识到物主、所有权不适用于水下文化遗产，明确了各国合作保护水下文化遗产义务，也推动了《保护水下文化遗产公约》(Convention on the Protection of Underwater Cultural Heritage，以下简称《水下公约》)的形成以细化相关规则。1985 年发现"泰坦尼克"号引发的全球关注促进了水下文化遗产保护理念和规则的发展，推进了海事法不适用于历史沉船的变革。《水下公约》回避权利问题并将"为全人类利益"保护的原则扩展到全部海域，按照不同海域设立协调国程序构建水下文化遗产权利方合作保护机制。

模糊、零散复杂的现有国际法规则无力解决权利分歧并加剧了不公平、不合理的权利主张，同时，《水下公约》、1992 年《瓦莱塔公约》(Vallenta Convention, European Convention on the Protection of the Archeological Heritage)等表明基于考古遗址属性的水下文化遗产保护规则不仅为国际社会、欧洲国家所认可，也与多项水下文化遗产双边或多边条约等实践一致。复杂的法律问题是考古方法、技术之外影响水下文化遗产保护的重要原因。归根结底，国家和民族交往是产生水下文化遗产的重要原因，对人类社会具有共同价值。水下文化遗产历史悠久，故而物主因素较弱，应当保护其历史、文化、考古价值及其对人类认知、国家民族稳定和多样性的意义。

中国应当把握水下文化遗产国际法规则已经从打捞物分配发展为原址保护规则创设的趋势，统一水下文化遗产的价值认定、概念地位，细化不同主体的权力边界、梳理共同利益和已有通行理念和实践，分析水下文化遗产保护国际法规则可资深化之处，寻找规则重构的突破点，推动符合专业保护措施的水下文化遗产国际法规则构建。

第一节　历史沉船裁判适用发现物法的限制

文化遗产公约确立了科学发掘而非打捞的考古原则，但贸易沉船是救捞法的传统适用对象，因此，水下文化遗产保护国际法规则也受到海事法影响。考古和保护遗址、纪念物的国内法也影响着海事法院对历史沉船[①]沉物的裁判。20 世纪 20 年代的"塔班蒂亚"号案已经作出打捞与公共利益的判断[②]，但在很长一段时间里，历史沉船仍被认作自然资源；70 年代，爱尔兰法院判决认为对历史悠久的沉船适用考古法而非海事

[①] 美国国家公园局发布的公告明确，历史性船舶和沉船一般需要满足三个条件，包括：通常具有 50 年及以上的历史，除非具有特殊的历史重要性；具有重要性，即满足史迹名录的四项标准之一；具有完整性，即在位置、设计、环境、材料、工艺、感受和关联性等方面同过去具有相当程度的一致性。

[②] *The Tubantia*, English High Court of Admiralty, 1924.

法^①，但同时期澳大利亚就荷兰东印度公司沉船的判决则认为西澳大利亚州《海洋考古法》无效^②。随着对打捞破坏性的认识，海事判决逐渐增加了传统海事法原则适用于水下文化遗产的条件或者限制适用，并明显表现出对私人与国家沉船沉物的区分，积累出领海内沉船和大陆架部分沉船归属沿海国、公海国家沉船归属原属国的司法实践。

一、对水下文化遗产适用传统海事法原则的特殊性

爱尔兰、芬兰等司法实践对水下文化遗产适用考古法。2004年，救捞者在科伊伍萨里等诉芬兰案一审判决后提起上诉，国家提出反诉并请求上诉法院认定《文物法》作为特殊法、后法应优先于《海事法》予以适用，故海事法院缺乏管辖权，上诉法院驳回上诉。

（一）历史沉船不适用传统海事法原则

海难救助是一项古老的海事法律制度，它赋予海难救助者救助报酬请求权，以鼓励救助面临海上丧失危险的货物或船舶、减小海难损失。发现物法则赋予救捞者对无主物的先占权，救捞法和发现物法均给予排他性权利，以避免物品遭受其他不必要的侵扰^③。传统的海事法原则如何适用于水下文化遗产是救捞法和发现物法的新话题，打捞水下文化遗产与处于海上危险、合理占有及正义性等海事法适用前提并不一致。

两者适用于水下文化遗产不仅需要符合各自的宗旨、适用前提，而且随着对文化遗产公共利益的认可，加之打捞水下文化遗产对海洋环境的影响，以及保护水下文化遗产法律的制约，以商业价值为前提的救捞法，尤其是发现物法，被许多国内立法和司法裁判排除或限制适用于水下文化遗产^④。在面对不明身份的沉船时，对物诉讼需要有足够的事实依据以确定沉船身份、标明地理坐标，以便其他申诉方判断，这无疑给打捞公司增加了风险。即便与排除或限制适用于历史沉船相反的法律适用在裁判中仍然多见，打捞水下文化遗产已变得风险过大而失去利益驱动。

---

① *Alan King and Harry Chapman v. The Owners and All Persons Claiming an Interest in La Lavia , Julian and Santa Maria de la Vision*, WJSC–HC 3213 (1994).

② *Robinson v Western Australian Museum*, 138 CLR 283 (1977).

③ Lawrence J. Kahn, Comment, Sunken Treasures: Conflicts Between Historic Preservation Law and the Maritime Law of Finds, 7 *Tulan Environmental Law Journal* 2 (1994), pp. 595–642.

④ Sarah Dromogoole (ed.), *The Protection of the Underwater Cultural Heritage: National Perspectives in Light of the UNESCO Convention 2001* (2nd edn.), Leiden: Martinus Nijhoff Publishers, 2006.

（二）救助公约不以水下文化遗产为适用对象

《联合国海洋法公约》第 303 条第 3 款规定，该条不影响救捞法和其他海事法规则。1989 年《国际救助公约》（International Convention on Salvage）第 30 条第 1 款 d 项规定：如果"有关财产为位于海床上的具有史前的、考古的或历史价值的海上文化财产"，成员国可以作出保留，其明确态度是国际社会朝向水下文化遗产保护前进的重要一步。2007 年《内罗毕国际船舶残骸清除公约》（Nairobi International Convention on the Removal of Wrecks）排除对军舰和国家所有或经营的且当时仅用于政府非商业服务用途船舶的适用。在司法实践中，打捞历史沉船已经越来越受限于对科学、环境等公共利益优先保护。

二、发现物法在历史沉船海事对物诉讼案件中的适用

（一）海事管辖权

按照《美国联邦宪法》第 3 条和《美国法典》第 1333 条，海事案件由联邦法院管辖，联邦地区法院对"所有海事或海事管辖权民事案件具有初始管辖权"[①]。美国领土以外海上救捞引起的诉讼属于联邦法院的海事管辖范围[②]。原告把沉船上的部分物品带至法院所在地或者充分证明其已控制沉船[③]，法院便可以获得对该沉船及其全部物品的管辖权[④]，继而发布沉船扣押令、给予原告沉船代管人身份，以符合海事诉讼规则有关船舶所有权、优先权的规定。法院一般会签发初步禁令，禁止除作为占有救捞者的原告以外的第三人干预救捞，首位发现者对可识别的被弃沉船遗址保持适当占有和控制，可以获得专属救捞权[⑤⑥]。这种建设性的准对物管辖权要求沉船物能作为一个整体[⑦]。此外，2017 年奥德赛海洋勘探公司诉被弃沉船"曼托拉"号案认为，在法院获得管辖权

[①]　*California v. Deep Sea Research, Inc.*, 523 U.S. 491, 501, 118 S.Ct. 1464, 140 L. Ed. 2d 626 (1998).

[②]　*MDM Salvage, Inc. v. The Unidentified, Wrecked and Abandoned Sailing Vessel*, 631 F.Supp. 308, 311 (S.D.Fla.1986); *Treasure Salvors, Inc. v. The Unidentified Wrecked and Abandoned Sailing Vessel*, 640 F.2d 560 (5th Cir.1981).

[③]　*Treasure Salvors, Inc. v. Unidentified Wrecked and Abandoned Sailing Vessel*, 569 F.2d 330 (5th Cir. 1978).

[④]　*Odyssey Marine*, 657 F.3d at 1181 n.15.

[⑤]　*Treasure Salvors, Inc. v. The Unidentified, Wrecked, and Abandoned Sailing Vessel*, 556 F.Supp. 1319 (S.D.Fla.1983).

[⑥]　*R.M.S. Titanic, Inc. v. Haver*, 171 F.3d 943.

[⑦]　WIGGINS v.1100 TONS, MORE OR LESS, OF ITALIAN MARBLE, 186 F.Supp. 452（1960）；*Martin v. On Bronze Rod*, 581 Fed. Appx. 744（2014）.

后，船载银条被转移至其他国家，而法院对该案仍有管辖权 ①。

州法在与联邦法没有明显冲突的前提下，可以与联邦法并行。木星沉船打捞公司诉身份不明的被弃沉船案确定对位于州土地的沉船，如果州法规定相关沉船属于州所有，则州法院管辖权优先于联邦法院管辖权 ②。马萨诸塞州在海事水下调查公司诉身份不明的被弃沉船案仍在联邦法院审理的同时，向州法院就同一标的提起所有权诉讼。佛罗里达州诉宝藏打捞者公司案等体现出联邦法院与地方法院的管辖权冲突导致沉船和打捞文物所有权归属判决不一 ③，不利于水下文化遗产保护规则的建设发展。

（二）较少案件适用发现物法

海事法推定沉船所有权人没有放弃对遇难船舶和货物的所有权 ④，并承认所有权人可以"放弃"所有权益 ⑤。即便所有权人始终没有出现，救捞者取得的也仅为优先占有救捞财产的权利，所有权问题需要通过诉讼等由法院最终决定 ⑥。救捞者作为沉船代管人尚未获得相应财产，如果救捞者要求法院管辖该沉船时，它已具有所有权人，则救捞者不能获得所有权人享有的控制沉船等相应权利 ⑦。

1977 年罗宾逊诉西澳博物馆案中澳大利亚最高法院的部分法官认为，原告发现"金龙"号时，它仍然属于荷兰。只有当原主明确放弃了所有权，才可以有效确定该船现的所有权归属。本案中，没有证据能证明该船被原主放弃，它只是意外地漂到未知大陆，即便经过了若干年也并不意味着原主对所有权的放弃。根据以往的海事法庭判决，即使原主不享有该沉船的所有权，发现者也不享有该沉船的所有权，在这种情况下，沉船的所有权应归属于国家 ⑧。

1995 年贝米斯诉"卢西塔尼亚"号案则指出，发现物法传统上只适用于从未被任

---

① *Odyssey Marine Exploration, Inc. v. Shipwrecked and Abandoned SS MANTOLA*, 333 F.Supp.3d 292, 2018 A.M.C. 2686.

② *Jupiter Wreck, Inc. v. Unidentified Wrecked and Abandoned SAILING VESSEL*, 762 Fed.Appx. 852; *Just v. Chambers*, 312 U.S. 383, 61 S.Ct. 687, 85 L.Ed. 903 (1941).

③ *State of Florida v. Treasure Salvors*, Inc., 689 F.2d 1254 (5th Cir. 1982).

④ *Columbus-America*, 974 F.2d, 460〔quoting *Hener v. United States*, 525 F.Supp. 350, 356–57 (S.D.N.Y.1981)〕.

⑤ *Fairport Int'l Exploration, Inc. v. The Shipwrecked Vessel*, 177 F.3d 491, 498 (6th Cir.1999); *Treasure Salvors, Inc. v. The Unidentified Wrecked & Abandoned Sailing Vessel*, 569 F.2d 330, 336–37 (5th Cir.1978).

⑥ *YUKON RECOVERY, L.L.C., v. CERTAIN ABANDONED PROPERTY*, 205 F.3d 1189 (9th Cir.1999).

⑦ *Odyssey Marine Exploration, Inc v Unidentified, Shipwrecked Vessel*, United States District Court for the Middle District of Florida, 675 FSupp2d 1126; US Supreme Court docket no 11–1067, 566 US, 132 SCt 2379.

⑧ *Robinson v Western Australian Museum*, 138 CLR 283 (1977).

何人拥有的海上财产①，然而晚近的趋势表明，当发现沉没财产已被其前所有者放弃时，适用发现物法。从时间推移和所有权人不使用的情况可以推断出放弃的意图，对历史沉船提起所有权诉讼的过程中没有所有者主张权利，也可以作出放弃权利的推断。"卢西塔尼亚"号案中法院基于没有所有权人提出请求以及该船已经沉没近80年，认为沉没船货和个人物品已经被放弃了。

通过对无主物的占有取得水下文化遗产的所有权涉及两个问题，一是水下文化遗产是否可以被认定为无主物，二是诉讼请求人是否对该无主物建立了占有。原告需要满足意图占有救捞财产、实际或建设性地占有财产、该物无主或被放弃，才能适用发现物法提起诉讼②。

1. 外国享有主权的沉船不适用默示放弃

海寻公司诉两艘身份不明沉船案涉及该公司从弗吉尼亚州打捞的西班牙海军护卫舰，分别是1750年护卫商船时沉没的"拉加尔加"号和1802年搭载非洲军团等沉没的"朱诺"号。1999年4月，美国弗吉尼亚东区联邦地区法院诺福克分庭适用明示放弃标准，认定西班牙已通过1763年《和平条约》第20条放弃了对"拉加尔加"号的所有权，依据另一条约未放弃对"朱诺"号的所有权。美国第四巡回上诉法院驳回了地区法院认为西班牙放弃对"拉加尔加"号沉船权源的判决，主要考虑了相关国际条约是否规定外国政府已明示放弃沉船。

裁判出现变化有两点值得史学界特别关注，一是基于对历史条约条款文义和缔约意图的重新解读，二是英国和西班牙在原审时分别发布外交照会进行了支持③。

2. 合法公平且高度控制的占有

占有形成的权利可以对抗所有权人，因此，标准较高。发现者需要证明其既有获得特定财产的意图，又通过对财产的控制实现了这一意图。仅发现被弃水下文化遗产不足以取得所有权，发现和标记沉船并不足以构成占有。占有不必实际取得沉船沉物，但需要对沉物采取控制行为，救捞者对未打捞上来的沉物不构成占有。

玛莎葡萄园潜水总部公司诉身份不明的被弃沉船案中，法院适用发现物法给予马歇尔顿公司对打捞文物的所有权，同时认为，仅基于占有财产来认定打捞物所有权会

① *F. Gregg BEMIS, Jr. v. The RMS LUSITANIA, her engines, tackle, apparel, appurtenances, cargo, etc.*, 884 F. Supp. 1042.
② *Odyssey Marine Exploration, Inc. v. The Unidentified, Shipwrecked Vessel*, No. 8:06-CV-1685-T-23TBM, 2006 WL 3091531, *3 (M. D. Fla. Oct. 30, 2006), citing R. M. S. Titanic, Inc. v. The Wrecked & Abandoned Vessel, 435 F. 3d 521, 532 n. 3 (4th Cir. 2006); see also Unione Mediterranea Di Sicurta, 220 F. 3d at 671.
③ *Sea Hunt Inc. v. Unidentified Shipwrecked Vessel or Vessels*, 221 F. 3d 634 (4th Cir. 2000), cert. denied, 148 L. Ed. 2d 956, 121 S.Ct. 1079 (2001).

鼓励海盗行为，救捞者必须通过合法手段公平获得财产 ①。

（三）以获得许可等合法性为打捞前提

美国联邦地区法院依照齐赫系列案的论证，再次确认基于公共利益目的区别对待历史沉船 ②。

在东北调查公司诉沉船案中，打捞公司虽然已获得临时扣押令，但其委托的机构在沉船现场收集和发掘考古材料时，根据纽约州法律，仍然需要事先另行获得有关政府机构的许可 ③。法院确认美国联邦政府为沉船所有权人后，进一步指出历史沉船能够揭示过去人类的生活和活动遗迹，具有重要的考古价值，为了符合公共利益，从沉船中移走文物应当谨慎操作。法院认为详细的文物出处能够为考古研究提供重要信息，同时也能提高文物的历史价值和捐赠或出售价值，文物出处包括水平和垂直坐标、埋藏范围、水深、与其他文物的空间关系等。然后，法院从反面论述原告从沉船中挖掘和取出文物没有向联邦政府或州申请，也没有获得相关许可，而且没有将这些文物归还给联邦政府或其代理人，指出救捞者占有历史沉船及其文物违背公共利益，继而其主张的权利不具合理性。但贝米斯诉爱尔兰盖尔塔赫和群岛艺术和遗产部长和总检察长案中，法院判决被告部长拒绝原告申请的理由不成立。针对被告部长"沉船的每个部分都必须进行原址保护，不能以任何方式扰动或进行商业售卖"的观点，法院认为完全不成比例、不符合逻辑、不合理，并且会构成对私人财产权利的非正义损害 ④。这与爱尔兰《国家古迹法》将文物定义为动产有关系。然而，缺少立法和政府为获得打捞物分成导致水下文化遗产在救捞者手中流散仍比较多见。

三、历史沉船裁判存在尚不稳定的原则

（一）沿海国获得领海内水下文化遗产权利的依据

18 世纪的"阿奎拉"号案认为，即使可以通过占有取得所有权，为了维持文明社会的公共和平和秩序，所有权的取得者应当是国家，"在海上发现的遗失物，如果

---

① *Martha's Vineyard Scuba Headquarters, Inc., v. The Unidentified, Wrecked And Abandoned Steam Vessel, etc., et al.*, 833 F. 2d 1059

② *Sunken Treasure, Inc. v. Unidentified, Wrecked and Abandoned Vessel*, 857 F. Supp. 1129 (1994).

③ *Northeast Research, LLC v. One Shipwrecked Vessel*, 729 F.3d 197 (2nd Cir., 2013).

④ *F. Gregg Bemis v. The Minister for Art, Heritage, Gaeltacht and The Islands, Ireland and the Attorney General*, 2001 579JR (2005).

没有物主出现，就应当为君主获得，这是文明国家的一项一般法律规则"①②。海事法院通过适用发现物法，甚至把文物作为自然资源，从而使州获得其土地内沉船的所有权。

　　在金诉拉·拉维亚案中，法院确认对爱尔兰领海海床上和底土发现的考古沉船及相关文物不适用海事法，涉案沉船是爱尔兰人民和代表爱尔兰人民保存这些文物的国家的财产，属于国家历史文化遗产③。芬兰《文物法》规定，100 年以上历史沉船搭载的和取自沉船的物品归属国家、2002 年修订为具有 100 年以上历史的沉船归属国家。瑞典、挪威的法律明确规定沉船为古代遗物，所有权属于国家。许多国家不允许私人拥有水下文化遗产，船舶或货物等沉没一定时间后自动成为国家财产。

1. 通过国内法规定明确国家所有权

　　以公共利益最大化为宗旨的 1987 年美国《被弃沉船法》规定，埋入州所属淹没土地的船舶、埋入州所属的淹没土地上被该州保护的珊瑚层中的船舶、在淹没土地上且列入国家史迹名录或具备列入条件的船舶属于美国联邦政府，并自动转移给发现沉船所在的州④。不仅比适用《淹没土地法》增加了底土上的沉船沉物，尤其是符合规定的这部分水下

---

① *The Aquila*, 1 C. Rob. 37, 165 Eng. Repr. 87, 91 (1798).

② *Webb v. Ireland*, IR 353, 1983.

③ *Alan King and Harry Chapman v. The Owners and All Persons Claiming an Interest in La Lavia , Julian and Santa Maria de la Vision*, 1998 WJSC–SC 8863.

④ Section 6 (a) United States title

The United States asserts title to any abandoned shipwreck that is—

　　(1) embedded in submerged lands of a State;

　　(2) embedded in coralline formations protected by a State on submerged lands of a State; or

　　(3) on submerged lands of a State and is included in or determined eligible for inclusion in the National Register.

(b) Notice of shipwreck location; eligibility determination for inclusion in National Register of Historic Places

The public shall be given adequate notice of the location of any shipwreck to which title is asserted under this section. The Secretary of the Interior, after consultation with the appropriate State Historic Preservation Officer, shall make a written determination that an abandoned shipwreck meets the criteria for eligibility for inclusion in the National Register of Historic Places under clause (a)(3) of this section.

(c) Transfer of title to States

The title of the United States to any abandoned shipwreck asserted under subsection (a) of this section is transferred to the State in or on whose submerged lands the shipwreck is located.

(d) Exception

Any abandoned shipwreck in or on the public lands of the United States is the property of the United States Government. Any abandoned shipwreck in or on any Indian lands is the property of the Indian tribe owning such lands.

(e) Reservation of rights

This section does not affect any right reserved by the United States or by any State (including any right reserved with respect to Indian lands) under—

　　(1) section 1311, 1313, or 1314 of this title; or

　　(2) section 414 or 415 of title 33.

(Pub. L. 100–298, § 6, Apr. 28, 1988, 102 Stat. 433.)

文化遗产避免了与发现物法和救捞法适用的冲突，法院也可以基于缺乏管辖权而驳回针对州享有所有权的沉船的诉请。

2. 沿海国较难对位于大陆架的沉船主张权利

佛罗里达州诉宝藏打捞者公司案等对大陆架上的历史沉船适用资源保护法、不归属发现者[1]，为领海外水下文化遗产保护奠定了基础。但正如"卢西塔尼亚"号案中英国法院所认为的，领土外发现并救捞的沉船即便是无人认领的遗失物，1894年《商船法》也并未确认其权利属于王室；并在考量了权利申请人的积极占有行为后，确认由权利申请人享有打捞物所有权[2]。1978年的"阿托卡夫人"号案中，原审法院认为1906年《古物法》仅适用于美国政府拥有或控制的土地，而且沉船不属于大陆架相关国内法和国际法中的权利，两级法院均不支持美国对领海外大陆架上这艘西班牙大帆船的权利[3]。

（二）作为国家财产是沉船权利判归船旗国的主要因素

船旗国获得国家沉船所有权的判例数量极少，而且管辖法院所在国和它与船旗国的条约是形成这类判决结果的重要原因。其背后的国家利益取向也非常重要，如美国认为"尊重、不打扰外国享有主权的沉船"是习惯国际法规则并坚持实践的国家行为。

"梅赛德斯"号沉船案显示如果沉船具有主权豁免，则另一国不具有管辖权，法院必须放弃对该物的控制，也不支持此前救捞者通过法院已经获得的沉船实际控制权。上诉法院强调丧失管辖权后，后续处置便主要取决于沉船所属国家的意愿[4]。

法院对"梅赛德斯"号的商业活动例外从整体行为性质来考虑，先行推定西班牙殖民船为军舰。作为军舰则《外国主权豁免法》中关于主权财产豁免的条款优先适用。但事实上，国家正是殖民贸易行为的参与者。

船与船货作为整体进行裁判有损船载物来源国的权利。在"梅赛德斯"号案中，美国第十一巡回上诉法院也对船货能否与船舶一起享有豁免进行了认定。法院称尽管沉船载有的私人财产可以分离出来，但涉案各方均没提出可以直接回答沉没军舰上的货物是否与沉船拥有同样主权豁免权的案件和法令，奥德赛公司引用的案

---

[1] *State of Florida v. Treasure Salvors, Inc.*, 689 F.2d 1254 (5th Cir. 1982).

[2] *Pierce and Another v. Bemis and Others*, 1986 WL 406846 (1985).

[3] *Treasure Salvors, Inc. and Armada Research Corp v. Unidentified Wrecked & Abandoned Sailing Vessel*, 569 F.2d 330.

[4] *Odyssey Marine Exploration, Inc v Unidentified, Shipwrecked Vessel*, United States District Court for the Middle District of Florida, 675 FSupp2d 1126; US Supreme Court docket no 11–1067, 566 US, 132 SCt 2379.

件也未支持沉没军舰的船货可与沉船分离的论述。上诉法院进一步明确把打捞物与"梅赛德斯"号视为一体是主权豁免目的的一个方面，进一步说明以不损害西班牙的主权利益为优先。可见，船货与沉船视为整体作出判决的原因也是美国法律规定和与当事国的条约。

第二节　重视合作保护水下文化遗产的公约初衷

在 1982 年《联合国海洋法公约》之前，就水下文化遗产尚未形成普遍一致的法律原则，该公约把保护水下文化遗产作为一般原则，公海区域水下文化遗产的权利主体排除私人物主和救捞者显示出保护公共利益的宗旨。正如国际法协会的评价，这些条款具有象征意义且不容忽视[①]。

一、《联合国海洋法公约》明确保护水下文化遗产的国家义务

雅克·库斯托（Jacques Cousteau）于 1943 年发明的自携式水下呼吸装备推动了水下考古的诞生，《1958 年日内瓦海洋法公约》的形成也基本还没有受到后来大量发现和打捞深海沉船的影响。第二次世界大战后的国际法建设，尤其是 1954 年《关于发生武装冲突时保护文化财产的公约》（Convention for the Protection of Cultural Property in the Event of Armed Conflict，以下简称《海牙公约》）明确保护国家的宗教、历史等文化遗产及文化权利，以及 1970 年《关于禁止和防止非法进出口文化财产和非法转让其所有权的方法的公约》、1972 年《保护世界文化与自然遗产公约》（Convention Concerning the Protection of the World Cultural and Natural Heritage，以下简称《世界遗产公约》）中已经稳定的文化遗产法的保护理念和原则成为《联合国海洋法公约》形成水下文化遗产规则的基础。

《联合国海洋法公约》在前述法律理念和规则下发展出保护具有考古和历史属性文物的规则，形成了两处水下文化遗产条款：

> 第 149 条：在"区域"内发现的一切考古和历史文物，应为全人类的利益予以保存或处置，但应特别顾及来源国，或文化上的发源国，或历史和考古上的来

[①] International Law Association, *International Committee on Cultural Heritage Law First Report*, Queensland, 1990, p. 10.

源国的优先权利。

第 303 条：在海洋发现的考古和历史文物：

1. 各国有义务保护在海洋发现的考古和历史文物，并应为此目的进行合作。

2. 为了控制这种文物的贩运，沿海国可在适用第三十三条时推定，未经沿海国许可将这些文物移出该条所指海域的海床，将造成在其领土或领海内对该条所指法律和规章的违反。

3. 本条的任何规定不影响可辨认的物主的权利、救捞法或其他海事法规则，也不影响关于文化交流的法律和惯例。

4. 本条不妨害关于保护考古和历史性文物的其他国际协定和国际法规则。

由于水下文化遗产保护并非《联合国海洋法公约》谈判时重点关注的问题，规定了合作保护水下文化遗产的国家义务，但海事法和文化交流法律、惯例优先适用；通过一般规则规定了水下文化遗产的所有权、救捞权、毗连区管控权，水下文化遗产来源国或文化、历史、考古来源国对区域发现的水下文化遗产具有优先权。

二、海事法适用于水下文化遗产保护存在制度缺陷

美国水下文化遗产保护管理机构与打捞公司既在诉讼中对峙，也在沉船考察中相互合作，关键在于如何主导规则和救捞者是否以沉船公共利益保护为优先。《被弃沉船法》以委托各州管理并制定健全的保护政策为宗旨，确定了保护沉船及遗址的历史价值和完整性、保护沉船相关自然资源和栖息地、沉船休闲考察、适当提取沉船的目的，它与认可沉船遗址科学、考古、历史等价值，并要求打捞历史沉船需获得行政许可的文化遗产法相一致。

这部海事法下的法律及其司法适用仍在试图让救捞者遵守公共利益，但正如美国海洋与大气管理局（National Oceanic and Atmospheric Administration，以下简称 NOAA）、国家公园局等参加的"泰坦尼克"号公司 2010 年科学考察所显示[1]，保护管理机构和打捞方在共同考察中的诉求取向不同，而且，遗址记录、监测结果和打捞公司成员的考察经历成为"泰坦尼克"号公司主张切开沉船提取文物的有力依据。打捞出水的文物在空气环境中难以保存，打捞作业对文物的影响不可避免，2004 年 NOAA 考察显示打

---

[1] https://sanctuaries.noaa.gov/maritime/titanic/2010_expedition.html

捞和游览活动已经改变了"泰坦尼克"号沉船的环境，船体上出现了新微生物。[①] 打捞文物和展览收益及其后续诉求无法预测，打捞公司长达 10 余年坚定且有策略地主张占有文物的诉讼并不罕见。

早在《被弃沉船法》立法过程中，美国国会商船和渔业委员会便已表明，救捞法和发现物法不利于海洋遗产的保护[②]。20 世纪 90 年代相关海事裁判形成主张合法占有不得妨碍公共利益、以行政许可作为合法打捞要件的原则，出现了行政权介入司法裁量的因素，但由法院裁判打捞是否与公共利益相符、尽到考古注意义务，仍有赖于海事裁判对历史和考古价值的尊重。法官对历史沉船适用海事法的理念和程度不一，海事法院的判决摇摆兼之标的物价值巨大，长达 10 余年的历史沉船裁判诉讼并不少见。海事法院对水下文化遗产价值和保护方式认知的专业性有限，对救捞者利益的天然保护也影响着裁判的客观性，无法全然地保护公共利益。

可见，即便海事法实践发展出的文化、历史、考古利益优先与水下文化遗产保护规则具有一致性，但背离保护需求的司法实践、不稳定的裁判因素说明，发现物法和救捞法不适用于历史沉船才应是海事法在水下文化遗产保护国际法规则中的位置所在。

不可忽视的是一些投资、人权等裁判也深受海事裁判影响，如国际仲裁委员会支持打捞自马来西亚领海英国商船"戴安娜"号（*Diana*）的中国青花瓷器归属美国打捞公司[③]。

三、《保护水下文化遗产公约》形成保护优先的共识

《联合国海洋法公约》未明确水下文化遗产不同权利的层级，深海水下文化遗产国内法等实践以船旗国为多，导致了相关规则的解释适用仍以海事法为优先，但从谈判历史来看这显然不是该公约的初衷。同时，《联合国海洋法公约》规定各国有义务保护"具有考古或历史属性"的文物（objects），显然是把水下文化遗产作为出水文物。《水下公约》是第一部针对水下文化遗产保护的全球性公约，旨在给予水下文化遗产与陆地遗产相同的普遍保护及措施，回避所有权以促进国家间合作保护。

人们对文化遗产的认识始于对文物藏品的保护，后续关注到遗址和考古发掘的科学性，以及文化遗产、自然、非物质文化遗产之间的关联性，因此，文化遗产法在传统上更为关注文物盗掘、走私等非法活动。

同时，文化遗产法呈现出保护海洋文化遗产的趋势，国际统一私法协会（UNIDROIT）

---

① https://oceanexplorer.noaa.gov/explorations/04titanic/welcome.html.

② HR Rep. No. 100–514, Pt. 2, 1988, p. 8.

③ *MALAYSIAN HISTORICAL SALVORS SDN BHD and THE GOVERNMENT OF MALAYSIA*, ARB/05/10.

1995 年《关于被盗或非法出口文物公约》（Convention Illegally Exported Cultural Objects）适用于境外被盗文物，联合国大会决议倡导遵照国际法促进返还取自全部海域的文化遗产[①]，世界遗产委员会于 2005 年设立的世界遗产海洋计划（World Heritage Marine Programme）旨在倡导专属经济区内大型海洋区域和海洋保护区网络（MPA network），并有意继续扩展公约适用海域[②]。

（一）《水下公约》对适用发现物法规定了严格的条件

《水下公约》界定了保护对象，规定了保护内容和方式，明确了原址保护优先、禁止商业开发、公众开放等原则，对位于不同性质水域的水下文化遗产规定了不同保护模式，并规定了控制措施。具有法律拘束力的公约附件《有关开发水下文化遗产之活动的规章》（Rules Concerning Activities Directed at Underwater Cultural Heritage，以下简称《规章》）与国际古迹遗址理事会 1996 年《水下文化遗产保护管理国际宪章》（Charter on the Protection and Management of Underwater Cultural Heritage）一致，确立了考古调查、发掘、保护管理等相关活动的宗旨、方法，并规定了原址保护优先、最小干预、保持出水文物的完整不散失等，是成员国评价相关活动恰当性的标准。

《水下公约》把可能对水下文化遗产造成不利影响的人类活动分为"无意中影响水下文化遗产的活动"和"开发水下文化遗产的活动"，后者又分为商业性开发活动和非商业性开发活动。《水下公约》第 2 条第 7 款规定水下文化遗产不应被商业开发，虽然该公约规定同时满足第 4 条所规定的三项条件可以适用救捞法和发现物法[③]，但需主管机构许可、完全符合该公约的活动完全不同于传统的文物打捞。

（二）《水下公约》回避所有权

《水下公约》1995 年前期研究就在讨论沿海国管辖问题。为了纳入尽量广泛的水下文化遗产，加之船旗国与沿海国对军舰等国家沉船，以及沿海国管辖权无法协调，它回避了水下文化遗产的所有权等根本性问题。它在前言中强调公约条款均不得妨碍包

---

① Cf. Res.38/34 of 25 Nov. 1983, 38 UN GAOR Supp. No.47 (A/38/47), p.24. Res.40/ 19 of 21 Nov. 1985, 40 UN GAOR Supp. No.53 (A/40/53), p.23. Res.42/7 of 22 Oct. 1987, UN Press Release GA/7612, 13 Jan. 1988, p.10; Res.44/18 of 6 Nov. 1989, UN Press Release GA/7977, 22 Jan. 1990, p.30.

② UNESCO, *World Heritage in the High Seas: An Idea Whose Time Has Come*, Paris, 2021.

③ Article 4 – Relationship to law of salvage and law of finds
Any activity relating to underwater cultural heritage to which this Convention applies shall not be subject to the law of salvage or law of finds, unless it:
a. is authorized by the competent authorities, and
b. is in full conformity with this Convention, and
c. ensures that any recovery of the underwater cultural heritage achieves its maximum protection.

括《联合国海洋法公约》等国际法赋予各国的权利、管辖权和义务，即二者出现冲突时，后者应当优先适用。

《水下公约》谈判中一些专家认为国家沉船适用主权豁免并不合适，公约适用于沉没 100 年以上的军舰和政府船舶是妥协的产物。《水下公约》提出了"国家沉船"及其"船旗国"的概念。

1. 不改变国家沉船的主权豁免及其船旗国权利

第 1 条　定义

8. "国家的船只和飞行器"系指属于某国或由其使用，且在沉没时仅限于政府使用而非商用的，并经确定属实又符合水下文化遗产的定义的军舰和其他船只或飞行器。

第 2 条　目标和总则

8. 本公约须与各国的惯例和包括《联合国海洋法公约》在内的国际法相一致，任何条款均不应被理解为对有关主权豁免的国际法和国家惯例的规定的修正，也不改变任何国家对本国的船只和飞行器拥有的权利。

"任何国家对本国的船只和飞行器"即国家沉船的船旗国，其权利包括"国际法和国家惯例的规定的"主权豁免。主权豁免依据的一是国际法，成文法缺失、习惯法不足；二是国家惯例，存在船旗国向沿海国让渡所有权等权利的实践。

2. 限制国家沉船的船旗国权利

《水下公约草案》将国家沉船视为未放弃物而排除在调整对象之外不同，《水下公约》对保护领海、大陆架、区域发现国家沉船作出了一系列特殊规定。《水下公约》第 7 条、第 10 条、第 12 条各有一款列明国家沉船的船旗国及其在沿海国领海、专属经济区和大陆架以及区域水下文化遗产活动中的相应权利[①]。《水下公约》第 7 条第 3 款

---

① 　Article 7 – Underwater cultural heritagein internal waters, archipelagic waters and territorial sea
3. Within their archipelagic waters and territorial sea, in the exercise of their sovereignty and in recognition of general practice among States, States Parties, with a view to cooperating on the best methods of protecting State vessels and aircraft, should inform the flag State Party to this Convention and, if applicable, other States with a verifiable link, especially a cultural, historical or archaeological link, with respect to the discovery of such identifiable State vessels and aircraft.
Article 10 – Protection of underwater cultural heritagein the exclusive economic zone and on the continental shelf
7. Subject to the provisions of paragraphs 2 and 4 of this Article, no activitydirected at State vessels and aircraft shall be conducted without the agreement of theflag State and the collaboration of the Coordinating State.
Article 12 – Protection of underwater cultural heritage in the Area
7. No State Party shall undertake or authorize activities directed at State vesselsand aircraft in the Area without the consent of the flag State.

规定，对于领海内发现的水下文化遗产，沿海国应该（should）通知作为公约缔约国的船旗国，以及包括非缔约国的确有联系国家。而且此款没有采纳除非沉船旗国合作不得提取位于内水的水下文化遗产的国家意见①。

虽然，国家授权公海和区域的相关活动需要国家沉船的船旗国同意，但沿海国可以对内水、领海和群岛水域及领海外国家管辖海域，事涉沿海国权利和水下文化遗产紧急危险的国家沉船，是否适用救捞法和发现物法进行授权，而且不需他国同意。然而，即便授权应与《水下公约》的规定相一致②，该公约第4条为救捞法和发现物法适用留有空间，沿海国可以授权打捞其海域内的国家沉船仍成为《水下公约》的主要争议点。

第三节　关于国家沉船权利细化的中国方案

《水下公约》开篇指出水下文化遗产对"国家和民族及其共同遗产相互关系的历史"而言极为重要，是人类文化遗产的整体组成部分③。正因水下文化遗产是如此形成的，具有不同价值、权源的物品沉没在他国管辖海域而产生权利冲突，故而《水下公约》创设了国家合作保护的协调国机制。在可预见的时间内，这些一直存在的争议仍会持续，现有规则亟待创设合作保护水下文化遗产的义务和规则。从根本而言，国际法规则应基于水下文化遗产的价值和保护需求，不同的权利方均不应违背。了解海洋交往中沉船的由来和分布是理解水下文化遗产国际法规则实然和应然的基础。

一、中国与欧洲海洋国家水下文化遗产的权利差异

欧洲在18世纪广泛控制了印度次大陆和东南亚、中国、非洲，主张船旗国权利的正是这些有大量船舶沉没在他国海域的国家，既主张其沉没在全部海域的沉船，也主张被殖民国文物在内的船载物。与传统海洋大国不同，中国起源的水下文化遗产存在

---

① 31 C/COM.IV/DR.5*(COM.IV), 26 October 2001.
② Article 10 – Protection of underwater cultural heritagein the exclusive economic zone and on the continental shelf
1. No authorization shall be granted for an activity directed at underwatercultural heritage located in the exclusive economic zone or on the continental shelfexcept in conformity with the provisions of this Articlc.
③ Acknowledging the importance of underwater cultural heritage as an integral part of the cultural heritage of humanity and a particularly important element in the history of peoples, nations, and their relations with each other concerning their common heritage…

历史久远、以船载物为主、来源国证据不充分的问题，显然不能被动等待。

15~19 世纪逐步打通的欧洲经非洲、亚洲至美洲和欧洲至美洲航路更为频繁地把亚非拉国家的资源物产带到全世界，西班牙殖民船满载劫掠自美洲印第安部落等的金银制品，随后世界大战中被掠夺的文物不计其数。地中海仗剑经商的传统被带入亚洲，武力打击当地的穆斯林民间商人，国家支持的武装贸易和公司化模式改变了中国所在区域的原有海洋贸易格局。除了范围、强度的差别，地理大发现以前国家间海洋交流频密，区域贸易与全球贸易沉船具有关联的国家范围有别。

中国的海洋历史交往集中在亚洲海域并呈现出三大阶段，从中可以大致看出中国水下文化遗产时代和分布范围的阶段性及构成因素的特殊性。第一阶段中国的海上交往通道从泰国湾向南发展，秦汉时期仍沿近岸到泰国湾换乘印度海船，经马来半岛回程[①]；魏晋南北朝时期，南海航路发展[②]；海上丝绸之路在唐代开始活跃，南海出现控制东西方贸易的政权。第二阶段是宋以后海外贸易成为重要财政来源，造船和航海技术有了新发展，航海对象从朝鲜、日本、中南半岛拓展到东南亚、北印度洋，与印度和波斯湾贸易在元代获得长足发展。在积极海外贸易政策下，富商拥有私人船队、民间舶商合伙经营，唐末退出的阿拉伯和波斯商人再次与中国直接贸易，并逐渐融入民间海商团体[③]。《岛夷志略》描述了近百个泉州贸易的国家和地区，航路扩展到阿拉伯、东非等地，明早期郑和下西洋体现了中国海洋交往的积累。随后，长期海禁下的第三阶段，琉球曾成为中国与东南亚朝贡贸易的中介，私人性质海外贸易继续发展，出现海上武装集团，中国海商基本控制着东南亚市场并与中东和非洲部分地区保持联系[④]。1513年葡萄牙人到达澳门的半个世纪后，一直到 17 世纪初，欧洲人加入传统的亚洲贸易网络并发展出大规模贸易活动，菲律宾等地兴起。间以"隆庆开海"和清政权稳定后解除海禁，鸦片战争前中国的海外贸易相对独立繁荣，也融入了贯通大西洋和太平洋的全球贸易体系。

从国家行为的角度来看，唐朝设立市舶司管理海外贸易，广州、宁波等成为官方海洋贸易港口，阿拉伯、波斯人等居住在广州番坊，山东登州等主要与北方进行海洋贸易。宋朝多次派遣使臣招徕海商，设三路市舶司，南宋东南沿海的番商集团受命为

---

① 《汉书·地理志》记载了广西出海航路与《厄立特里亚航海记》记载的通往印度的海路对接，已形成沟通东西方的海上通道，广西的合浦汉墓等遗址中可见大量来自印度、波斯等地的文物。

② 西沙北礁发现了南朝青釉制品，印度佛教传至中国东南沿海，广东的南朝遗址发现了波斯萨珊王朝银币。广东省文物管理委员会等编《南海丝绸之路文物图集》，广东科技出版社，1991 年。

③ 刘淼、胡舒扬《沉船、瓷器与海上丝绸之路》，社会科学文献出版社，2016 年，第 145 页。

④ 李庆新《明代海外贸易制度》，社会科学文献出版社，2007 年。

沿海制置使，海商也受政府委托履行外交使命。元代继承了宋代的巡检制度，朝贡贸易之外推行官本船垄断海外贸易，经海路远征日本、爪哇等地①。郑和下西洋扶植马六甲建国、设旧港宣慰使，明代前期与东亚、东南亚在朝贡体系内发展官方贸易②。1684年设四海关后很快禁止商船下南洋贸易，1757年后集中为广州并形成行商制度，多方面限制海外贸易。

中国腹地广阔、人口众多、物产丰富，历史上中国船舶主要在本土海域及日本至东南亚海域活动，掌握货源的中国商人成为海洋贸易的主要力量。中国物产从东亚、东南亚到南亚，再跨越印度洋到达中亚和东北非、扩展至欧洲。中国水下文化遗产呈现出域外多中国文物、中国海域的外国沉船远多于外国海域中国沉船的基本情况。

沉船是水下文化遗产的主要内容，不论从水下文化遗产的证据记录还是物权来源来看都难以区分。大量水下文化遗产是历史贸易状况的反映，也是人口、物种、技术、文化、思想等交往的物证，如井里汶沉船船体可能建造于印尼，出水器物有越窑青瓷、泰国细陶、马来半岛锡锭、中东玻璃器、印度与斯里兰卡宝石等，以及佛教与穆斯林器物等日常用品与船员个人物品③。

二、具体国家沉船的属性及权利不同

国家主张和立法对国家相关水下文化遗产的归属做了明确规定，但适用对象并不一致，有的是军舰、有的是从事军事服务的船舶、有的是政府船舶。国家放弃权利的标准也不一致。《水下公约》是唯一明确国家沉船及其权利和处置措施的国际文件，第1条第8款规定，国家船舶指"国家所有或经营，且在沉没时仅用于政府非商用目的"的军舰和其他船舶④，没有军事船舶的类别。

部分沉没船舶的国家属性存在事实瑕疵。水下文化遗产中一般所称的"军舰"包括私人武装、国家公司等。部分沉没船舶的国家权力存在法律瑕疵，国家一般不主张被捕获、沉没后已让渡权利的军舰，但对国家船舶的性质和范围的区分则不明确。

国家船舶与船载物具有不同的权利主体。军舰和殖民船搭载掠夺自他国的文化遗

---

① 黄纯艳《宋代海外贸易》，社会科学文献出版社，2003年。
② 李庆新《明代海外贸易制度》，社会科学文献出版社，2007年。
③ Adi Agung Tirtamarta（辛光灿译）《井里汉海底十世纪沉船打捞纪实》，《故宫博物院院刊》2007年第6期，第152~153页。
④ Article 1 Definitions
   8. "State vessels and aircraft" means warships, and other vessels or aircraft that were owned or operated by a State and used, at the time of sinking, only for government non-commercial purposes, that are identified as such and that meet the definition of underwater cultural heritage.

产是普遍情况，船旗国对来源非法的船载物不具有权利，文物的特殊法律地位具有坚实的历史基础和国际认同。在文艺复兴的欧洲，在法律和实践上，战争豁免从宗教扩展到文化遗产。《战争与和平法》指出艺术品等无益于战争供给和延长的物品应得以豁免，源于 18 世纪、19 世纪的习惯国际法限制掠夺作为战利品的文物①。1758 年《万国法》指出战争期间文化遗产得到特殊保护应成为国际法基本原则，破坏则是剥夺全人类的权利。②

值得注意的是传统海洋大国要维护的他国海域沉船利益并不完全一致，美国和德国多为军舰、荷兰以殖民贸易船为主，葡萄牙的海外活动周期和范围较小，意大利等国则更早，西班牙、日本、加拿大等既是船旗国又具有历史文化起源国权利。船旗国、沿海国在一定程度上也具有历史沉船属性和分布的相似性。

三、应对之策

中国管辖海域内沉没有大量外国来华船舶，以及史前时期到近代的沉船和船载文物、居址、古港口、水利工程、海防海战遗迹等多种类型的水下文化遗产。中国还有一些军舰和商船沉没在周边他国管辖海域、大量文物早自汉代便被销往欧洲等地。我国管辖海域除了 15 至 19 世纪的葡萄牙、西班牙、法国、荷兰、英国等殖民贸易船，还有此前千百年来在中国周边从事贸易的外国沉船沉物，以及浙江舟山海域载有英军战俘的日本沉船"里斯本丸"号、沉没在黄渤海的日俄沉舰等仍面临着被破坏和能否打捞、如何处置的问题。他国管辖海域沉没的中国船舶中有日本鹰岛海域的元代战船，已被日本政府公布为史迹。韩国海域的清代运兵船"高升"号则被商业公司打捞。此外还有韩国国立机构进行了提取研究的 14 世纪从宁波前往日本福冈的新安沉船等贸易船舶，以及遍布全球海域的中国瓷器、丝绸、茶叶等贸易品。

他国沉船、中国船货、沉没于第三国海域为中国起源水下文化遗产所多见，应具体考察外国船所有权和行为、坚持文物原属国权利，善用公约以缓解船旗国主张、领海排他性主权等潜在争议。我国应把握有别于强调国家财产权利的水下文化遗产保护规则导向。一方面，沉船不再具有基于船舶功能的豁免；另一方面，要具体分析所谓"国家沉船"的身份和权利；此外，应特别重视船旗国为了保护其水下文化遗产保护而向沿海国让渡所有权等权利的实践。

① 胡果·格劳秀斯著、坎贝尔英译、何勤华等译：《战争与和平法》，上海人民出版社，2017 年，第 317 页。
② 转引自霍政欣：《追索海外流失文物的法律问题》，中国政法大学出版社，2013 年，第 14 页。

水下文化遗产构成因素的复杂性决定了合作保护是最佳和唯一路径。根本而言，为了避免对全人类利益的伤害，应当推动形成统一的水下文化遗产概念和国际法地位以及国际社会共同的保护义务，在水下文化遗产权利分类、细化权利层级及其边界方面形成共识，实施符合不同利益方需求的水下文化遗产原址保护措施。合作保护水下文化遗产的国际法义务是明确的，自20世纪80年代以来，合作保护的倡议从未改变，合作项目也从未停止，尤其是不论从水下文化遗产保护的措施还是法律规则来看，保护考古遗址的《瓦莱塔公约》和《水下公约》附件《规章》取得了不同利益诉求国家的一致认同。

目前来看，海洋大国、文物大国分别作为国家沉船、船载水下文化遗产所有权的主体还存在其他根本性冲突，不当处置或未能保护本国管辖海域的他国沉船极易导致国家间政治局势紧张。现有水下文化遗产双边或多边条约均涉及沉船所有权和保护管辖方式、发掘品归属、人类遗骸处置三个方面。一是，除规定所有权和打捞物分配外，已越发关注沉船保护措施，打捞被合作发掘提取和原址保护措施替代。二是双边实践已在人类遗骸相关沉船的处置方面逐渐形成了一些一致稳定的规则，尤其是开放性缔约的《国际协定》更是基于不打扰人类遗骸的宗旨和多国意愿而形成，将相关规则向前推进了一大步。

我国应强调水下文化遗产的价值在于历史、文化、考古等公共利益，沉船呈区域性集中密布，适宜划区保护。国际社会应当基于其价值和保护需求建设公平合理的水下文化遗产保护国际法规则，探索专业保护理念和措施以避免破坏遗址科学信息、有损真实性和完整性的文物打捞。如不应忽视沉船同时具有海事纪念地等权利优先的客体、沉船中多见的人类遗骸等特殊遗存会影响该水下文化遗产的保护管理方式及国家权力分配，存在船旗国为了保护沉船和逝者而约定由沿海国管辖甚或拥有该水下文化遗产的多个国家实践。

保护水下文化遗产的历史、文化、科学等价值被国际社会普遍接受，西方海洋国家主张的国家沉船权利存在事实和法律漏洞，沿海国水下文化遗产管辖权的实践已较为普遍，国际社会显然需要纠正原有规则并建设新的保护规则。如以文化遗产替代沉船属性，则形成完全的水下文化遗产保护问题，我国应积极参与这个涉海新因素的国际法规则解释适用和实践发展。一方面明确水下文化遗产公共价值优先与应有的全人类利益之法律位置，另一方面摆明历史悠久的沉船不适用海事法、船旗国对其沉船的权利具有多种前提、非法来源的他国文化遗产等不属于船主、全面保护水下文化遗产价值和考古信息，因此，沿海国管辖水下文化遗产具有正当性。实践中，各方应致力于在合作保护水下文化遗产的国际法义务下创设规则，以及统一的保护方式和规范标准。

2023 年底，中国首次在 1500 米深度发现水下文化遗产，标志着我国水下考古能力从沿海到深海的跨越。随着深海水下文化遗产保护的开展，我国已经具有领海外国家管辖海域和公海作业能力，以及参与和领导外国海域水下文化遗产保护合作的水平。我国以水下文化遗产科学研究和保护为原则与全人类利益一致，中国设有文物局作为国家主管部门，具有国家专门业务机构和人员基础，具有通过国家实践来推动已经相对统一的保护规则成为国际法义务的基础条件。我国亟待提升保护理念、细化措施标准，弥补领海外水下文化遗产保护、外国水下文化遗产保护的实践不足，成熟且被认可的水下文化遗产保护能力是参与和引导规则建设的基础。在人类命运共同体理念下，把握水下文化遗产保护国际法规则尚待建设的契机，推动全球治理走向公正合理。

附录

水下文化遗产所有权相关判决、裁决表（54例历史沉船/沉物）

案例名称	裁判时间	审判法院	申请人国籍	沉船地点	沉船性质、船载物、沉没时间	国家主张	救捞者所获利益	公共利益、考古注意义务
					民事案件			
德克林诉藏维斯沉船占有权案	1824年4月19日	纽约州衡平法院		威彻斯特地区莫里萨尼亚附近的东河水下约60到70英尺处	1781年沉没的英国护卫舰"轻骑兵"号	无	沉船占有权事实问题不确定故撤销禁令	无
伊兹诉布拉泽尔顿案	1861年1月	阿肯色州最高法院		密西西比河床	1827年沉没的载有铅块铅条的"美洲"号船	无	被告获得回收自沉船的铅的所有权	无
埃尔维斯诉布里格煤气公司案	1886年6月26日，7月23日	英国高等法院大法官法庭	英国公民	嵌入地下河岸	据称为约2000年前的古船	无	原告获得作为矿产的沉船的所有权	无
"塔班蒂亚号"沉船案	1924年1月30日	英格兰海事高等法院	一位英国公民和四位法国公民	被发现时位于北海海域，距离英国海岸约50海里，距离法国、荷兰和比利时海岸约20到27海里，水深超过100英尺。	1916年被德军鱼雷击中沉没的荷兰商船，据称载有不少于200万英镑的德国黄金。	无	由第一位救捞者取得占有	无

续表

案例名称	裁判时间	审判法院	申请人国籍	沉船地点	沉船性质、船载物、沉没时间	国家主张	救捞者所获利益	公共利益、考古注意义务
佛罗里达州诉马萨诸塞公司案	1956年11月16日	美国佛罗里达州最高法院		距离美国佛罗里达州埃斯坎比亚县彭萨科拉湾人口约1.2英里	印第安纳级战舰"马萨诸塞"号于1919年退役后作为训练靶舰，于1922年沉没。	美国佛罗里达州	无	通过对"海上沉船"的解释，适用《佛罗里达州法典》第715章第705章，以及普通法，州从英国国王处继承了被弃沉船的所有权。
威金斯利莫顿诉约1100吨意大利大理石希腊号等案	1960年9月12日	美国弗吉尼亚州诺福克市法院		美国弗吉尼亚州安妮公主县海岸约250码处	1894年沉没的挪威籍三桅货船"兑利西亚"号	美国弗吉尼亚尼亚州沉船委员会	已打捞出的123吨大理石	沉船沉物不属于公有财产
北卡罗来纳州诉"飞行W"公司、维尔德等人入侵"现代希腊"号等沉船案	1968年4月10日	美国北卡罗来纳州最高法院		美国北卡罗来纳州沿岸	分别沉没于1862年，1864年，1863年的南方邦联裴围船"现代希腊"号、"徘徊者"号、"幻影"号蒸汽船；18世纪初沉没的西班牙武装民船"幸运"号。	美国北卡罗来纳州	无	北卡罗来纳档案和历史机构于1962年3月监管"现代希腊"号，取回了对"徘徊者"号沉船的潜水作业、"幻影"号沉船的潜水作业上的部分货物、家具、索具和装饰，并开设了专门的修复中心和实验室。因此法院认为州未放弃对涉案沉船及船载物的所有权。
莫里斯诉莱昂内斯救捞公司案	1970年6月8日	英国某法院		康沃尔郡锡利群岛以西的吉尔斯东斯礁	1707年10月23日沉没的英国皇家战舰"联盟"号、"海鹰"号、"罗姆尼"号和"火船"号，载有钱币。	英国国防部	所有权	无

续表

<table>
<tr><th>案例名称</th><th>裁判时间</th><th>审判法院</th><th>申请人国籍</th><th>沉船地点</th><th>沉船性质、船载物、沉没时间</th><th>国家主张</th><th>救捞者所获利益</th><th>公共利益、考古注意义务</th></tr>
<tr><td>西蒙诉泰勒案（U859 号潜艇案）</td><td>1974 年
10 月 24 日</td><td>新加坡高等法院</td><td>联邦德国公民</td><td>距离槟城海峡以北约 25 海里的马六甲海峡</td><td>1944 年沉没时是德国军舰</td><td>联邦德国、马来西亚</td><td>西蒙获得回收自沉船的汞</td><td>无</td></tr>
<tr><td rowspan="2">宝藏打捞者公司和无敌舰队调查公司诉身份不明的被弃沉船案（“阿托卡夫人”号一号案）</td><td>1976 年
2 月 3 日</td><td>美国佛罗里达州南区联邦地区法院</td><td rowspan="5">美国公司</td><td rowspan="5">1971 年在马克萨斯群岛以西海域的广阔浅滩被发现，位于美国佛罗里达州海岸线以外 40 海里。宝藏打捞公司与佛罗里达州签订打捞协议时认为沉船位于州土地，1975 年最高法院判决佛罗里达州从未拥有过该处大陆架。</td><td rowspan="5">西班牙护卫舰“阿托卡夫人”号于 1622 年从古巴哈瓦那启程护卫运送财物的船队返回西班牙，途经佛罗里达海峡时飓风导致八艘船沉没。“阿托卡夫人”号装有金银币、银锭等价值超过 100 万比索的财物。</td><td rowspan="2">美国联邦政府</td><td rowspan="4">佛罗里达州档案部门向其移交按协议由州保管的打捞文物</td><td rowspan="5">无</td></tr>
<tr><td>1978 年
3 月 13 日</td><td>美国联邦第五巡回上诉法院</td></tr>
<tr><td rowspan="3">佛罗里达州诉宝藏打捞者公司和无敌舰队调查公司案</td><td>1980 年
7 月 24 日</td><td>美国联邦第五巡回上诉法院</td><td rowspan="3">美国佛罗里达州</td></tr>
<tr><td>1982 年
7 月 1 日</td><td>美国最高法院</td></tr>
<tr><td>1982 年
10 月 29 日</td><td>美国联邦第五巡回上诉法院</td><td>打捞物所有权</td></tr>
<tr><td>钱斯诉“纳什维尔”号案</td><td>1984 年
8 月 16 日</td><td>美国佐治亚州南区联邦地区法院</td><td></td><td>部分嵌入美国佐治亚州奥吉奇河河床</td><td>曾属南方邦联侧轮式蒸汽船“纳什维尔”号于 1863 年被联邦军舰击中后爆炸沉没</td><td>美国佐治亚州</td><td>无</td><td>法院认为打捞行为严重破坏了奥吉奇河河底沉船的平衡状态，打捞文物也未得到妥善保管，驳回原告的救捞报酬主张。</td></tr>
</table>

续表

案例名称	裁判时间	审判法院	申请人国籍	沉船地点	沉船性质、船载物、沉没时间	国家主张	救捞者所获利益	公共利益、考古注意义务
水下勘探与考古有限公司和大西洋船舶历史公司诉身份不明的弃船案	1983年12月21日	美国马里兰州联邦地区法院		美国马里兰州海洋城附近海域	18世纪中叶沉没的三艘运送黄金和宝藏的沉船，可能是"圣罗塞利亚"号、"皇家乔治"号、"圣洛伦德埃斯科拉尔"号、"圣兑拉"号，20世纪80年代被发现。	美国马里兰州	无	《马里兰州自然资源法典》"考古权和存放"的所有权和材料规定：在州拥有或控制的考古遗址或土地上发现的任何具有历史或考古价值或利益的物品或材料均是州所有的财产。涉案沉船不处于危难中，不给予打捞予报酬。
	1985年4月26日	美国联邦第四巡回上诉法院	美国马里兰州公司					
充莱因诉身份不明的被弃沉船案	1983年8月17日	美国佛罗里达州南区联邦地区法院		土地被佛罗里达州政府转让给联邦的比斯坎国家公园	推定为18世纪的英国沉船"福威"号	美国联邦政府	无	法院认为古代沉船具有重要的考古价值，从沉船中移出文物应当谨慎操作，并记录详细的位置信息。建立比斯坎国家公园的原因是该区域许多沉船遗址具有历史价值，国家公园局经考古评估于1975年将公园内的沉船列入国家史迹名录。
	1985年4月29日	美国联邦第十一巡回上诉法院						
里贝诉身份不明沉船案	1987年9月16日	美国北卡罗来纳州东区法院地区法院新伯尔尼分庭		美国北卡罗来纳州附近海域	一艘18世纪的被弃沉船	美国北卡罗来纳州	未决	无

续表

案例名称	裁判时间	审判法院	申请人国籍	沉船地点	沉船性质、船载物、沉没时间	国家主张	救捞者所获利益	公共利益、考古注意义务
海事水下调查公司诉不明身份的被弃沉船案	1983年1月17日	美国马萨诸塞州地区法院	美国特拉华州公司	埋藏在美国马萨诸塞州威尔弗里特海滩1英里外水下4米深的海底	1717年沉没的知名海盗船"威达"号载有黄金等掠夺物，州于1983年间海事水下调查公司发放打捞许可，打捞出许多文物。	美国马萨诸塞州	无	按照《马萨诸塞州通用法规》第六章第180条，马萨诸塞州享有对其内陆和沿海水域内"水下考古资源"的所有权有合理依据。
	1983年9月9日	美国联邦第一巡回上诉法院						
马萨诸塞州诉海事水下调查公司	1987年5月20日	美国马萨诸塞州高等法院					所有权	
	1988年12月15日	美国马萨诸塞州最高法院						
马克斯诉两艘被弃沉船案	1988年11月17日	美国关岛联邦地区法院		美国关岛沿岸3英里内海域	分别于17、18世纪沉没的西班牙大帆船"海盗"号和"皮拉"号	美国关岛政府	专属调查、救捞权	《淹没土地法》、《水下历史财产法》关岛对边界内水下考古资源的所有权提供了强有力的依据
	1989年1月24日	美国联邦第九巡回上诉法院					无	
辛迪亚远航公司诉"辛迪亚"号沉船案	1989年5月5日	美国新泽西州联邦地区法院	美国公司	距美国新泽西州大洋海岸3000码的领海	沉没时为商船	美国新泽西州	无	新泽西州对表面合法利益的考量因素包括在过去50多年里一直禁止对沉船进行商业打捞，宣布沉船是特殊的海洋栖息地和脆弱的历史、文化资源，这表明州对沉船相关土地和自然资源行使了强而管理权。

续表

案例名称	裁判时间	审判法院	申请人国籍	沉船地点	沉船性质、船载物、沉没时间	国家主张	救捞者所获利益	公共利益、考古注意义务
齐赫诉身份不明的被告沉船案	1990年9月13日	美国伊利诺伊州北区联邦地区法院	美国公民	美国内水	建造于1851年的"埃尔金夫人"号侧轮蒸汽船于1860年9月8日	伊利诺伊州主张豁免管辖		"埃尔金夫人"号可能是五大湖区史上最著名的沉船，遇难的300余人中有多位爱尔兰政治活动家，进而改变了密尔基县的爱尔兰对德国的平衡。
	1991年1月4日	美国伊利诺伊州北区联邦地区法院			在密歇根湖遭遇风暴，被"奥古斯塔"号（Augusta）纵帆船撞击后沉没。	无	原告等人成立的基金会获得所有权	
潜艇打捞公司诉"德布拉克"号案	1992年2月4日	美国特拉华州联邦地区法院	美国公司	美国德拉瓦河河口水下约80英尺处，部分陷入河床。	1797年被英国皇家海军捕获的荷兰单桅帆快艇，1798年沉没后英国皇家海军即行打捞但失败且未再打捞，据称装满黄金、珠宝和香料。	美国特拉华州	无	无
美国诉理查德·斯坦梅茨案	1991年7月3日	美国新泽西州联邦地区法院	美国公民	沉没和发现时均位于法国领海	南方邦联巡洋舰"阿拉巴马"号于1864年在法国瑟堡港被北方联邦军舰"基萨奇"号重击后沉没，1936年船钟被打捞出售。	美国	无	
	1992年9月18日	美国联邦第三巡回上诉法院				美国		根据"除非侵入性的专业考古研究外，禁止干扰沉船"的政策，对船钟收藏者不予补偿。

续表

案例名称	裁判时间	审判法院	申请人国籍	沉船地点	沉船性质、船载物、沉没时间	国家主张	救捞者所获利益	公共利益、考古注意义务
莫耶诉被弃沉船"安德里亚·多里亚"号案	1993年11月18日	美国新泽西州西区联邦地区法院	美国公民	沉没时为领海外水域，目前位于美国专属经济区内，距美国新泽西州约173海里。	意大利铁路公司拥有的客运商船，1956年与瑞典班轮碰撞沉没后由保险公司赔付。	无	所有权、禁令	无
齐赫诉身份不明的被弃汽船案（齐赫案）	1990年9月13日	美国伊利诺伊州北区联邦地区法院	美国公民	美国内水	因火灾于1868年沉没在密歇根湖的美国客运商船"海鸟"号		无（主张所有权）	
	1991年8月21日	美国联邦第七巡回上诉法院				美国伊利诺伊州	无（同时起诉州历史保护机构、州交通局和美国）	
	1992年12月21日	美国伊利诺伊州北区联邦地区法院					无	州的管辖豁免权；适用《被弃沉船法》即排除了发现物法
	1994年3月21日	美国联邦第七巡回上诉法院					无（主张救捞报酬）	

续表

案例名称	裁判时间	审判法院	申请人国籍	沉船地点	沉船性质、船载物、沉没时间	国家主张	捞救者所获利益	公共利益、考古注意义务
沉没宝藏公司诉身份不明的被弃沉船案	1994年7月14日	美属维京群岛联邦地区法院圣克罗伊岛分庭	美国佛罗里达州公司	美国国会认定的国家历史公园和生态保护区内，土地推定属于维京群岛政府。	1991年发现但未打捞，可能与哥伦布航行或葡萄牙有关。	美国；维京群岛政府	无	打捞挖掘或改变通航水域需要当地和联邦许可；《被弃沉船法》基于公共利益价值对待具有历史价值的沉船，符合法律体系统一性。
皮尔斯等人诉贝米斯等案	1985年11月29日	英国王座法院		金塞尔角西南的英国和爱尔兰领海外，水下300余英尺处。		英国	比英国王室优先的所有权	无
贝米斯诉"卢西塔尼亚"号案	1995年4月18日	美国弗吉尼亚州东区联邦地区法院诺福克分庭	美国公民	沉没时为公海，1988年后为爱尔兰领海。	英国商船，1915年被德国海军击沉后，保险公司向船公司支付了全部损失。	无	对船舶、船体、索具和属具，以及已成功打捞的货物和个人物品拥有所有权，对仍在海底的货物和个人物品不具有所有权。	无
	1996年9月17日	美国联邦第四巡回上诉法院						
深海研究公司诉"乔纳森兄弟"号案	1995年3月16日	美国加州北区地区法院	美国公司	被发现时距离美国加利福尼亚州新月城海岸4.5海里，水下200多英尺深处的领海。	1865年沉没的220英尺长木壳双轮商船，载有200万多美元黄金和2万多美元军工资，由保险公司赔付。打捞出儿件物品。	美国加利福尼亚州	沉船的唯一保管人	无
	1996年7月17日	美国联邦第九巡回上诉法院						
加利福尼亚州诉深海调查公司案	1998年4月22日	美国联邦最高法院					发回重审	

续表

案例名称	裁判时间	审判法院	申请人国籍	沉船地点	沉船性质、船载物、沉没时间	国家主张	救捞者所获利益	公共利益、考古注意义务
金诉"拉·拉维亚"号案	1994年7月26日	爱尔兰高等法院	英国公民	爱尔兰斯莱戈县斯特雷达赫海湾北端	西班牙无敌舰队沉船，1985年被渔民发现，后发现了一只铁锚，三门保存完好的青铜大炮、炮弹等许多文物，以及一只中世纪黎凡特海洋历史时期仅存的完整船舵。	无	发现报告奖励	涉案沉船救捞不属于海事法范畴，因其属于考古法范畴，按照《国家古迹法》领海遗存的沉船和文物归国家所有。
	1995年6月29日	爱尔兰最高法院						
	1996年10月14日	爱尔兰高等法院						
	1999年1月1日	爱尔兰最高法院						
海寻公司诉两艘身份不明沉船案	1998年3月11日	美国弗吉尼亚州东区联邦地区法院诺克分庭	美国弗吉尼亚州公司	埋藏在美国弗吉尼亚州沿海底土	西班牙海军军舰"拉加尔加"号和"朱诺"号，分别于1750年护卫商船时、1802年搭载非洲军团等人时沉没。	西班牙	"拉加尔加"号沉船	无
	2000年7月21日	美国联邦第四巡回上诉法院					无，西班牙未放弃"拉加尔加"号	
特鲁曼诉历史沉船"纽约"号蒸汽拖轮案	2000年7月10日	美国纽约州北区联邦地区法院	美国公民	1992年被困于伊利运河，未沉没	宾夕法尼亚铁路公司于1896年建造的运煤船		被驳回	历史沉船，有资格被列入国家史迹名录
	2000年10月23日						所有权	

续表

案例名称	裁判时间	审判法院	申请人国籍	沉船地点	沉船性质、船载物、沉没时间	国家主张	救捞者所获利益	公共利益、考古注意义务
费尔波特国际勘探公司诉沉船案	1995 年 6 月 14 日	美国密歇根州西部北部联邦地区法院	美国公司	美国密歇根根湖	1933 年沉没的私人游艇"劳伦斯"号，20 世纪 80 年代发现后就所有权产生争议，最终被认定为被原船主放弃。	美国密歇根州	无	经认定不符合列入国家史迹名录的标准
	1997 年 3 月 7 日	美国联邦第六巡回上诉法院（1998 年 4 月 27 日，最高法院撤销案件、发回重审）						
	1999 年 6 月 23 日	美国联邦第六巡回上诉法院						
	1999 年 11 月 2 日	美国密歇根州西部北部地区法院						
	2001 年 4 月 17 日	美国联邦第六巡回上诉法院						

续表

案例名称	裁判时间	审判法院	申请人国籍	沉船地点	沉船性质、船载物、沉没时间	国家主张	救捞者所求利益	公共利益、考古注意义务
埃霍恩诉被弃沉船"罗孚科"号案	2001年9月27日	美国威斯康星州东区联邦地区法院	美国公民	距离美国威斯康星州基诺沙郡12英里	1977年发现的被弃商船	美国威斯康星州	所有权在内的沉船全部权利	1994年列入州国家历史学会的考古遗址清单，2001年7月列入国家史迹名录。
	2002年6月21日	美国联邦第七巡回上诉法院						
	2002年10月9日	美国威斯康星州东区联邦地区法院						
玛莎葡萄园潜水总部公司诉身份不明的被弃沉船案	1987年2月23日	美国马萨诸塞州邦地区法院	美国公司	美国马萨诸塞州南塔基特以南约60英里处	1909年沉没的英国白星航运公司游轮"共和国"号蒸汽船，载有为沙皇尼古拉二世运送的价值300万美元的黄金，1981年被宣告发现	无	马歇尔顿公司具有救捞权和其已取回打捞物的所有权	无
	1987年11月24日	美国联邦第一巡回上诉法院						
	2005年7月19日	美国马萨诸塞州联邦地区法院					专属救捞权	"共和国"号沉船打捞备受媒体关注，已有多个权利申请了沉船打捞，而且还有很多潜在的权利申请人试图参与打捞，对船舶完整性和文物安全造成严重风险

续表

案例名称	裁判时间	审判法院	申请人国籍	沉船地点	沉船性质、船载物、沉没时间	国家主张	救捞者所获利益	公共利益、考古注意义务
史密斯诉被弃沉船案	2009年4月27日	美国德克萨斯州南区休斯敦地区联邦法院	美国公民	美国德克萨斯州南区奥斯奇郡三桅船溪美伦湖南岸	根据文献和一片木头推断为1822年沉没的西班牙大帆船，法院未视作军舰。	无	无（未打捞成功）	无
奥德赛海洋勘探公司诉身份不明的被弃沉船案	2010年7月30日	美国佛罗里达州中区联邦地区法院坦帕分庭		英吉利海峡的公海	1748年被英国海军部作为战利品赠予英国私掠船员的法国船"陶奈侯爵"号	无	已打捞文物的所有权	无
奥德赛海洋勘探公司诉身份不明沉船案（"梅赛德斯"号案）	2009年12月22日	美国佛罗里达州中区联邦地区法院坦帕分庭	美国佛罗里达州公司	直布罗陀海峡以西100英里的公海1100米深处	1804年被英军击沉的西班牙海军护卫舰"梅赛德斯"号	西班牙（船旗国），秘鲁（船上货物来源国），个人（船载物所有者的后代）	无	无
	2011年9月21日	美国联邦第十一巡回上诉法院						
英寻勘探公司诉身份不明沉船案	2012年3月12日	美国阿拉巴马州南区联邦地区法院南部分庭	美国公司	打捞时位于阿拉巴马海域莫比尔海滩，属于美国领海。	法院暂时认定为英国商船"阿姆特尔"号，而非"迪克西"号，该区域存在至少数十艘沉船。	美国联邦政府；美国阿拉巴马州	待定	被发现时是文物

续表

案例名称	裁判时间	审判法院	申请人国籍	沉船地点	沉船性质、船载物、沉没时间	国家主张	救捞者所获利益	公共利益、考古注意义务
马丁诉青铜棒案	2014年1月30日	美国佛罗里达州中区联邦地区法院坦帕分庭		美国佛罗里达州德索托县和平河河流域	海盗劫掠的青铜棒和三个金属箱，2005年打捞出青铜棒。	无	已打捞青铜棒的所有权	无
	2014年8月29日	美国联邦第十一巡回上诉法院						
哥伦布—美洲探索集团诉大西洋互助保险公司案	1990年8月14日	美国弗吉尼亚东区联邦地区法院	美国俄亥俄州公司	美国南卡罗来纳州查尔斯顿以东约160英里	1857年沉没的美国客轮"中美洲"号，乘客多为淘金者，据报道载100万美元的黄金。	无	适用发现物法，保险公司已放弃船载黄金	无
	1992年8月26日	美国联邦第四巡回上诉法院					适用救捞法	
	1993年11月18日	美国弗吉尼亚州东区联邦地区法院					打捞公司获得相当于打捞黄金价值90%的救捞报酬	
	1995年6月14日	美国联邦第四巡回上诉法院					保险公司是否有权获得剩余10%的黄金	
	2000年2月8日	美国联邦第四巡回上诉法院					认可地区法院形成1998年的和解协议	

案例名称	裁判时间	审判法院	申请人国籍	沉船地点	沉船性质、船载物、沉没时间	国家主张	救捞者所获利益	公共利益、考古注意义务
打捞有限合伙企业诉被弃沉船"SS 中美洲"号案	2016 年 8 月 31 日	美国弗吉尼亚州东区联邦地区法院诺福克分庭	（续前页）	（续前页）	（续前页）	（续前页）	与 2014 年打捞物价值（近 5000 万美金）等价的救捞报酬，打捞物所有权。	（续前页）
木星沉船打捞公司诉不明的被弃沉船案	1988 年 7 月 15 日	美国佛罗里达州南区联邦地区法院	美国公司	距离美国佛罗里达州木星湾海岸约 100 码处	17 世纪晚期沉没的西班牙大帆船，1987 年被发现。	美国佛罗里达州	佛罗里达州与打捞公司达成打捞物分配协议	原告的打捞作业未向佛罗里达州相关主管部门申请许可。根据佛罗里达州法规，未经州环境管理部许可，任何人不得在地表上方进行疏浚作业；所有被遗弃在州土地或淹没土地上的宝藏、文物没由州历史资源局保管，且应所有权属于州，所有研究所有土地上的历史遗迹的人必须获得许可证、收集的标本属于州，并由州历史资源局保管。
	2019 年 3 月 6 日	美国联邦第十一巡回上诉法院					所打捞 5 枚钱币的所有权	不因加利福尼亚州重审沉船所有权，支持地区法院 2018 年依据分配协议发布的命令。

· 263 ·

续表

案例名称	裁判时间	审判法院	申请人国籍	沉船地点	沉船性质、船载物、沉没时间	国家主张	救捞者所求利益	公共利益、考古注意义务
剑鱼合伙企业诉"北卡罗来纳"号沉船案	2018年12月26日 / 2019年4月23日	美国佛罗里达州中区联邦地区法院		美国南卡罗来纳州默特尔比奇海滩以东约18海里处，位于领海外。	1840年7月26日沉没的 S. S. North Carolina 号蒸汽船	无	已打捞青铜钉的所有权	无
奥德赛海洋勘探公司诉彼弃沉船"皇托拉"号案	2018年8月8日 / 2019年11月19日	美国纽约州南区联邦地区法院	美国佛罗里达州公司	北大西洋公海	英国注册，载有536根银条，价值数百万美元，1917年2月19日被德国U型潜艇击沉，2011年被原告发现。	英国运输部 / 退出诉讼	打捞自沉船的丝绸的所有权，已位于英国的526根银条的调查权。	无
行政案件								
罗宾逊诉正澳大利亚博物馆案	1977年8月31日	澳大利亚最高法院	澳大利亚公民	距西澳大利亚州海岸最近处约2.87英里	荷兰东印度公司商船，荷兰政府将该沉船及其所有权全部转移给了澳大利亚政府。	西澳大利亚州博物馆及董事会		根据西澳大利亚州1973年《海洋考古法》，政府有权利宣布在其周围设立保护区，西澳大利亚州博物馆有权占有所有历史沉船上的财产及保护考古遗址的财产，保护区内禁止个人进行潜水、打捞等行为。

续表

案例名称	裁判时间	审判法院	申请人国籍	沉船地点	沉船性质、船载物、沉没时间	国家主张	救捞者所获利益	公共利益、考古注意义务
贝米斯诉爱尔兰盖尔群岛艺术和遗产部长和总检察长案	2005 年 6 月 17 日	爱尔兰高等法院	美国公民	沉没时为公海，1988 年以后为爱尔兰领海。	英国商船，1915 年被德国海军击沉、贝米斯从保险公司购得已支付损失的沉船利船货。		既有所有权	属于 1995 年水下遗产令中需要保护的沉船，根据 1994 年《国家古迹法》属于考古遗迹，存在考古注意义务，由部长在授予许可时确定具体义务。
刑事案件								
意大利诉盖蒂博物馆青年胜利者铜像案	1966 年 5 月 18 日		／	意大利亚得里亚海岸安科纳港正南方的岬角，距前南斯拉夫海岸约 27 英里，水深约 75 米。	1964 年在悬挂意大利国旗的渔船上工作的意大利渔民打捞到的古希腊著名雕像	意大利	无罪	
	1967 年 1 月 27 日	意大利佩鲁贾上诉法院					收受赃物罪、协助和教唆罪	
	1970 年 11 月 8 日	意大利罗马上诉法院					无罪	没有确定文物的考古或历史价值的国家性质
	2011 年 1 月 18 日	意大利最高上诉法院						
	2018 年 6 月 8 日	意大利佩萨罗法院						
	2018 年 11 月 30 日	意大利最高上诉法院第三刑庭						维持因雕像被非法出口至意大利领土而依据意大利《刑法》《意大利刑事诉讼法》于 2010 年签发的没收令

续表

案例名称	裁判时间	审判法院	申请人国籍	沉船地点	沉船性质、船载物、沉没时间	国家主张	救捞者所获利益	公共利益、考古注意义务
无敌舰队海上搜寻公司诉哥伦比亚共和国案		哥伦比亚巴兰基亚巡回法院			诉讼时效		沉船上打捞的50%	无
	1994年3月	哥伦比亚宪法法院					胜诉	
	2007年7月5日	哥伦比亚最高法院判决				哥伦比亚、西班牙、秘鲁、玻利维亚	维持巡回法院的判决	
	2011年10月24日	美国哥伦比亚特区法院	美国公司	据称沉没于哥伦比亚领海内	1708年被英国截击的西班牙军舰"圣何塞"号，满载丁美洲殖民地的黄金等财富。			哥伦比亚宪法法院于2014年裁决，该沉船是与哥伦比亚文化、历史、文化遗产有关的集体权利和利益，根据宪法的规定，是国家保护的资产，属于国家。于2020年公布为哥伦比亚的水下文化遗产。

续表

案例名称	裁判时间	审判法院	申请人国籍	沉船地点	沉船性质、船载物、沉没时间	国家主张	救捞者所获利益	公共利益、考古注意义务
科伊伍萨里等人诉芬兰案				人权案件				
	2004 年 6 月 16 日	芬兰图尔库海事法院	芬兰公民	芬兰西南部群岛水域，水深 41 米处	1771 年遭遇风暴沉没的荷兰商船"玛丽夫人"号，载有献给俄国叶卡捷琳娜大帝的艺术珍品。	无	无（主张沉船所有权和救捞权）	芬兰《文物法》修订使国家表得对 100 年以上历史沉船的所有权
	2005 年 3 月 23 日	芬兰图尔库上诉法院						
	2004 年 11 月 24 日	芬兰最高法院					无（主张救捞权）	
	2010 年	欧洲人权法院第四审判庭					无	

后　记

目录、说明、第六章、附录由国家文物局考古研究中心王晶研究馆员撰写，大部分案例分析由中国政法大学朱利江教授团队撰写、王晶校订。全书由王晶编排，朱利江、王晶审定。各案例分析的写作者如下：

案例1、2、9、15、16（二）、17、28：任鹏举（贵州财经大学法学院，大连海事大学国际法学博士）

案例3：徐瀚冬（中国政法大学国际法学院博士生）

案例4、23、25：陈思静（山西省委党校，武汉大学国际法学博士）

案例5：武俊松（河北师范大学法学院，中国政法大学国际法学博士）

案例6、10、31：张彤〔中央党校（国家行政学院）国际战略研究院，中国政法大学国际法学博士〕

案例7、19：李依芮（中国人民大学发展规划处，中国政法大学法律硕士）

案例8：张博（北京市通州区人民法院，中国政法大学国际法学硕士）

案例11、26、32：陈苏（北京植德律师事务所，中国政法大学国际法学博士）

案例12：李梦琦（全国人大，中国政法大学国际法学硕士）

案例13：宋振东（大连海事大学法学院博士生）

案例14：王晶（国家文物局考古研究中心，武汉大学国际法学博士）、杜梦文（北京市通州区发展和改革委员会，中国政法大学国际法学硕士）

案例16（一）：钟启诚（中国政法大学国际法学院博士生）

案例18、27、29：杜梦文（北京市通州区发展和改革委员会，中国政法大学法律硕士）

案例20、21：任静雯（北京达辉律师事务所，中国政法大学国际法学硕士）

案例22、30：李丹蕾（中国政法大学国际法学院硕士）

案例24：孙怡欣（英科医疗，中国政法大学国际法学硕士）

案例33：朱利江（中国政法大学国际法学院，北京大学法学博士）